너절한 도덕

정치의 도전

MESSY MORALITY: THE CHALLENGE OF POLITICS

ⓒ C. A. J. Coady 2008

너절한 도덕

정치의 도전

C. A. J. Coady 지음
이민열 옮김

서광사

이 책은 C. A. J. Coady의 *Messy Morality: The Challenge of Politics*(Oxford University Press, 2008)를 완역한 것이다.

너절한 도덕

C. A. J. 코디 지음
이민열 옮김

펴낸이 | 이숙
펴낸곳 | 도서출판 서광사
출판등록일 | 1977. 6. 30.
출판등록번호 | 제 406-2006-000010호

(10881) 경기도 파주시 회동길 77-12 (문발동)
대표전화 (031) 955-4331   팩시밀리 (031) 955-4336
E-mail : phil6161@chol.com
http : //www.seokwangsa.co.kr | http : //www.seokwangsa.kr

제1판 제1쇄 펴낸날 — 2021년 2월 10일

ISBN 978-89-306-2566-1   93190

실천윤리학 우에히로 시리즈
(Uehiro Series in Practical Ethics)

에이지 우에히로(Eiji Uehiro)가 의장을 맡은 우에히로 윤리학 교육 재단(Uehiro Foundation on Ethics and Education)은 2002년 옥스퍼드대학교에서 우에히로 실천윤리학 강좌(Uehiro Chair)를 개설하였다. 이듬해에는 철학과 학부에 옥스퍼드 우에히로 실천윤리학 센터가 신설되었고, 우에히로 재단의 아낌없는 후원으로 실천윤리학 우에히로 강연이라는 연례 강연 시리즈를 열게 되었다. 매년 옥스퍼드에서 이루어지는 이 세 강연은 옥스퍼드 실천윤리학 우에히로 센터의 기풍, 즉 우리 시대의 가장 중대한 문제들에 관하여 분석철학의 최고의 학술적 능력을 끌어내려는 기풍을 보여준다. 그 목표는 분석철학의 발전을 이루고, 대중의 접근이 용이하면서도 최고의 학술적 규준에 맞는, 이 쟁점들의 해결책을 내놓는 것이다. 철학은 지식을 창조하는 데에만 그쳐서는 안 되며, 사람들의 삶을 더 낫게 만들 수 있어야 한다. 옥스퍼드대학교 출판부는 강연에 기초한 책들을 실천윤리학 우에히로 시리즈로 출간하고 있다.

줄리언 세브레스쿠(Julian Savulescu)
우에히로 실천윤리학 강좌
옥스퍼드 실천윤리학 우에히로 센터장
옥스퍼드대학교

편집
실천윤리학 우에히로 시리즈

나의 두 아들 벤자민과 데이비드,
그들의 동반자 안나와 다이아나에게

서문

─────────────◆─────────────

이 책은 2005년 5월 옥스퍼드대학교에서 내가 했던 우에히로 강연을
확장하고 수정한 것이다. 실천윤리학 우에히로 강연은 세 강연의 연
례 시리즈로, 옥스퍼드 실천윤리학 우에히로 센터가 주최한다. 나는
이 강연에 대한 센터 출연자인 일본 우에히로 윤리 교육 재단의 후한
지지에 감사드리고 싶다. 나는 특히 에이지 우에히로 재단 의장과 나
를 초청하여 강연 기회를 주고 또 강연의 내용 준비에도 도움을 준 센
터장인 줄리언 세브레스쿠 교수에게도 감사드리고 싶다.

나는 강연 시리즈 제목을 '너절한 도덕'이라고 지었으며, 그 주된
관심사를 드러내기 위해 '정치의 도전'이라는 부제를 붙였다. 강연은
세 차례 이루어졌지만 책은 이를 확장하고 수정하여 다섯 개의 장(章)
이 되었다. 첫 번째 강연이 두 장을 구성하게 되었으며, 강연에서는
간단히 건드리기만 했던 주제, 정치에서의 거짓말을 다루는 장이 추
가되었다. 책의 주제는 도덕과 정치의 교차를 주로 다루고 있다. 비록
때때로 더 폭넓은 주제와 함의를 간단히 살펴보기도 하지만 말이다.
책은 이어지는 장들에서 제기된 질문과 다루어질 문제들 중 일부와

관련된 현재와 과거의 정치적 위기에서 일련의 사례들을 제시하며 서두를 시작한다. 1장과 2장에서 나는 도덕이 정치에, 특히 국제 정치에 아무런 관련이 없다고 보는 복잡한 지적 전통에 맞선다. 이 전통은 현실주의로 알려져 있다. 나는 비록 현실주의에 심각한 결함들이 많지만, 보통은 잘 알려져 있지 않은 현실주의만의 정식들과 많은 철학적 비판가들이 쉽게 놓치곤 하는 교훈이 있다고 본다. 그 주된 교훈은 정치와 특히 국제 문제의 사고에서 도덕주의의 위험에 빠지지 않도록 하라는 경고라고 나는 주장한다. 도덕을 도덕주의와 혼동함으로써 그리고 도덕에 대한 더 탄탄하고 현실적인 이해를 국익이라는 모호한 개념으로 고집스레 대체함으로써, 현실주의자들은 그들이 정말로 가르쳐야만 하는 것의 중요성을 약화시킨다. 이 두 개의 장에서 나는 여러 형태의 도덕주의를 특징짓고 현실의 정치적 도덕을 왜곡하는 도덕주의의 영향을 그려내겠다. 그 논의는 도덕주의와 현실주의에 관하여 내가 이전에 출간한 연구에 토대를 둔 것이지만 더 초점이 맞춰지고 정교화된 것이다.

3장은 철학적 논의에서 이상(理想) 개념의 중요한 위치를 복원하고, 그 개념이 정치에 대한 논의에서 특별한 관련을 갖도록 하는 내용이다. 이상이라는 주제는 무시되거나 사태가 벌어진 이후에 가서야 덧붙이는 생각으로 다루어지는 경우를 제외하면, 보통 학계의 비판가들이나 정치를 하는 사람들로부터 회의적이거나 적대적인 반응을 받는다. 이사야 벌린(Isaiah Berlin)은 '유일한 이상'(the ideal)의 추구는 위험하다고 논한 영향력 있는 비판가 중 하나였다. 그리고 1장과 2장에서는 대다수 현실주의자들이 보이는 혼란스럽거나 위험한 이상(理想)의 영향력에 놓인 정치적 도덕성에 대한 특정한 반감에 초점을 맞추었다. 제대로 이해했다면, 나는 이상은 도덕적 삶에서 필수 불가결한 역할을 해야만 하며 정치적 도덕에서 중요한 역할을 수행해야한다고 주장한다. 그 과정에서 나는 이상의 개념을 보다 명확히 하고, 이상이 도덕의 지형에서 정확히 어디에 위치하는지 밝히고자 하였다.

4장에서 나는 좋은 정치는 필연적으로 어느 정도의 도덕적 오점이나 부패를 수반할 것이라는 견해를 다루었다. 이 견해는 현재 유행하는 개념인 '더러운 손' 개념으로 압축된다. '더러운 손'은 철학적 분석에서 중요한 도구였으며, 이 논의에서 신기원을 이룬 마이클 왈저의 논문 「정치적 행위: 더러운 손의 문제」(Political Action: the Problem of Dirty Hands)가 출간된 1973년 이래로 특히 정치적 도덕의 쟁점이 되어 왔다. 그 개념은, 왈저가 자신의 책 『정의로운 전쟁과 부정의한 전쟁』(Just and Unjust Wars)에서 제2차 세계 대전에서 동맹국이 적국을 폭격한 것을 논의하면서 통용한 '최고 비상상황'과 똑같진 않다 하더라도 밀접하게 연관되어 있다. '더러운 손' 개념은 보통 철학자들 사이에서 공식적으로 활용되기도 하지만 또한 정치가와 정책 입안자들 사이에서 비공식적으로 더 많이 활용되기도 한다. 이 장에서 나는 더러운 손을 현실주의 및 도덕적 딜레마와 대조하고 도덕적 부패의 개념과 영향을 분석하여 그 용어의 의미와 그것이 가질 수 있는 타당성이 무엇인지를 탐구하였다.

마지막 장에서 나는 정치와 자주 연관되는 특수한 형태의 잘못, 즉 거짓말하기를 다루었다. 거짓말이 사실상 모든 문화에서 도덕적 반감의 그늘 아래에 놓여 있기는 하지만, 거짓말하기에 대한 태도는 매우 복잡할 수 있으며, 어느 누구도 자신들이 결코 거짓말한 적이 없다고 진지하게 주장할 수 없다. 그래서 거짓말의 도덕성을 대하는 보편적 태도가 거짓말이라면 어느 것이나 엄격히 비난하는 것으로부터 많은 종류의 거짓말을 온건히 허용하는 태도에 이르기까지 넓은 범위에 걸처 있다는 점은 놀랍지 않다. 특히 현대 정치가들은 거짓말했다는 구체적인 혐의는 맹렬히 부인하기는 하지만 매우 거짓말하기 쉬운 존재로 여겨지며 그 이유로 종종 비난받는다. 또 정치가들이 거짓말한다는 죄를 못마땅해하는 대중이 늘 심각하게 이를 나쁜 것으로 여기는 것도 아니다. 이 장은 거짓말을 비롯한 기만적인 행위의 본성을, 성 아우구스티누스와 칸트 같은 엄격주의자와 플라톤 같이 '고귀한 거짓말'의 옹호자 그리고 비록 자주 왜곡되기는 하지만 온건한 결의론자들을 포함하는 철학적 전통을 자세히 살펴봄으로써 탐구하겠다.

앞서 드린 감사에 더해, 나는 이 연구를 지원해준 호주 연구 협의회의 응용철학과 공공 윤리 특별 연구 센터에 감사드리고 싶다. 협의회가 나의 '너절한 도덕' 연구를 이전에 지원해준 것에도 감사드리고 싶다. 또한 내가 그 강연을 하는 동안 방문교수로 있었던 옥스퍼드대학교의 코퍼스 크리스티 칼리지(Corpus Christi College)와 매우 소중한 연구 보조원이었을 뿐만 아니라 책의 편집과 색인 작성을 도왔던 네드 도보스에게도 감사드리고 싶다. 2005년 22권 제2호에 실린 내 논문 「현실주의에서 도덕적 현실」(The Moral Reality in Realism)에서 일부 내용을 사용하도록 허가해준 학술지 『응용철학연구』(Journal of Applied Philosophy)의 발행인에게도 감사드린다. 그 내용은 1장과 2장에서 현실주의와 도덕주의와 관련된 쟁점들을 훨씬 더 발전된 형태로 살펴보게 된 기초가 되었다. 마지막으로 옥스퍼드대학교 출판부의 익명의 편집자가 해준 유익한 논평으로부터 도움을 얻었음을 밝혀 둔다.

차례

따라서 유토피아와 현실은 정치학의 두 측면이다.
건전한 정치적 사고와 건전한 정치적 삶은 그 둘 다 갖춰진 곳에서 발견
될 수 있다.

— E. H. 카, 『20년간의 위기 1919-1939: 국제 관계 연구 입문』

(E. H. Carr, *The Twenty Year Crisis, 1919-1939:*

An Introduction to the Study of International Relations)

서론

도덕과 관련된 것으로 보이긴 하지만 정말로 그 사안과 도덕이 유관한지 그리고 도덕을 고려하는 것이 현실성이 있는지가 첨예하게 문제되었던 중대한 정치적 결정의 몇몇 사례를 제시하는 것이 이어 전개될 상세한 논의의 무대를 마련하는 데 도움이 될 것이다.

첫째, 미국이 이끈 (그리고 미국이 지배한) 연합군의 2003년 이라크 침공이 있다. 이 침공에 대한 가장 두드러진 공적 정당화는 정말로 도덕적 어조(moral overtone)를 지닌 용어로 표현되었다. 이라크는 이웃 국가에 대하여 공격적으로 사용될 수 있는 대량 살상 무기를 가졌고, 이를 막기 위해 침공은 필요한 일이라고 했다. 이라크가 아무런 대량 살상 무기를 갖고 있지 않은 것으로 판명되자 다른 이유들이 전면으로 나왔다. 이라크는 미국을 비롯한 여러 국가들에 대한 테러리즘을 지지하고 있다. 그래서 테러에 대한 전쟁으로 침공을 정당화한다. 이라크의 체제는 사악한 사담에 의해 통치되는 나쁜 것이며, 이라크를 민주주의로 변화시키기 위해 침공이 요구된다. 침공은 결국 이라크인들을 위한 인도주의적 공감에 의해 요구되는 것이자 중동의 안

정성에 대한 관심에 의해 요청되는 것이었다. 사담 후세인의 악의로부터 미국과 영국의 석유 공급을 안전하게 확보할 필요가 있었다. 소위 이런 정당화들은 모두 도덕적인 풍미를 얼마간 갖고 있었지만, 오일 논증은 상당한 정도로 더 사리적(私利的)인 것이었다. 미국의 막대한 군사력은 국제 무대에서 미국의 정치적 지배를 확고히 하기 위해 유리한 상황에서만 사용되어야 한다는 (공공연하게 표현되는 경우는 드물지만 영향력 있는) 논증이 그렇듯이 말이다.

이에 더하여, 정치가들이 공개적으로 전개한 침공을 찬성하는 논증에는 노골적인 거짓말과 복잡한 기만이 빈번히 포함되었다. 부시 행정부가 사담 후세인을 2001년 9월 11일 미국에 대한 테러리스트들의 공격과 연관 지은 일이 가장 두드러진 일 중 하나이지만, 영국, 오스트레일리아, 미국 정부가 자행한 정보 기관의 보고서 조작도 기만성에서 조금밖에 차이 나지 않았다. 그런 태도를 취한 것이 아니라고 부인하기는 하지만, 결국 이러한 기만에 대한 정당화는 정치적으로 효과만 있으면 된다는 (기껏해야) 몰도덕적인 태도였던 것 같다.

우리는 두 번째 사례에서도 이와 같은 거짓된 행동에 대한 (정치적) 의존을 볼 수 있다. 그것은 2001년에 당시 오스트레일리아 정부에 의해 그토록 기만적으로 개시되었던 효과적인 공포 캠페인, 즉 망명을 희망하는 '보트 피플'을 '자신들의 아이들을 배 밖으로 던져버린' 악마적인 존재로 성공적으로 그려낸 캠페인과 유사하기 때문이다. 이 묘사는, 여론 조사가 정권의 선거 패배를 예측한 선거 전날 저녁 만들어진 것으로, 오래 집권하는 보수 정권이라는 '안전한' 선택지에 유권자들이 머무르도록 겁을 주는 용도에 적합하게 만들어진 것임이 명백했고, 실제로 정부가 재선에서 승리하는 중요한 요인이었음이 드러났다. 보수주의 정치가들이 스스로 선거에서 생존하는 것이

(그들 자신의 경력뿐만 아니라) 공동체에도 상당한 가치가 있다고 믿었다고 가정하면, 이 사안은 선한 목적을 위한 권력 추구와 그러한 권력 추구에 대한 도덕적 제약 사이의 관계에 관한 쟁점을 제기한다.[1]

이 두 사례는 도덕과 정치의 관계에 관한 몇 가지 질문을 제기하는데, 이 질문들은 '정치적 현실주의'라 불리는 이론적 논쟁의 심장부에 놓인다. 이 쟁점들은 1장과 2장에서 다루어진다. 그 사례들은 또한 4장에서 다룰 정치에서의 '더러운 손'이라는, 연관되어 있으나 이와는 상당히 다른, 문제도 건드린다.

세 번째 사례는 인도주의적 군사 개입(armed humanitarian intervention)의 문제에 관한 것이다. 전쟁이 사라지거나 줄어드는 것 그리고 자국민에게 자행되는 국가의 부정의와 박해가 제거되거나 크게 줄어드는 것 모두에 헌신하고 있는 누군가가 있다고 해보자. 그 사람이 인종 청소와 같은 잔학 행위(outrage)를 막기 위해 군사 개입에 대한 요구에 직면할 때 취해야 하는 입장은 무엇인가? 그 사람이 직면하는 딜레마를 표현하는 다양한 방식이 있지만, 특별히 두드러지는 것 하나는 이상들의 충돌로 표현하는 것이다. 즉 평화라는 이상이 정의라는 이상과 갈등하고 있다고. 물론, 어떤 사안에서는 그 갈등이 겉보기만의 것일 수도 있다. 군사력에 의지하는 일은 단순히 그리고 예측 가능하게 상황을 더 나쁘게 만들 경우가 매우 빈번할 것이며, 군사 개입이 피를 거의 흘리지 않아 평화에 아무런 위협도 되지 않는 사안들은 드물 것이다. 그럼에도 불구하고, 1994년 르완다에서의 끔찍한 대량 학살과 같은 몇몇 상황들은, 대량 학살을 막기 위한 '인도주의

---

1 이 사안들에서 하워드 정부의 진실 조작에 관한 상세하고 음울한 설명으로는 David Marr and Marian Wilkinson, *Dark Victory: How a Government Lied Its Way to Political Triumph* (Crows Nest, NSW: Allen and Unwin, 2004)를 보라.

전쟁'(war for humanity)이 이치에 닿는 그러한 예외적인 사안으로 보인다.[2] 이 사안은 정치에서 이상의 본성과 역할에 관한 더 일반적 쟁점을 선명하게 제기한다. 그리고 이것이 3장의 주제를 이룬다.

더욱이 인도주의적 군사 개입의 지지자들은 1장과 2장에서 논의된 도덕주의의 문제 중 일부에 직면한다. '군사적 인도주의'(라고 몇몇 사람들이 칭하는 것)를 향한 열광은 그 두 장에서 검토되는 몇 가지 형태의 도덕주의적 왜곡을 겪기 쉽기 때문이다.[3]

현실 정치의 이유를 들어 이라크 침공을 지지하지 않았을('좌파' 라는 용어가 이제는 많이 퇴락했지만 여기서는 그저 대략적인 진영을 가리키는 뜻으로 쓰자면) 좌파들과 침공 당시에 주어진 주된 이유들 이 거짓이며 심지어 부정직하다는 점을 깨달았지만 사담 후세인의 인 권 침해를 종식할 필요를 거론하며 인도주의적 행위로 침공이 정당화 될 수 있으리라고 생각한 사람들은 이상의 충돌이 제기하는 문제들뿐 만 아니라 이 문제들에도 답해야 한다. 물론 전쟁 당시에는 정당화되 지 않았으며, 침공 이유에 정당성이 없다고 명시적으로 말한 지도자 들이 스스로 수행한 전쟁을 회고적으로 '정당화'하는 것에 관해서는 커다란 의문이 있다.[4] 한층 더 중요한 점으로, '무엇인가를 해야만 한

---

2   인도주의적 군사 개입을 찬성하는 열광적 태도에 대한 나의 유보적 입장은 C. A. J. Coady, 'War for Humanity: A Critique', in Deen K. Chatterjee and Don Scheid (eds.), *Ethics and Foreign Intervention* (Cambridge: Cambridge University Press, 2002), 그리고 *The Ethics of Armed Humanitarian Intervention*, Peaceworks 45 (Washington DC: United States Institute of Peace, 2002)를 보라.

3   '전투적 인도주의'라는 용어를 사용한 비판가의 책은 Conor Gearty, *Can Human Rights Survive?* (Cambridge: Cambridge University Press, 2006), 134 참조.

4   대부분의 사람들은 오스트레일리아 수상 존 하워드에 대해 의구심을 품었다. 하 워드는 다음과 같이 선언했다. '나는 이라크인들이 정말로 무장을 해제했다면 받아들 여야만 했을 것이다. 나는 이라크 체제를 변혁시키기 위한다는 목적 자체만으로는 이

다' 는 판단이 인도주의적 개입을 찬성하는 논증에서 너무도 흔하여, 진지한 도덕적 행위에 부과되는 실현 가능성의 제약을 무시하는 경우가 자주 있다. 이는 (내 견해로는) 이라크에서의 지속되는 혼돈이 입증하듯이 현저하게 예측 가능한 제약인데도 말이다.

네 번째 사안은 제2차 세계 대전에서 연합군과 추축국 군사력에 의해 실행되었던 적국 도시에 대한 폭격 작전(bombing campaigns)에 관한 것이다. 물론 이러한 폭격은 그 이전이나 그 이후의 다른 분쟁에서도 여러 당사자들에 의해 이루어졌다. 이러한 폭격 작전은 전쟁 승리에 효과적이라는 이유로 찬성되었다. 그런 폭격이 전쟁에서 도덕적으로 허용되는 종류의 과녁 조준에 대한 기존 이해를 위반하였음에도 말이다. 이런 작전의 옹호 중 일부는 한낱 증오에 기반하고 있었지만, 많은 옹호론은 도구적 정당화를 가지고 있기도 했다. 그런 폭격 작전의 지지자들은 아기와 어린이를 포함한 비전투원(또는 약간 전문적인 뜻에서 '무고한'(innocent) 수천만 명을 죽이거나 불구로 만든 것이 전쟁 승리에 기여한다는 이유로 정당화된다고 생각했다. 독일에 대한 군사 작전만 세어 보아도 약 50만 명의 민간인들이 죽임을 당했다고 유력하게 추정되고 있다. 그리고 비슷한 숫자의 민간인들이 일본에서 소이탄(燒夷彈; fire bombing) 폭격과 핵 폭격으로 인해 사망하였다고 한다. (물론 다시금, 그 추정치는 다양하지만 말이다.)[5] 연합군의

라크에 대한 군사적 침공을 정당화할 수 없었다.' 그러나 그 이후 수상은 북부 지역 틴들 항공 기지의 오스트레일리아 군대에게 '여러분은 우리의 이름으로 정의로운 명분으로 갔습니다. 여러분은 억압 받는 사람들을 해방시키기 위해 정당하게 파견되었으며, 여러분의 동맹 파트너들과 함께 그 일을 당당하게 그리고 언제나 기억될 방식으로 해내었습니다.'고 말하며 그들을 안심시킬 뿐이었다. 연설 기록문은 인터넷으로 볼 수 있다. 〈www.pm.gov.au/media/speech/2003/speech74.cfm〉와 〈www.pm.gov.au/media/speech/2003/speech95.cfm〉

입장에서 정당했을 그 전쟁에서의 승리가 선이라는 가정을 전제하면 (비록 그 생각은 양측 모두가 주관적으로는 가질 수 있는 믿음이었지만), 공격 받는 것을 정당화할 일은 아무것도 하지 않은 이들을 죽이는 일에 대한 도덕적 반대의 의의와 강도와 [역자-전쟁 승리에 기여한다는] 정당화 근거가 맺는 관계에 관한 질문이 제기된다. 도덕이 어떤 식으로든 국제 정치와 무관하다고 생각하는 이들, 특히 전쟁에 관해서는 도덕이 무관하다고 생각하는 이들은, 비전투원 수십만 명의 대량 학살에 대한 도덕적 비판은 논점을 벗어난 것이라고 볼 것이다. 그러나 전쟁 수행 행위에 대한 도덕적 제약의 의의를 거부하지 않는 이들 중 많은 수조차도, 무고한 이들에 대한 이 국제적 공격 중 일부는 허용된다고 논한다. 비록 그들 또한 그러한 공격이 어떤 의미에서는 비도덕적이라고는 생각하지만 말이다. 이것은 다시금 4장에서 논의할 더러운 손 문제를 제기한다.

이 사례들만 해도 몹시 무시무시하지만, 나의 이어지는 논의 중 많은 부분은, 삶과 죽음의 중대한 문제에 직접 영향을 미치는 정치적 결

---

5   마이클 클로드펠터(Michael Clodfelter)는 연합군의 폭격으로 499,750명의 독일인 민간인과 299,485명의 일본인 민간인이 죽었으며, 이에 더해 히로시마와 나가사키 원자 폭격으로 78,150명의 추가 사망자와 (적어도) 23,753명의 부상자가 생겼다고 추산한다. *Warfare and Armed Conflicts: A Statistical Reference to Casualty and Other Figures, 1500-1999* (Jefferson, NC: McFarland, 2002), 543; 580-1 참조. 다른 권위 있는 통계들은 더 큰 숫자를 제시한다. 제2차 세계 대전의 참상에도 도시 폭격 제한의 결과를 만들지 못했다는 것을 상기할 가치가 있다. 한국의 '잊혀진 전쟁'에서 미국은 북한 주요 도시들을 철저히 폭격했으며 그 마을 대부분이 대단히 파괴적인 손상을 입었다. 미국 전략 공군 사령부(Strategic Air Command) 지휘관이었던 커티스 리메이(Curtis LeMay)는 나중에 "우리는 북한과 남한 가리지 않고 거의 모든 도시를 불태우고 수백만 명을 거주지에서 몰아내 버렸지."라고 자랑했다. Gregory Elich, 'Targeting North Korea', *Z Magazine* (31 December 2002)에서 인용. 해당 기사는 〈www.zmag.org/elich korea.htm〉, 30 January 2007에서 볼 수 있다.

정과 도덕의 관계를 다룬다. 그러나 도덕과 정치라는 주제는 덜 극적인 방식으로 절박할 문제일 수도 있다. 이를테면 사람들이 정치 권력의 행사가 보통의 통합성(ordinary integrity)[역자-정직과 성실, 고결함과 원리 및 원칙의 준수 같은 서로 밀접하게 엮여 있는 통일적인 도덕적 인격의 속성을 가리킴.]과 양립 가능한지 궁금해 한다. 예를 들어, 정당의 규율 또는 집권 필요성에 개인 양심이 필연적으로 종속될 수밖에 없다는 점이 개인의 성품을 훼손하지 않는지 그리고 냉소주의에 기초한 비난과 냉소주의의 무드를 아주 흔히 조성하는 거의 위선에 가까운 정도의 정직한 척하기를 낳지 않는지 궁금해한다. 이 문제는 민주 정치의 특수한 문제와 연관되어 있다. 즉, 공적 삶에서 선을 위해 일하면서 자신의 이상을 유지하는 것이, 그 일을 하기 위해 수명이 짧고, 종종 타락하곤 하는 여론의 힘에 의존할 때 가능한가의 문제 말이다. 많은 서구 민주주의에서 (좌파 정당이 여전히 존재하는 곳에서) 좌파 정당들의 정신 없는 상태는 이 문제가 갖는 무게에 대한 증언이며, 그 문제는 2004년 미국 대통령 선거에서 극적으로 드러났다. 그 선거에서 유권자들이 테러에 대한 전쟁에 보인 대체로 비합리적인 태도의 공포가 민주당 후보와 민주당의 대부분을 이라크 전쟁을 지지하도록 몰아갔다. 실제로, 이 문제에 관해 대통령과 다른 의견이 방송에 나가기는 했지만, 그 다른 의견이란 분쟁을 더 격화시키라는 요구에 해당하는, 더 많은 미군을 투입해야 한다는 요청이었다. 비록 그런 투입이 그 상황을 결국 개선시키리라는 희망과 함께 제시된 것이기는 했지만 말이다. 이 쟁점들에 관한 온전한 논의는 이 얇은 책의 범위를 넘어서지만 그 쟁점들의 일부 측면들이 1, 2, 3장에서 다루어지며, 5장의 논의와 특별한 관련이 있다.

1

도덕, 도덕주의, 현실주의

너는 어찌하여 네 형제의 눈 속에 있는 티는 보면서
네 눈 속에 있는 들보는 깊이 생각하지 못하느냐?

마태복음 7:3(KJV 한글흠정역)

아마도 영어권 국가들에서 빅토리아적 자부심이 절정기였던 시기에
는 일반적으로 도덕이 사회적 가치와 개인적 가치의 위계에서 최상위
의 자리를 의문의 여지없이 점하고 있었을 것이다. 실제로 기독교의
종교적 영향력의 만조가 유럽에서 서서히 사그라지기 시작함에 따라,
도덕 그 자체가 일종의 제도로서, 신앙심 깊은 존중의 대상까지는 아
닐지라도, 종교를 대신하여 삶에 대한 지침으로서 선명하고 직접적인
역할을 행사하기 시작했다. 내가 옥스퍼드대학교 1학년일 때 철학 학
부 시험에 워즈워스가 쓴 '신의 음성에서 나온 준엄한 딸'로 의무를
묘사하는 〈*Ode to Duty*〉(의무에 부치는 시)를 인용하고는 '왜 신인
가'라고 묻는 문제가 출제되었다. 신은 필요치 않으나 신의 준엄한 음
성으로서 남은 도덕은 받아들였다고 많은 사람들이 답했을 것 같다.
(그리고 나는 몇몇은 도덕을 여전히 여성이라고 생각했으리라 본다.
비록 딸보다는 어머니나 유모 쪽에 가깝겠지만 말이다.) 이반 카라마

조프의 외침에 나타난 '신이 없다면 모든 것이 허용된다' 는 도스토옙스키의 자포자기한 생각은 분명히 19세기 종교적 위기에 대한 하나의 반응이었지만, 지식인들 사이에 더 널리 퍼진 반응은 도덕을 버리기보다는 격상시키고는 도덕의 규정에 세속적 지위를 주는 것이었다. 그리고 도덕의 부모가 필요하다면 도덕의 부모는 이성이어야 하며, 심지어 매우 터무니없지만 사회나 국가여야 한다고 생각하였다.

실제로 도덕의 그런 승격에 의문을 품은 사람이 오래전부터 있었다. 그의 이론적, 회의적 경향으로 보건데, 당연히 흄이 있다. 그러나, 그의 의심은 실질적 귀결을 가지려는 것은 아니었고, 고대 회의론자들과 같이 도덕의 영역을 넘어서는 전반적인 것이었다. 흄 이전에, 마키아벨리는 도덕이 자리하는 곳과 특유한 공공선에 대한 정치적 관심사가 자리하는 곳의 거리를 멀리 떨어뜨려 놓으려는 매우 유의미한 노력을 하였다. 그리고 니체는 가장 극적으로, 전통 도덕을 모조리, 약한 이들이 의지하는 목발(crutch for the weak)로 그래서 온전한 자존의 방해물로 바라보았다. 우리 시대에 와서야, 도덕의 고결한 입지(morality's lofty standing)와 도덕의 고결한 입지에 대한 이론적 의문이 더 널리 퍼지게 되었으며, 심지어 도덕적 이론화에서 반성이란 것이 정말로 무엇인가에 대한 의문까지 제기되었다. 버나드 윌리엄스는 그런 의문을 제기한 가장 저명한 사람들 중 한 명이다. 그는 노예제를 '특이한 제도' 라고 칭한 미국인들의 묘사를 가져와 도덕 그 자체의 특성을 서술하는 데까지 사용하였다. 그러나 윌리엄스는 반도덕(anti-morality), 반도덕 이론(anti-moral theory) 운동이라고 철학자들 사이에서 때때로 칭해진 운동에 속하는 많은 목소리 중 하나에 불과하다. 나는 이 운동이 시작되기 전에 길버트 라일(Gilbert Ryle)이 다음과 같이 말했던 것을 기억한다. '도덕철학은 용광로 안

에 있을 뿐만 아니라 뒤집힌 채로 그 안에 있지.'

　이 책에서는 그런 논쟁을 풀거나 직접 다루고자 하지 않는다. 그 논쟁들은 이 책의 논의의 배경을 보여주려고 언급했을 뿐이다. 그것은 도덕을 두드러진 자리에 놓지만 그 경계를 모호하고 다소 애매하게 만드는 배경이다. 상위 이론과 구체적인 실천적 판단 양자 모두에 관해 고도로 논쟁적인 분야들이 남아 있다 할지라도 사람들은 사적 삶과 공적 삶 모두에서 여전히 도덕에 대한 호소에 마음이 움직이며 일련의 여건에서 자신들의 도덕적 판단을 합당하게 확신한다. [역자-그러니까 도덕의 경계와 이론화 및 구체적 상황에서의 추론은 논쟁적인 채로 둔 채 이미 가진 도덕적 확신의 정도는 계속 강하게 유지하고 있다는 것이다.] 나의 주된 초점은 정치의 평가에서 그리고 특히 인간 삶과 우리가 사는 세계의 정상 상태를 파괴하고 왜곡하여 막대한 피해를 입히는 경향이 있는 정치적 행동 즉 정치적 폭력에 기대는 일의 평가에서 도덕의 자리에 무엇이 남았는가 또는 무엇이 남아야 하는가—정치 행위자들은 무엇을 해야 하며 정책이 무엇을 공포해야 하며 정부는 무엇을 시행해야 하는가—가 될 것이다. 오늘날 세계에서 도덕의 역할은, 특히 방금 대략적으로 그린 배경을 고려한다면, 정치적 폭력 행사의 역설적인 측면을 떠맡았다. 그 역설은 이론적이기도 하고 실천적이기도 하다. 도덕이 차지하고 있다고 허세를 부리는 자리에서 도덕을 몰아내려는 다양한 지성계의 사조에 의한 시도가 세계의 운동가 및 정치 지도자들이 도덕의 용어에 더욱 더 의지하는 현상에 직면한다는 점에서 그 역설은 이론적이다. 이것은 '인권' 담론의 유통이 이례적으로 성장하고 있다는 점, 그리고 정전론(正戰論; just war theory)이 빈번히 거론된다는 점에서 분명하게 드러난다. 진지한 도덕적·법적 심지어 타산적인 고려 사항의 제약을 받지 않는 힘에 잔혹하게 (심지어 야수 같이) 기대는 일이 21세기 초의 국제 질서의 너무도 많은 부분에서 두드러지는 특성이었다는 점에서 그 역설은 실천적이다. 그것도 인권 담론과 인권에 대한 헌신이 놀라운 승리—가장 눈에 띄는 두 가지 사례만 들자면 동유럽의 벨벳 혁명이나 남아프리카 아파르트헤이트(인종 차별 정책) 체제의 항복—를 거두고 나서도 여전히 그랬다는 점에서 말이다.

이 장에서 나는 이 쟁점들을 도덕이 정치, 특히 국제 정치와 유관하다는 점을 부인하는 특정한 유파를 특별히 언급하여 더 탐구해보고 싶다. 그리고 나는 도덕주의라는 개념과 다른 글에서 내가 발전시킨 도덕주의 개념에 대한 해명을 사용하여 일반적 쟁점들을 자세히 설명하고 그 유파의 장점과 단점 모두 드러내겠다. 문제의 스타일은 '정치적 현실주의'(political realism)라는 이름으로 가장 잘 포착된다. 이 이름은 특정한 학파를 일컫기도 하고 많은 정치가와 정치적 논평가들 사이에 퍼진 분위기를 일컫기도 한다. 정치적 현실주의 이론은 20세기 수십 년 동안 학계에서, 특히 정치학과 국제 관계학 분과에서 어마어마한 영향력이 있었다. 더군다나 정치적 현실주의는 그 지지자들이며 학계를 떠나 정부 최고위직에서 일한 헨리 키신저(Henry Kissinger), 조지 케넌(George Kennan), 진 컬크패트릭(Jean Kirkpatrick)을 통해 정치 정책에 직접 영향을 미쳤다. 대략 지난 20년 동안 정치적 현실주의의 영향력은 다소 시들해졌으며, 그런 변화가 생긴 데에는 적어도 세 가지 유의미한 원인이 있다. 첫째는 이미 앞서 간략히 짚었던 것으로, 정부가 자신의 국민과 다른 나라 사람들에게 야기한 고통과 폭력에 독특하게 도덕적인 조명을 하였던 인권 운동의 영향이다. 둘째는 첫 번째 원인과 복합적인 연관성을 갖는 것으로, 많은 지식인과 학자들, 특히 철학자들 사이에 국제 정치에 관한 도덕적 사고가 부활했다는 것이다. 자신의 분과가 실천적 사안의 세계에 얼마간 직접적인 영향력을 가져왔다고 지나치게 쉽게 어림짐작으로 생각하는 것은 철학자로서 현명치 못한 일이겠지만, 이 사안들 중 일부에 철학이 분명한 영향을 미쳐왔다는 점은 그저 그럴법한 진술은 아니다. 특히, 정의로운 전쟁 사고의 부활(그리고 정전론에 대한 수정과 저항의 부활), 그리고 존 롤즈의 정의론의 영향력, 특히 롤즈 자신이 최초에 제시한 적용 범위인 국내 정의 사안을 넘어서 롤즈의 정의론을 확장하려는 시도는 정치적 결정에 대한 도덕적 평가를 가능케 해주었다. 그리하여, 특히 국제 영역에서 정치적 결정에 대한 도덕적 평가는 현실주의의 전성기 때보다 덜 특이한 일이 되었다. 세 번째 요인은 세계의 지역들과 국내 정치를 매우 단순한 선과 악, 미덕과 악덕의 렌즈를 통해 보는 경향이 있는 근본주의 종교적 사고의 부활이다. 이 부활은 흥미롭고 진정으로 걱정스러운 몇 가지 측면들을 많이 갖고 있지만, 그 부활이 동구와 서구의 형태에서 이루어낸 중대한 한 가지 일은, 대부분의 종교가 도덕적 행동에 대한 지침과 유인(incentives)을 담고 있다는 이유만으로도 종교와 정치를 선명하게 구별하는 것이 어렵다는 점을 일깨워준 것이었다. 이 지침과 유인은 종교의 신봉자들이 채택한, 정치에 대한 세계관에서 반드시 어떤 역할을 할 것이다. 그런 세계관의 더 폭력적이고 위험스러운 경향을 견제하려는 자유주의적 과업은 고귀한 것이며 놀라운 성공을 거둬왔지만, 종교적 세계관만이 그런 과잉으로 흐르는 경향이 있다고 여기는 것은 오판일 것이다. 어쨌든 종교와 국가의 분리, 공직 취임을 위한 종교 심사의 폐지, 그리고 종교의 자유의 고수와 같은 성취가 매우 중요하다고 해서, 그 성취의 지지자들은 (지나치게 자주 그랬듯이) 종교적 확신이 도덕적 측면에서 정치 활동에 관하여 사고하는 데 보통 가질 영향력을 보지 못해서는 안 된다.

그러므로 정치와 도덕에 관련된 현재의 입장은 복잡하고 매우 흥미롭다. 현실주의의 정신은 여전히 영향력이 있으며, 정치학과 몇몇 국제 관계학 학계 내에서는 특히 그렇다. 그리고 현실주의와 다른 접근들 사이의 갈등을 살펴보면 어떤 가르침을 얻을 수 있다. 실제로 나의 견해는 현실주의 그 자체는 그 결함에도 불구하고 특히 현실주의의 도덕적 맞수와 종교적 맞수 중 일부의 영향력이 크게 증가한 세태에서 가르쳐줄 것이 있다는 것이다. 우리가 살펴볼 바와 같이 현실주의 세계관은 그 자체가 매우 애매하다. 현실주의를 지지하는 많은 사람들과 반대하는 많은 사람들 모두 보통 현실주의를 도덕이 국제 관계에 들어설 여지가 없다고 하는 견해로 이해한다. 철학자들은 보통 현실주의를 이 형태로 두고 반박한다. 그러나 그런 반박은 현실주의의 지지자들에게 거의 아무런 효과도 갖지 못하는데, 이는 지지자들이나 반대자들이나 현실주의의 논점의 적어도 일부는 놓치고 있을 가능성을 시사한다.[1] 나는 도덕주의에 대한 논의에 기대어 그 논쟁이 무엇에 관한 것이어야 하며 어떻게 해결될 수 있을지를 더 명료화하겠다. 어쨌거나 도덕주의 현상은 그 자체로 흥미로운 것이며, 다른 철학 분야에도 그리고 도덕 그 자체의 중요성에 관한 널리 퍼진 의문 중 일부에 대한 이해에도 함의를 가진다. 실제로, 다소 소화 불량에 걸린 지식인 한 명은 도덕주의가 오늘날 우리 문화에 팽배해 있다고까지 주장하게 되었다. 존 케케스(John Kekes)는 '이런저런 도덕화하는 사람들을

---

1   Beitz, *Political Theory and International Relations* (Princeton : Princeton University Press,1979)와 Robert Holmes, *On War and Morality* (Princeton : Princeton University Press, 1989), ch. 2는 이 철학적 비판들을 가장 예민하게 받아들이는 대표적인 두 사람이다.

만나지 않을 수 있는 삶의 분야란 생각하기 힘들다'[2]고 말했다. 그리고 여기서 '도덕화하는 사람'(moralizer)이라는 용어는 비위를 맞춰주려는 의도로 사용된 것이 아니다. 〈마틴 처즐위트〉(*Martin Chuzzlewit*)에서 사울 페크스니프(Saul Pecksniff)[역자-'Pecksniff'는 '위선자'라는 뜻임.]라는 인물로 도덕화하는 사람을 눈부시게 묘사했을 때도 '도덕적'이라는 용어는 칭찬으로 의도된 것은 아니다.

> 페크스니프 씨가 도덕적인 사람이었다고 이미 언급했다. 실제로 페크스니프 씨는 그랬다. 아마도 페크스니프 씨보다 더 도덕적인 사람은 한 명도 없었으리라. 특히 대화와 응대에서. (…) 그는 가장 모범이 되는 사람이었다. 미덕의 지침을 그대로 옮겨 적은 책보다도 더 온전한 모범이었다. 몇몇 사람들은 그를 어느 방향으로 갈지 항상 길을 알려주면서도 결코 자신이 가리킨 길로 가지는 않는 신호등에 비유하기도 하였다. 그러나 이들은 페크스니프 씨의 밝음이 만들어낸 그림자로서 그의 적이었으며, 그게 전부다. 그는 목청 자체가 도덕적이었다.[3]

도덕주의를 더 언급하는 것은 나중으로 미루도록 하자. 지금은 현실주의를 얼마간 명료화해 보겠다. 현실주의자들은 그들의 비판가들이 자신들의 입장을 왜곡하고 심지어 풍자적으로 그리기까지 한다고 자주 불평한다. 그러나 서로 다른 (또는 심지어 같은) 현실주의자들

---

2   John Kekes, 'On the Supposed Obligation to Relieve Famine', *Philosophy*, 77 (2002), 503.

3   *The Life and Adventures of Martin Chuzzlewit* (London: Oxford University Press, 1951), 12-3. 나는 이 구절에 관심을 갖게 해준 데 대하여 로버트 풀린위더 (Robert Fullinwider)에게 감사한다.

이 자신들의 세계관에 기본적인 것으로 확인한 것들의 다양성, 그리고 결과적으로 이 다양한 것들 사이의 분명하지 않은 관계가 만들어 낸 불투명성이 그런 묘사의 적어도 일부 원인이 되었다. 그 어려움이 전적으로 비현실주의를 취하여 정치학의 풍경을 바라보는 철학적 주시자의 눈에만 있는 것처럼 보이지 않게 하려면, 스탠리 호프먼(Stanley Hoffman) 같은 저명한 정치학자의 같은 취지의 지적을 주목할 가치가 있을지도 모르겠다. 호프먼은 현실주의에 관하여 '첫 번째 문제는 현실주의의 본질적인 융통성과 불확정성이다.'[4]라고 말했다.

도덕에 대한 현실주의적 비판은 무엇인가?

우리는 현실주의를, 특히 전쟁 시기에 국가가 흔히 수행하는 잔혹한 실천들에 대한 한낱 합리화에 불과한 이론적 구조물로부터 구분하는 일부터 시작해야 한다. 정말로 현실주의와 잔혹한 실천에 대한 한낱 합리화 사이에는 일정한 연관성이 있을지도 모른다. 그러나 현실주의적 사고의 애매함에도 불구하고, 밀로스 섬을 강탈한 아테네인의 악랄한 행위를 뒷받침하기 위해 제시된 정당화의 단순화된 무도덕주의는, 우리가 살펴볼 이론가들 중 다수에 의해 제시된 분석과는, 그 구조와 취지에서 다르다.[5]

---

4   Stanley Hoffmann, *World Disorders: Troubled Peace in the Post-Cold War Era* (Lanham: Rowman & Littlefield, 1998), 59.
5   〈정의로운 전쟁과 부정의한 전쟁〉(*Just and Unjust Wars*) 1장에서 마이클 왈저가 '현실주의'라고 칭한 것을 다룬 잘 알려진 논의는 이 면에서 다소 오도하는 것이다. 그는 밀로스의 악랄한 약탈에 대한 투키디데스의 설명에 집중하고는 그것을 흡스의 전쟁관 일부와 연결시키지만, '현실주의'라는 용어를 받아들이는 학계의 전통은 전혀 언급하지 않는다. 그 책의 이후 부분에서 그는 학계의 현실주의를 간략히 논의

　　그럼에도 비록 현실주의의 또렷한 표현이 '힘이 정의다'(might is right)라는 신조에 대한 노골적인 헌신 이상의 것이기는 하지만, 그 또렷한 표현에 애매함이 있다는 점은 현실주의의 지지자들이 어떤 중심적 교설로 뭉쳐 있다기보다는 하나의 세계관 심지어 지성적 분위기에 의해 뭉쳐 있다는 사실을 시사한다. 현실주의와 가장 닮은 것이 종교라고 할 수 있는 그런 특정한 측면들이 있다. 특히 도덕에 대한 외관상의 비난이 그토록 도덕적 열정을 갖고서 추구된다는 측면이 그렇다. 종교와 현실주의는 많은 특성들을 공유한다. 이를테면 보통 믿음과 막연히 관련된 연합체, 사고와 대응의 공통된 스타일, 자신의 교설을 이해하지 못하는 이교도들에게 때때로 필사적으로 설교하려는 욕구, 그리고 그 종교의 미덕을 체화한 것으로 여겨지는 매우 다기(多岐)한 지성적 삶과 실천적 삶을 살았던 정본에 속하는 모범이나 성인(聖人)으로 구성된 유명인들을 보유한 것 같은 특성들 말이다. 많은 종교처럼 현실주의에는 분파들('네오현실주의', '구조적 현실주의' 등등), 현실주의 교설을 다르게 해석하는 학파들이 있다. 그리고 경쟁하는 기독교 신학 학파가 때때로 무신론자들보다 서로 더 사이가 좋지 않은 것처럼 보이듯이, 현실주의와 그 신조가 요구하는 바에 대한 경쟁하는 해석자들도 그렇다. 베트남 문제를 두고 벌어진 조지 케넌과 헨리 키신저 사이의 극적인 대립, 핵전쟁을 두고 벌어진 모겐소와 니츠의 극적인 대립, 또는 국제 관계에 대한 '학문'의 토대 같은 이론적 주제를 두고 벌어진 니부어와 왈츠의 극적인 대립이 그 증거다. 호퍼먼은 이런 종류의 차이가 '두드러지는 것'이며 '조금 불안하게 하

하면서 그것은 1장에서 논의된 투키디데스적 현실주의는 아니라고 한다. Walzer, *Just and Unjust Wars: A Moral Argument with Historical Illustrations*, 3rd edn. (New York: Basic Books, 2000).

는 것'이라고 지적한다. 거기에다가, 국제 문제에서 도덕에 대한 여러 가지 호소를 현실주의자들이 맹렬하게 비난함에도 불구하고, 많은 현실주의자들의 저술에는 내가 시사한 종교적 유비의 설득력을 높여 주는 도덕적 열정이 있다. 실제로, 몇몇 핵심 현실주의 사상가들에 대하여 동정적인 해명을 썼던 한 저자는 자신의 책 제목을 〈의분에 찬 현실주의자〉(*Righteous Realist*)[6]라고 지었다.

나는 어떤 폄하하려는 의도 없이 종교와의 유비를 제시하였다. 그리고 현실주의 교설과 정신이 진지하게 여겨져서는 안 된다는 암시를 하려는 의도도 분명히 아니었다. 사실 현실주의에는 나에게는 본질적으로 옳아 보이는 어떤 통찰들이 있다. 그러나 그 통찰들은 현실주의 그 자체 내의 수사를 동원하고 격론을 벌이며 해석을 하는 과정에서 자주 희미하게 된다. 내가 여기서 하고 싶은 일 하나는 그 통찰들을 더 투명하게 만드는 것, 그리고 그렇게 하는 와중에 대외 문제의 윤리에 관한 논쟁을 현실주의와 이상주의 사이의 극명한 대립을 중심으로 자주 일어나는 몇몇 불모의 상태 밖으로 옮기고자 하는 것이다.

현실주의자들이 섬기는 성인들의 목록은 길고 공경할 만한 것이다. 이 목록에 올라와 있는 인물들은 적어도 투키디데스와 성 아우구스티누스까지 거슬러 올라가며, 그 이후로 마키아벨리, 홉스, 막스 베버, E. H. 카, 라인홀드 니부어, 한스 모겐소, 조지 케넌, 딘 애치슨, 헨리 키신저를 포함한다. 실제로 몇몇 현실주의자들은, 종교적인 인물들을 열거한 몇몇 목록과 마찬가지로, 그들의 성인과도 같은 선각자들의 목록을 매우 확장적으로 훌륭한 지식인은 거의 다 포함할 정도로 늘

---

6 Joel H. Rosenthal, *Righteous Realists: Political Realism, Responsible Power, and American Culture in the Nuclear Age* (Baton Rouge and London: Louisiana State University Press, 1991).

려 잡는다. 하나의 목록은 성 아우구스티누스뿐만 아니라 '장 칼뱅 (Jean Calvin), 에드먼드 버크, 제임스 매디슨, 그리고 그 외의 대부분의 고전적인 서구 사상가들'[7]을 포함한다. 우리가 목록을 더 좁혀 그 제한된 목록에 있는 덜 저명한 인물들이 갖는 사상과 태도만 살펴보더라도 너무도 풍부하고 다양하여 그들 사이의 믿음과 입장의 그 어떤 통일성이라도 발견할 전망은 절망적이라고 여기기 쉽다. 그러나 나는 이 다기(多岐)한 집단을 함께 묶어줄 수도 있는 어떤 가닥들을 상세히 밝힐 가치가 있다고 생각한다. 설사 그 가닥들이 비트겐슈타인이 가족 유사성의 중첩되는 가닥들에 의해 통일된 개념들에 관해 이야기했을 때 염두에 두고 있었던 방식으로 실제로 엇갈리더라도 말이다. 다음이 그런 다섯 가지 요소다.

1. 대외 문제(foreign affairs)에서 이상주의(idealism)와 도덕에 대한 특정한 반대
2. 도덕적 자아 팽창(moral self-inflation)에 대한 반대
3. 대외 정책에 관한 중심 가치로서 국익(national interest)에 대한 관심
4. 국제 질서에서 안정(stability)에 대한 관심
5. 권력 현실(realities of power)에 대한 세심한 주의

이 모든 것이 현실주의 저술에서 풍부하게 드러날 수 있다. 또한 이 각각이 의미하거나 수반하는 것에 관한 얼마간의 혼동도 풍부하게 드

---

7   Ernest W. Lefever, *Moralism and US Foreign Policy* (Washington DC: The Brookings Institution, 1973), 397.

러날 수 있다. 아서 슐레진저 주니어의 탁월하고 도발적인 논문 「대외
문제의 필연적 무도덕성」(The Necessary Amorality of Foreign Af-
fairs)이 여기서 드러내주는 바가 많다. 특히 위 1과 2 요소에 관해서
말이다.[8] (나는 3, 4, 5에 관해 나중에 더 많이 이야기하겠지만, 그 요
소들이 어떻게 이해되며 뒷받침되는가는 1과 2에 대한 우리의 해석에
달려 있을 수밖에 없다.) 슐레진저는 국제 관계가 실제로는 도덕 너머
에 있다고 생각하지만 (그래서 그의 논문 제목이 그렇게 나왔다.) 도
덕이 그 주제에서 전적으로 추방될 수 없다는 점에 다소 소심하게 동
의한다. 그래서 도덕의 침입에 대한 그의 가장 강력한 비난은 바로 뒤
에 조건이 붙는 경우가 자주 있다. 우리는 그가 관련된 질문에 다음과
같은 입장을 취하고 답하는 것을 발견하게 된다. '명시적인 도덕 원리
들이 ─ 인도차이나 전쟁의 지지자와 비판자 모두 주장했듯이 ─ 대외
정책의 쟁점을 결정해야 하는가? 간결한 답을 해야 한다면 나는 다음
과 같이 말할 수밖에 없다: 가능한 한 적게.' 그러나 그러고 나서 그는
덧붙인다. '국제 정치에서 도덕적 가치들은 (…) 문제들에 대한 결정에
서 최후에만 기대야 하는 것이 되어야 한다. 그렇게 도덕적 가치들에
최후에 기대게 되는 문제들이 정말로 존재한다고 덧붙여야겠다.'[9] 나
중에 그는 말한다. '대외 문제의 원자료는, 대부분의 경우에, 도덕적으
로 중립적이거나 도덕적으로 애매하다. 결과적으로, 대부분의 대외 정
책 처리에서 도덕 원리들은 결정을 좌우하는 것일 수 없다.'[10] 그런데
도 그 뒤에 다음과 같이 쓴다. '대외 문제의 분야에서 도덕 판단을 내

---

8   Arthur Schlesinger, 'The Necessary Amorality of Foreign Affairs', *Harper's
Magazine* (Aug. 1971).

9   Ibid. 72.

10   Ibid. 73.

리려는 억누를 수 없는 경향이 존재한다. 도덕 절대주의의 위험에도 불구하고 그런 경향이 아무 가치 없는 것은 아니다.'[11] 비슷한 불확실성을 다른 유명한 현실주의자들에게서도 모아볼 수 있다. 영향력 있는 미국 현실주의자인 한스 모겐소는 '정치 영역의 자율성'을 주장함으로써 정치와 도덕을 몹시 분리시키고 싶어 한다. 그는 경제학, 법, 그리고 도덕 같은 다른 영역들의 자율성을 인정하지만 정치적 현실주의자는 '이 다른 규준들을 정치의 규준에 종속'[12]시켜야만 한다고 주장한다. 그럼에도 그가 현실주의에 본질적이라고 여기는 것의 일부는 '특정 국가의 도덕적 열망을 세계를 규율하는 도덕 법칙과 일치시키기를 거부하는 것'[13]이다. 이것은 다른 모든 것들을 규율하는 법칙처럼 정치를 규율하는 '법칙' 같은 것이 있다는 인정처럼 들린다. 하지만 모겐소는 이 일반적인 인정은, 국가들이 소위 '국가 간 관계에서 선하고 악한 것을 확실성을 가지고 알 수 있다고 가장하도록'[14] 유혹을 받게 하는 상당히 다른 것과 대조되어야 한다고 주장한다. 그러므로 모겐소는 자신이 거부하는 도덕적 지식이라는 것이 있다고 추정하는 것 같다. 이에 더해, 현대 현실주의 정본에 속한다고 주장되는 몇 안 되는 비미국인 저술가 중 하나인 E. H. 카는, 대외 문제에서 도덕에 기대는 일의 여러 가지 위험을 격렬하게 비난하며 그 안에 놓인 기본적인 갈등을 현실주의와 유토피아주의 사이의 갈등으로 특징짓는다. 그럼에도 불구하고 그는 다음과 같이 말하여 대외 정책에서 도덕

---

12   Hans J. Morgenthau, *Politics Among Nations: The Struggle for Power* and Peace, 7th edn. (Boston: McGraw-Hill Higher Education, 2006), 13.
13   Ibid. 12.
14   Ibid.

과 이상주의의 여지가 있다는 자신의 믿음을 분명하게 표현했다. '그러므로 유토피아와 현실은 정치학의 두 측면이다. 건전한 정치적 사고와 건전한 정치적 삶은 유토피아와 현실이 모두 자신의 자리가 있는 곳에서 발견될 것이다.'[15] 나중에 카는 '현실주의 견해'로서 '그 어떤 윤리적 규준도 국가 간의 관계에는 적용될 수 없다 (…)'라고 진술한다.[16] 그보다 더 이후에, 그는 '모든 정치적 삶의 토대인 권력과 도덕 사이의 불안한 타협'을 언급한다.[17] 그리고 상당히 단순한 판본의 도덕 상대주의에 대한 취향이 간간이 보이는 것에도 불구하고, 그는 국제 관계(international relations)에서 '정의의 근거'에 대한 이해의 작동에 유의미하고 적극적인 역할을 부여한다.[18] 우리는 이것을 어떻게 이해해야 하는가? 도덕의 자리에 대한 현실주의적 입장은 그저 혼동투성이(just a tissue of confusions)인가?

비록 혼동이 아주 많기는 하지만, 단지 혼동투성이에 그치는 것은 아니다. 내가 시사하고 싶은 것은, 현실주의가 대외 문제에서 도덕이나 윤리에 대한 반대라면 그 종류를 불문하고 무엇이나 포함하는 것으로 오해되어 왔으며, 때때로 스스로 그런 식으로 오해해왔다는 것이다. 현실주의의 과녁은 도덕이 아니라 도덕의 일정한 왜곡, 도덕주의라고 명명하는 것이 마땅한 왜곡이거나 그런 왜곡이어야 한다. 도덕

15　Edward Hallett Carr, *The Twenty Year Crisis, 1919-1939: An Introduction to the Study of International Relations* (London: MacMillan, 1962), 10.

16　Ibid. 153.

17　Ibid. 220.

18　비록 카가 보통 현실주의자로 여겨지기는 하지만 그를 현실주의의 '동조자'(fellow traveller)로 여기는 것이 아마도 더 나을 것이다. 카는 그가 현실주의라고 보는 것이 주장하는 바에 동정적이지만, '유토피아적' 윤리에 아무런 자리를 남겨두지 않는다는 점에서 현실주의가 조금 지나치게 나갔다고 생각한다.

주의는 현실주의자들의 저술이 때때로 제시하는 명칭이다. 비록 '도
덕주의'라는 단어가 현실주의자들에 의해 '도덕' 그 자체와 사실상
같은 뜻으로 쓰이는 경우가 자주 있지만 말이다. 실제로, 도덕과 도덕
주의를 지속적으로 구분하지 못하는 것이야말로, 그리고 이와 연관된
것으로 도덕주의에 대한 여하한 종류의 이론도 부재하다는 점이야말
로, 인용된 저자들[19]에게서 우리가 이미 짚어낸 도덕의 역할에 대해
특이하게 뒤엉킨 견해를 많은 부분 설명해준다. 그러나 그들이 쫓아
내고자 하는 것이 도덕이 아니라 도덕주의라는 점은 슐레진저가 자신
의 논문에서 관심을 둔 구체적인 과녁 중 일부에 의해서도 드러난다.
그는 비판을 가하면서 도덕이 아니라 분명히 도덕에 관한 여러 가지
왜곡을 비난한다: '도덕적 절대주의'(moral absolutism), '도덕적인
자기-과장'(moral self-aggrandizement), '도덕적으로 자신이 우월
하다는 독선'(superior righteousness), '광신주의'(fanaticism), 그
리고 '지나치게 의분에 참'(excessive righteousness)[20]과 같은 왜곡
말이다. 이것들 중 몇몇은 명백히 악덕이다. 설사 그 악덕성에 관한
정확한 해명이 어떤 상세한 설명을 필요로 한다고 해도 말이다. 예를
들어 양 극단의 지나침 사이의 중용이라는 아리스토텔레스의 미덕 이

---

19   케네스 W. 톰슨(Kenneth W. Thompson)은 도덕과 도덕주의 사이를 명시적
으로 구별하고, 그 구분이 어떤 것일지에 대하여 간략한 해명을 제시하는 몇 안 되는
사람 중 한 명이다. 그는 모겐소와 케넌을 인용하며 '도덕주의'를 '하나의 도덕적 가
치를 지고한 것으로 만들고는 그것을 시간과 장소에 관계없이 무차별적으로 적용하
려는 경향'으로 정의한다. Kenneth W. Thompson, *Moralism and Morality in Poli-
tics and Diplomacy: The Credibility of Institutions, Policies and Leadership* (Lan-
ham: University Press of America, 1985), 5. 우리가 살펴볼 바와 같이 이것은 도덕
주의에 대한 해명으로는 너무 지나치게 간단하며 아마도 오도하는 것이다.

20   Schlesinger, 'The Necessary Amorality', 73-5.

론에 약간이라도 공감하는 사람은, 지나치게 의분에 참과 도덕적 자기-과장을 악덕으로 여길 것이며, 스스로를 도덕적이라고 보는 어떤 사람도 '광신적'이라는 묘사를 선선히 받아들이지 않을 것이다. '도덕적으로 자신이 우월하다는 독선'이나 '도덕적 절대주의'는 약간의 논의를 더 필요로 하지만, 그것을 도덕의 표준적인 특성이 아니라 도덕이 왜곡되는 방식을 가리키는 것으로 다룰 수 있음은 분명하다.

　예를 들어 레이몽 아롱(Raymond Aron)은 '이상주의적 환상에 대한 비판은 실용적일 뿐만 아니라 도덕적이기도 하다. 이상주의적 외교는 너무도 자주 광신주의로 미끄러진다.'고 말한다.[21] 명백히, 이것은 도덕의 거짓된 사용에 대한 도덕적 반대다. 아롱의 경우, 그는 도덕의 왜곡을 특정 종류의 이상주의와 관련시켜 생각한다. 모겐소(Morgenthau)가 보기에는, 도덕의 왜곡은 부분적으로는 잘못된 자리에 인식적 확실성을 가져다 놓아 생기는 문제다.

도덕주의: 종류와 범위 문제

도덕주의는 도덕을 실행하고 도덕적 판단을 내리거나, 또는 당신이 그렇게 하고 있다고 생각하는 특정한 방식과 연관된 악덕이다. 실제로 꽤나 최근까지도, '도덕화하다'(moralize)[역자-일상적으로 번역할 때는 '도덕적 훈계를 하다', '원치 않는 도덕적 설교를 하다' 등으로 번역할 수 있겠으나 저자는 'moralize'를 범위의 도덕주의와 관련하여 언급하고 있고, 'moralist'를 모든 종류의 도덕주의자를 가리키

21　Raymond Aron, *Peace and War: A Theory of International Relations*, trans. Richard Howard and Annette Baker Fox (Garden City, NY: Doubleday, 1966), 307.

는 용어로 사용하고 있으므로, 번역본에서는 도덕적인 측면에서 바라
보지 않았던 행위나 사태를 도덕적인 측면에서 바라보면서 어떻게 해
야 한다고 강변하는 행동을 중립적으로 기술하는 본문의 의미를 살리
기 위해 부득이 '도덕화하다'는 용어로 번역하였다.] '도덕화하는 사
람'(moralizer), '도덕주의'(moralism)라는 용어들은 사용되더라도
지금은 일반적으로 갖는 부정적 함축을 갖지 않았다. '도덕주의'에
관해 보자면 옥스퍼드 영어사전은 1828년에 그 최초 용법이 나타났다
고 하고 있는데 (1959년에 간행된 나의 약식판 옥스퍼드 영어사전
*Shorter OED*에서는) '도덕화하다'(moralize)의 항목은 그 표현의 경
멸하는 용례에 대한 설명은 전혀 담고 있지 않다. 사전의 그 항목에
관한 설명에서는 아리스토텔레스의 미덕과 악덕에 관한 자세하고 미
묘한 논의 같은 것은 전혀 발견할 수 없으며, 어떤 면에서 이것은 다
소 놀랍다. 그러나 아마도 '도덕주의'라는 단어가 가리키는 현상을
온전히 음미하기 위해서는 우리는 18세기 이후에 출현한 탈기독교 세
계의 여건 같은 것을 필요로 하는지도 모른다. 우리의 세계를 '탈기독
교적'(post-Christian)이라고 내가 특징짓는다고 해서 기독교가 더
이상 우리의 세계와 관련이 있지 않다고 시사하는 것은 아니며, 기독
교 신앙이 더 이상 현대 삶의 진정한 선택지가 아니라고 시사하는 것
도 아니다. 그게 아니라 기독교가 그토록 여러 세기 동안 서구의 사회
적 삶과 정치적 삶에서 누렸던 공개적으로 지배적인 입지가 사라졌다
는 사실이 시민적 삶과 정치적 삶의 성격, 도덕적 담론과 정치적 담
론, 그리고 세속적인, 신성 모독적인, 신성한, 그리고 종교적인 같은
용어들의 이해에 심대한 함의를 가진다는 것이다. 실제로 기독교가
도덕주의를 정확히 악덕으로 이해하는 자료 중 일부를 제공한다고 볼
뜻이 있는 것 같다. 예를 들어 그리스도의 '심판하지 마라, 네가 심판

받지 않도록'(judge not that ye be not judged)이라는 조언과 다른 사람 눈 안의 들보를 지적하기 전에 내 눈 안의 들보를 먼저 보라는 조언에서 발견된다. 누구의 영혼이건 신만이 진정으로 심판할 수 있다는 생각과 자신의 영적 상태와 운명에 관한 겸손과 우려는, 세속화가 진전되는 동안 신학적 환경에서 적절했던 것과 같이 이 세속적인 환경에서도 보다 적절한 것이 되었을지도 모른다. 그럼에도 그토록 많은 근대 사회에 특징적인 신앙과 불신의 깊은 분열이 정치적 삶과 사회적 삶에서 도덕 판단의 역할에 새로운 도전을 제기한다는 것도 또한 참이다. 만일 도덕주의라는 비판에 기대는 일이 현재 매우 잦다는 사실을 이러한 배경을 바탕으로 이해한다면, '도덕주의' 및 그것과 비슷한 표현의 사용이 널리 퍼진 정도는 그 용어가 의미하는 것에 대한 우리의 이해의 명료성에 역비례하는 것 같다. 그러므로 이제 철학적 탐구를 하기에 상황이 무르익었다.[22] 이 장에서 나는 그런 분석을 시작할 것이며 다음 장에서도 그 분석을 이어나가겠다.

우선, 도덕주의의 악덕에는 두 가지 측면, 즉 부적합한 태도 또는 정서와 부적합한 행위가 있는 것 같다. 이 두 가지는 함께 가는 일이 매우 흔하지만 도덕주의에 대한 몇몇 비판들은 그 중 어느 한 쪽에 더 집중한다. 그리고 그른 목적으로 옳은 것을 하는 것이 가능하다. 넓은 의미에서, 도덕주의의 악덕은 도덕 판단을 내리거나 도덕 판단에 근거해서 행위하는 또는 도덕적 고려 사항에 비추어 다른 사람들을 판단하는, 부적합한 정서와 태도의 집합을 보통 포함한다고 말할 수 있다. 도덕화하는 사람은 전형적으로, 스스로를 돌아볼 줄 모르며 다른

---

22   여러 명이 합심하여 그런 탐구를 시도한 것으로는 C. A. J. Coady (ed.), *What's Wrong with Moralism?* (Oxford: Blackwell, 2006)에 실린 논문들을 보라.

사람들 및 자신과 다른 사람들이 처해 있는 상황에 대한 이해의 폭이 부족한 사람으로 생각된다. 이에 더하여 또는 그 결과로, 도덕화하는 사람은 자신이 판단을 내리는 이들에 대해 자주 망상적인 도덕적 우월감을 갖기 쉽다. 비록 흔히 이 성품의 특성을 도덕주의와 연관되기는 하지만, 도덕화하는 악덕은 그 악덕이 작동하는 전형적인 면으로 규정될 필요가 있으며 그래서 예를 들어 도덕주의와 연관된 악덕인 위선과 구분될 필요가 있다. 그럼에도 불구하고 도덕주의가 하나의 단순한 형태를 취할 가능성은 별로 없다. 이 장에서 시작해 2장에도 이어서, 나는 분석을 위해 적합한 출발점으로서 예비적인 유형 분류 체계(typology)를 제시하고 탐구하겠다. 비록 온전히 발전된 이론은 수정이 필요할 것이고, 분명히 그 범주들 사이에는 어느 정도 중첩이 있을 수밖에 없지만 말이다. 나의 분류는 도덕주의의 여섯 유형을 포함한다. 범위의 도덕주의(moralism of scope), 균형을 잃은 초점의 도덕주의(moralism of unbalanced focus), 부과나 간섭의 도덕주의(moralism of imposition or interference), 추상의 도덕주의(moralism of abstraction), 절대주의적 도덕주의(absolutist moralism) 그리고 힘 망상의 도덕주의(moralism of deluded power). 이것들을 자세히 설명하면서, 나는 현실주의 사상가들이 정확하게든 부정확하게든 이 각 범주의 악덕과 관련하여 몰두하는 방식들을 드러내겠다. 이 장에서 나는 범위의 도덕주의가 현실주의의 관심사에 대해 갖는 유관성을 집중해서 살펴보겠다.

  범위의 도덕주의는 도덕적 쟁점이 아닌 것들을 도덕적 쟁점으로 바라보는 일, 그리고 그렇게 함으로써 세계를 과잉 도덕화하는 일(over-moralizing)을 포함한다. 범위의 도덕주의의 변형본은, 사소한 도덕적 문제들을 중대한 도덕적 문제로 보거나 아니면 관련된 도덕의 일

정 영역들을 붕괴시켜 더 부담이 되는 다른 도덕의 영역으로 집어넣
으려는 경향이다. 이렇게 하면 도덕적으로 권고할 만한 것이 모조리
도덕적으로 책무적인 것이 된다. 또는 도덕적으로 선호할 만한 것이
엄격한 의무(a stern duty)가 되어버린다. 나는 한때 사업의 모든 사
항에서 깊은 도덕적 쟁점을 감지하려는 경향을 발휘한 한 동료 때문
에 교직원 회의가 거의 불가능하게 되었던 경험이 있다. 효율적인 실
행 방식이 무엇일까라는 가장 단순한 질문조차도 정의와 권리의 쟁점
으로 변환되어버렸다. 때때로 우리가 내리는 결정에 도덕과 관련되는
면들이 있기는 했지만, 그것들은 뚜렷하게 도덕적으로 요구되는 것이
라기보다는 전체적으로 보아 도덕적으로 선호되는 것일 뿐이다. 우리
대부분이 이 현상을 이런저런 형태로 경험한다. (도덕주의(moral-
ism)에 대한 옥스퍼드 영어 사전의 정의에 의하면) 지나치게 많은 쟁
점들과 결정들을 도덕적 쟁점이 아주 풍부하게 관련된 결정으로 보는
사람은 '도덕화에 중독되어 있다' 라고 표현해도 무리가 아니다. 여기
서 '도덕화하기'(moralizing)는 경멸하는 뜻은 전혀 담고 있지 않은
예전의 뜻으로 사건, 행위, 예술작품을 도덕의 차원과 관련되도록 만
드는 일을 의미한다. 그것은 진정한 아리스토텔레스적 형태의 악덕으
로 중도에서 벗어난 과잉이다. (이와 반대되는 악덕은 그런 도덕적 판
단을 내리려는 경향성이 부족한 것이 될 터이다. 그런 악덕을 지칭하
는 단어가 있는지는 모르겠지만 말이다.)

이런 종류의 비판은 도덕의 경계와 도덕의 우위성(dominance)과
포괄성(comprehensiveness)에 관한 질문들을 예리하게 제기한다. 여
기에는 현실주의자들의 관심사 중 일부와 명확한 연관성이 있으며,
백성과는 다른 존재인 군주를 논의하면서 군주에게 요구되는 행동의
많은 부분에는 도덕적 판단과 미덕 판단의 일부를 적용하는 것이 부

적합하다고 한 마키아벨리의 혹평과도 공명한다. (나는 마키아벨리의
비판의 세부사항을 지지하고 싶지는 않다. 왜냐하면 그 중 많은 부분
이 틀렸다고 생각하기 때문이다. 그러나 그가 제기한 반론의 형태는
이런 유형의 도덕주의에 관한 나의 논지를 드러내준다.) 범위의 도덕
주의에 반대하면서도 범위 제한을 온건하게 하는 입장에서는 영화를
보러 갈지 말지, 운동으로 수영을 할지 산책을 할지와 같은 직접적으
로 도덕적 관심사항이 되기에는 지나치게 사소한 많은 문제들을 도덕
의 시계(視界; purview)로 들여오는 일이 어리석다는 견해를 보인다.
(비록 그런 것들이 도덕적 의의를 가지는 맥락이 있을 수는 있지만 말
이다.) 도덕의 지배(the sway of morality)를 따르고자 하는 지나친
관심(excessive concern)은 심하게 손상된 심리적 태도를 함께 초래
할 수 있다. 이러한 심리적 태도는 그 자체가 도덕적 판단의 작동을
훼손한다. 이런 사실은 기독교 도덕 신학의 전통에서 인정되었다. 이
전통에서는 누군가 여러 가지의 원칙적으로 사소하고 무해한 활동이
도덕적으로 그른지 여부에 관하여 지나치게 우려한 결과로 해로운 자
기 회의를 갖게 되는 상태를 지칭하기 위해 '강박적 양심'(scrupulos-
ity)이라는 용어를 사용하였다. 다른 영적 전통 및 종교적 전통도 같
은 결함을 인식하고 거기에 적합한 명칭을 부여했다고 나는 말하고
싶다. 그런 사람들은 신학적으로 그리고 도덕적으로 경멸하는 뜻이
담긴 '예민한 양심의 거리낌'(scruples)을 갖는다. 왜냐하면 그들의
우려와 관심이 그들의 도덕적 성장을 막고 건강한 행위를 마비시키기
때문이다. ('예민한 양심의 거리낌'(scruple)이라는 단어는 일상 언
어에서는 흥미롭게도 두 면을 갖는다. 왜냐하면 그것은 부정적인 뜻
을 얼마간 갖고 있기는 하지만, 어떤 사람이 아무런 양심의 가책도 없
다고 비판을 가할 때 쓰는 긍정적인 뜻도 갖고 있기 때문이다.) 도덕

주의는 다른 사람을 도덕적으로 평가할 때만 나타나는 악덕이라고 생각하기 쉽고, 보통 겉으로 관찰되는 분야에서는 확실히 그렇기는 하다. 그러나 강박적 양심은 범위의 도덕주의가 자기 자신에게도 향할 수 있음을 보여준다: 강박적 양심은 스스로에게 도덕주의적인 것이다.

도덕의 범위를 더 강하게 제한하는 입장은 도덕의 포괄성(comprehensiveness) 그리고/또는 내재적으로 중요하면서 이유에 따라 결정할 문제들에 관한 도덕의 우위성(dominance)에 이의를 제기한다. 이런 입장을 취하는 한 견해는 도덕과 상충할 뿐만 아니라, 도덕에 우선하는 합리적인 요구가 있을 수 있다고 주장한다. 이 주장은 이 장의 논의의 목적을 위해서는 지금 다루지 않는 것이 최선인 바로 그 심해로 우리를 데려간다. 특히, 그것은 현실주의(그리고 마키아벨리)와 얼마간의 관련성을 갖고 있는 '더러운 손'(dirty hands)에 관한 논쟁을 건드린다. 이 주제는 3장에서 다시 살펴보겠다. 어쨌거나 나는 더러운 손 논쟁을 극한의 조건(정치가들은 다른 무고한 사람들의 목숨을 위협하는 폭탄이 어디 있는지 알아내기 위해 테러리스트의 아이를 고문하는 일을 명령 '해야만' 한다.)에 관한 논쟁으로 이해하고, 정치와 도덕에 관한 현실주의적 관심사는 그런 극적인 비상상황에 관련된 만큼이나 중요하면서도 보다 일상적인 정책에도 관련되는 것으로 이해하는 것이 더 낫다고 생각한다.[23] 둘의 차이에 대한 추가적으로 짚

---

23 그러나 '더러운 손' 문제가 극단적 상황에서만 발생한다는 견해에 이의를 제기하는 이들이 있음을 주목해야 한다. 예를 들어 Michael Stocker, 'Dirty Hands and Ordinary Life', in Paul Rynard and David P. Shugarman (eds.), *Cruelty and Deception: The Controversy over Dirty Hands in Politics* (Peterborough, Ontario: Broadview Press; Australia: Pluto Press, 2000), 27-42를 보라. 그 글은 마이클 스

을 수 있는 논지는 더러운 손 결정은 여전히 그 결정과 관련 있는 것
으로 남아 있기도 하고 그리고 자신이 한 일과 자신이 어떤 존재가 되
었는가에 대한 행위자의 의식에 관련 있는 것으로 남아 있기도 한 도
덕의 위반을 포함하는 것으로 보통 그 특성이 서술된다는 점이다. 현
실주의자들은 더러운 손 이론가들이 하지 않는 방식으로 도덕의 유관
성을 기각하거나 대단치 않게 생각한다. 그 차이는 앞서 언급된 우위
성과 포괄성이라는 이념을 거론함으로써 설명될 수 있다. 이 이념들
은 도덕의 지위에 대한 다소 상이한 그림을 그린다. 비록 도덕의 지위
를 매우 높게 보는 이해가 도덕의 우위성과 포괄성 이념 둘 다 취하기
는 하지만 말이다. 도덕의 우위성은 도덕의 고려 사항이 조금이라도
유관할 때에는 언제나 다른 고려 사항들을 으뜸패로 누른다는 것이
다. 반면에 도덕의 포괄성은 그것이 다른 고려 사항들을 으뜸패로 누
르든 누르지 않든 관계없이 보편적으로 유관하다는 것이다. 더러운
손 이론가들은 (적어도 그들이 관심을 가지는 영역에 관해서는) 도덕
의 포괄성을 받아들이지만 결정의 한 집합에 대해서만큼은 도덕의 우
위성을 내키지는 않지만 부인한다. 정치적 현실주의자들은 정치나 국
제 관계에 무엇인가 특별한 것이 있다는 근거로 도덕의 포괄적 유관
성을 기꺼이 거부한다고 흔히 여겨진다. (그리고 그렇게 거부하는 것
으로 보통 자신의 견해를 드러낸다.)

　이런 연유로 현실주의자들은 일부 도덕적 관심사항들은 타산의 합
리적 명령에 의해 부적절해진다는 이념에 보통 호소한다. 이 이념은
도덕이 때때로 (또는 흔히) 국제 관계에 불가능한 것을 요구하며 권

토커의 *Plural and Conflicting Values* (Oxford: Oxford University Press, 1990)
ch.1에 실린 것이기도 하다.

력의 현실을 무시한다고 주장한다. 그 이념은 또한 현실주의가 흔히
자국의 이익에 대한 관심과 도덕에 대한 관심을 대조시키는 것과 연
결된다. 도덕이 외관상 요구하는 것이 불가능하다고 인정하면 도덕의
범위가 한 면에서 제한된다고 생각하는 것이 그럴법해 진다. 스탠리
호프먼이 다음과 같이 표현했듯이 말이다. '무엇이 옳은가에 대한 규
정이 가능한 것에 대한 추산에서 도출되지 않는 의무론적 윤리는 그
명령이 있는 그대로의 세계에서 실행될 수 없는 경우에는 자신을 그
세계와 무관한 것으로 놓게 되는 셈이다.'[24] 이런 종류의 통찰을 토대
로 현실주의자들은 국제 관계에서 제일의 행동 근거가 국익의 옹호라
고 한다. 국가가 국익보다 도덕을 앞에 놓기를 기대하는 것은, 어떤
의미에서 불가능을 기대하는 것이다.

  도덕은 확실히 적용될 여건이 어떠한지, 그리고 무엇이 실현 가능
한가에 도덕이 영향을 미치는 방식에 주의를 기울여야 한다. '당위는
가능을 함축한다'는 표어는, 비록 여러 가지 해석과 예외에 열려 있기
는 하지만, 그 여건에서 전적으로 불가능한 것을 요구하는 일은 그 요
구가 다른 곳에서는 얼마나 괜찮든 간에 헛됨을 상기시켜준다. 의견
이 불일치하는 사람들과 더불어 추론하는 일은 좋은 일이지만, 지금
공격을 가하고 있는 살인광과 더불어 추론하라고 촉구하는 것은 무의
미한 소리다. 가능하다면 도망가거나 무력을 사용하여 방어하는 것이
훨씬 더 이치에 닿는다. 이런 경우에는 타산적으로 분별 있게 행동하
라는 명령이 압도적인 힘을 갖는다. 그렇다고 해서 도덕과 가능성 및

---

24 Hoffmann, *World Disorders*, 152. 그러나 호프먼의 그 논지에 관한 진술은 두
가지 서로 다른 쟁점을 무시하는 경향이 있다. 즉, 도덕적 명령이 근거지어거나 도출
되는 방식과, 현재의 여건에서 도덕적 명령을 적용하는 일의 실현 가능성은 상이한
쟁점이다.

불가능성의 관계가 직설적이라고 말하는 것은 아니다. 어떤 도덕적 요구들이, 그 요구들을 실행하는 일을 어렵거나 불가능하게 만드는 우연한 사정에 의해서 무관하거나 무효가 되지 않는다고 주장할 근거가 있다. G. A. 코헨(G. A. Cohen)이 그렇게 주장하는 사람 중 하나로, 그런 종류의 사실들은 모두 도덕 원리에 무관하다고 강력하게 논증한 바 있다.[25] 사람들은 정말로 때때로는, 강압을 당하거나 그 이외의 방식으로 도덕 원리를 준수할 힘이 없게 되어 도덕 원리의 위반을 변명할 처지에 있을 수 있다. 그럼에도 불구하고 그 원리 자체는 유효한 것으로 계속 남는다. (내가 예를 하나 들자면) 노예제는 설사 그것이 견고히 자리 잡은 제도로 통상적인 경제 작동의 일부이며, 폐지하는 것이 불가능하다고 생각되어도 부정의하다. 우리는 우리의 도덕 원리들의 타당성이 이와 같은 사실들에 달려 있기를 바라지 않는다. 여기서 길게 논의하기에는 이 논쟁에 처리해야 할 쟁점이 지나치게 많이 개입되어 있다. 그러나 두 가지 명료화할 논점을 개괄할 수 있다. 첫 번째는 '도덕 원리'라는 관념이 도덕주의와 현실주의에 대한 나의 논의의 목적을 위해서는 오도할 정도로 지나치게 넓을 수 있다는 것이다. 도덕 원리라는 관념은 무고한 사람의 의도적 살해나 고문을 금지하는 핵심적인 도덕 원리를 포괄할 수 있지만, 또한 '정의는 자원의 공정한 분배를 요구한다'와 같은 명령이나 '어느 누구도 그들을 고발한 사람들에게 맞설 기회 없이 비난받아서는 안 된다'는 준(準)법적인 원리들도 포괄할 수 있다. 그 관념은 또한 이상이라는 표제에 그럴법하게 속할 수 있는 것들, 이를테면 3장에서 직접 다룰 주

25　G. A. Cohen, 'Facts and Principles', *Philosophy and Public Affairs*, 31/3 (2003), 211-45.

제인 평화나 사회 정의의 도덕적 이상 같은 것들도 포괄할 수 있다. 사실들이 '원리들'의 타당성에 관련 있거나 없을 때 그 모든 원리들에 모조리 같은 정도로 관련 있거나 없을 가능성은 별로 없는 것 같다. 두 번째는 코헨의 주된 관심은 도덕 원리의 타당성인 반면에 나의 주된 관심은 그 원리들의 실행이라는 것이다. 우리가 이후에 살펴볼 바와 같이 여건과 상관없이 타당하다는 특성은 이상의 경우에 가장 분명하게 드러나는데, 이상은 그 이상에 따라 행위하는 것이 실현 불가능하거나 현명하지 않게 되는 여건에서조차 타당할 수 있다. 자원 분배에 관한 원리조차도, 행위자의 가치와는 무관한 사실들이 자원의 배분을 필연적으로 왜곡할 수도 있는 부상자 분류 상황에서처럼 희소성이나 분별 있는 타산의 요구에 관련된 어떤 사실들에 직면하면 조정이나 적어도 큰 재해석을 요할지 모른다. 그런 조정이나 재해석이 필요하다면, 도덕 원리가 비록 위반 '되어야만' 하지만 그 타당성을 여전히 보유하는 경우 '더러운 손'을 요하는 것으로 보이는 정치적 비상상황에 관한 사실들이 있는 것이다. 이 쟁점은 4장에서 다룰 것이다. 코헨의 논제는 더 논의할 가치가 있지만 여기서 더 나아간 논의를 할 수는 없다. 다만 이 책에서 나의 관심과는 다소 별 관계가 없을 뿐만 아니라 도덕 원리의 타당성 입증이 그 모든 사실들과 전적으로 독립적이라는 주장에 아직 납득하지 못한 채로 있다는 점만 언급하고자 한다. 예를 들어 인간 본성에 관한 어떤 사실들이 지금 성립하는 바와 상당히 다르다면, 그러한 점은 당연히 도덕 원리의 타당성에 영향을 줄 것이다. 만일 인간이 고통을 지금보다 훨씬 덜 싫어한다면, 고문에 대한 도덕적 반대는 지금과는 상당히 다를 것이다.

범위를 명확하게 하기: 타산, 도덕, 국익

그럼에도 불구하고, 현실주의자들이 그려내는 상황 중 많은 사례에서, 그리고 정말로 도주냐 방어냐 선택이 문제되는 사례에서, 도덕과 타산[역자-원어는 prudence로 보통 사리 분별이나 신중함을 뜻하지만 자기 이익과 관련된 합리적인 사고와 행위능력을 뜻하기도 한다.]을 대립시키는 것은 틀렸다. 도덕과 타산의 관계는 타산을 다르게 이해하면 달라지기 때문에 둘의 대립은 타산에 대한 이해가 무엇인가에 따라 복잡하게 달라진다. 오늘날 저술에서는 타산을 사리와 본질적으로 관련되는 것으로, 그리하여 도덕의 정신에 본래적으로 적대적인 것으로 다루는 일이 흔하다. 그러나 이 또렷한 대조는 지나치게 많은 것을 모호하게 한다. 그렇게 모호하게 하는 것 중 한 가지로, 도덕철학의 긴 전통과 일상의 사고는 타산을 도덕의 일부로, 그 자체로 도덕적 덕으로 본다. 이런 면에서, 타산은 사리의 증진과 보호를 포함하는 것이기는 하지만 그것에만 특수하게 관련되는 것은 아니다. 실제로, 일부 해명에서는 타산은 정확히도 실천적 판단의 형식을 제공한다. 그러나 우리는 여기서 정확한 경계를 그을 필요는 없다. 분명한 점은, 자기 자신의 문제를 다루면서 무분별할 수 있을 뿐만 아니라 다른 사람들을 돕거나 다른 사람에게 조언을 하면서도 그리고 일반적으로 그들의 복리를 다루면서 무분별할 수 있다는 것이다. 무분별을 특징짓는 결과와 여건을 잘못 판단하는 경향은 한낱 자기 자신의 이익을 잘못 판단하는 것보다 더 폭넓은 것이다. 무엇이 가능하고 무엇이 그렇지 않은지를 이해하면서 이러한 여건들에서 저런 결과들을 낳는 행위의 실현 가능성을 적정하게 판단하는 일은, 의무론적인 것이건 목적론적인 것이건 관계없이 그 어떠한 진지한 윤리라도 일부분으로 포함하는 것이다. 호프먼은 이런 종류의 타산을 주장한 점에서는 옳았지만, 권리와 의무의 윤리가 타산을 무시해야만 한다고 시사한 점에서는 틀렸다.

여기에서 범위의 도덕이라는 표제하에서 논의하는 도덕주의적 열정은 타산적 주의를 격하시키는 결과로 이어질 수 있다. 그렇지만 그것은 나중에 검토할 추상의 도덕주의(moralism of abstraction)와 친화성을 갖고 있다. 어떻게 분류되든 간에, 그것은 좋지 않은 결말을 맞이한 이라크 침공 시에 명백히 작동하였던 도덕주의였다. 침공이 꼭 필요하다고 주장한 사람들은 초기 전투의 결과를 제외하고는 일어날 가능성이 높은 결과에 주의를 거의 제대로 기울이지 않았다. 침공 후에 이라크에서 어떤 일이 벌어질 것인가에 대한 그들의 전망은 도덕적 우위를 점하고 있다는 착각(illusory moral high ground)으로 왜곡되었다. 그런 도덕적 우위를 점하고 있다는 착각으로 전쟁이 끝나고 나면 이라크에는 자유, 민주주의, 억압으로부터의 해방, 그리고 이런 결과를 알려준 미국에 대해 감사하는 마음과 같은 가치들이 실현되는 장관(壯觀)을 미리 들여다본 것 같이 느끼게 했으나 군사 점령의 현실, 쫓겨나게 된 엘리트들이 보일 대응, 중동 국가에 대한 서구 침공으로 생길 광범위한 결과, 또 다른 테러리즘을 자극할 높은 가능성, 그리고 세속 독재 권력이 부족적이고 종교적인 무정부 상태와 같은 것으로 대체될 가능성을 감지하기에는 매우 부적합했다. 침공의 영향력 있는 옹호자들 중 몇몇은 그들 주장의 지지 근거로 쓴 도덕적 열정으로 인해 관련된 실현 가능성(practicality)을 보지 못했다. 비록 내가 논했듯이, 그런 실현 가능성과 결과를 더 철저하게 고려하는 것이 진정한 도덕적 관심의 일부였어야 하지만 말이다. 이런 면에서 도덕을 짓누르고 승리한 도덕주의는 우리 모두에게, 물론 특히 이라크

사람들에게 더욱 해가 되었다.[26]

더군다나 우리가 살펴보았듯이, 여건, 경험적 한계 그리고 결과를 현실주의적으로 평가한다고 해서 개인의 이익이건 국가의 이익이건 사리(私利)에 꼭 특별히 두드러진 지위를 주게 되는 것은 아니다. 실제로 국제 문제에서 권력의 역할에 대한 분별 있는 이해, 현실주의자들이 주장하는 이해는, 자기 자신의 이익을 타산적으로 신중하게 깎아 다듬는 일을 요구할지도 모른다. 그러나 타산의 범위가 정말로 사리로 한정되어 있다 하더라도, 그것이 필연적으로 도덕과 대립되지는 않을 것이다. 이는 도덕을 생각하는 몇몇 통상적인 방식에서는 자기 자신의 복지에 대한 적합한 관심이 도덕의 정당한 부분이기 때문이다. 그렇게 도덕의 정당한 부분으로서 이 관심은 다른 도덕적 요구와 상충하게 될 수도 있으며, 결정과 정책의 여건에서 가능한 것의 조건을 결정하는, 여러 다른 요구들 중 하나로 이해될 필요가 있다. 그러나 이러한 사정은 사리적인 관심에만 특유한 것이 아니다. 왜냐하면 여러 가지 타인 지향적 도덕적 관심사항들도 사리적 관심사항처럼 다른 도덕적 관심사항들과 같은 정도로 상충하기 때문이다. 또한 자기 안녕에 대한 정당한 관심이라 할지라도 항상 다른 도덕적 관심사항들을 능가함이 틀림없다고 믿을 아무런 이유도 없다. 다른 사람들의 이익을 위해 우리 자신의 이익을 희생하는 것이 옳은 경우도 있다. 그런 유일한 경우는 아니지만 대표적인 경우가 우리가 희생할 이익은 아주 작은데 다른 사람들이 받을 이익은 큰 상황이다. 이 모든 이유들 때문에, 개인적인 것이건 국가적인 것이건 사리에 반하여 행위하는 것은

---

26   2007년 6월 레바논에서 일어난 헤즈볼라의 이스라엘 영토 침입에 대한 이스라엘의 대규모 군사적 대응은 이와 유사하게 타산적 주의를 격하시킨 것에 부분적으로 책임이 있다.

어떻든 불가능하다는 이념은 거부되어야 한다. 우리가 가능성과 타산의 요구의 유관성을 존중한다고 하더라도 말이다.

사리와 다른 사람들의 복리에 대한 관심 사이에 종종 밀접한 연관성이 있다는 사실을 소홀히 넘겨서도 안될 것이다. 확실히 이 두 관심은 상충하기도 하지만 보통 조화를 이룬다. 일반적 선과 개인의 안녕이 항상 어떤 심층적인 수준에서 일치한다고 생각했던 철학자들은 아마도 도덕과 사리적 합리성의 합치(unity of morality and of self-interested rationality)에 관하여 지나치게 낙관적이었을 것이다.[27] 그럼에도 불구하고 그런 이익들의 일치는 매우 자주 있는 일이다. 그런 일치가 이루어질 상태를 알아내는 것이 얼마간 고된 사고를 필요로 하는 경우에도 말이다. 그리고 같은 이치가 국익과 초국가적 이익 사이에도 성립한다. (홉스가 이해했듯이) 개인이 다른 사람들에게 이득이되는 일반적 평화를 증진시키는 것이 좋다고 볼 자기 중심적 이유들을 가질 수 있는 것처럼, 국제 평화, 번영을 증진하고 세계의 빈곤을 감소시키는 일은 보통 개별 국가에게도 장기적으로 이득이 될 것이다. 현실주의자들은 국익에 대한 근시안적이며 협소한 이해의 유혹에 빠지는 경우가 자주 있다.[28] 이에 반대하여, 적어도 국제 영역에서는 그 영역이 자연 상태에 대한 홉스의 묘사에 근접하는 서로 잡아먹히고 잡아먹는 현장이기 때문에 국익의 의미에서 자기 이익 이외의 것

---

[27]   나는 여기서 『국가』의 플라톤을 특히 염두에 두고 있으며, 『리바이어던』의 홉스는 다소 다르게 생각한다.
[28]   이와 같은 협소한 이해의 유혹에 빠진 알맞는 예는 Felix Oppenheim, *The Place of Morality in Foreign Policy* (Lexington, Mass.: Lexington Books, 1991)가 있다. 오펜하임은 국익을 영토적 통일성 (또는 정치적 주권성), 군사적 안보, 경제적 복지와 같이 그가 '물질적 이득'이라고 부른 것으로만 한정한다.

에는 아무런 여지가 없다고 주장할지도 모르겠다. 실제로 홉스는 그
가 상정한 자연 상태의 역사적 실재성의 질문에 직면하여 '전 세계가
일반적으로 그러한 적은 한 번도 없었다'는 점은 인정하지만 그 시기
미국에서 '야만인들' 사이에서는 존재했으며 정부가 붕괴되어 내전
상태가 될 때면 언제나 존재하리라고 응수했다.[29] 그러고 나서 홉스는
잘 알려져 있듯이 국제 질서를 자연 상태를 낳은 개인적 수준의 의심
과 적대가 주권적 수준에서 그대로 존재하는 상태로 설명하였다. 홉
스는 국제 질서가 자연 상태라고 말하지는 않지만 자연 상태를 낳는
개인의 태도에 상응하는 국가의 '전쟁의 태도'(posture of war)를 내
포한다고 말한다. 홉스는 말하길 국가 지도자들은 "끝나지 않는 질시
를 하며 마치 검투사와 같은 정신 및 태도로 그들의 눈이 서로에게 고
정된 채로 무기를 겨눈다. 즉 그들의 왕국의 국경에 진지와 요새를 짓
고 총을 설치하며 이웃 나라를 끊임없이 염탐한다. 이것이 전쟁의 태
도다. 그러나 그렇게 함으로써 그들의 백성의 산업을 고양하기 때문
에 개인들이 이런 태도를 가지면 초래할 비참한 상태를 가져오지는
않는다."[30] 현실주의자들은 홉스를 그들의 두드러진 '성인'의 목록에
넣을 뿐만 아니라 홉스의 국제 질서에 대한 견해를 지지하는 경우도
흔하다. 홉스가 인간의 현실에 대한 기민한 관찰자였다는 점은 감안
되어야만 한다. 그리고 암울하게도 어마어마한 규모로 존립하는 현대
의 군대들, 핵무기, 정교한 군사 기술은 국제 관계를 흉하게 만드는
상호 불신과 악의를 좋지 않게 보는 그의 견해의 항구적인 타당성에
대한 증거다. 여기서 홉스의 견해에 대한 철저한 해명과 비판을 할 수

29　Thomas Hobbes, *Leviathan*, ch. 13 (London: Penguin Books, 1968), 187.
30　Ibid. 187-8.

는 없다. 그러나 그의 그림은 국제 질서에서 보편적으로 성립하는 적대의 정도를 명백히 과장하며 그 그림을 부드럽게 만드는 많은 것들을 빼놓는다. 한 가지만 말하자면, 서로 그런 전쟁의 태도를 취하지 않는 많은 국가들이 있다. 오스트레일리아, 뉴질랜드, 미국, 캐나다와 유럽 연합 내의 대부분의 국가들이 바로 그런 국가들에 속한다. 틀림없이 국가들은 서로를 염탐하며 때로는 군사 기밀만큼이나 상업적 이익을 위해서 염탐하기는 한다. 그러나 그들의 무기는 대부분 다른 곳을 향하고 있다. 그리고 국제 질서 내의 도덕적 상호 작용의 정도와 범위는 홉스가 감안했을 정도에서 도출되는 그 어떤 그림에서보다 명백히 훨씬 더 높고 넓다. 홉스의 그림은 매우 국가 중심적이다. 그러나 국가들은 오늘날 국제 질서의 유일한 행위자가 아니며 아마도 한번도 유일한 행위자인 적이 없었을 것이다. 국제 자선 단체를 비롯한 비정부 기구들이 뚜렷한 도덕적 동기로 행동을 취하는 경우가 자주 있다. 더군다나 이 비국가 행위자들은 상호 작용하며, 국가들의 지원을 받는다. 국가 자체도 여러 가지가 섞인 동기로 행위하며 이 중에는 재난 구호와 같이 동정적 동기가 포함되는 경우도 자주 있다. 실제로 국가가 적어도 부분적으로는 도덕적 동기에서 행위했다가 그들이 생각하기에 개탄스러운 결과를 초래한 사례들을 현실주의자들 자신이 지적하는 경우가 자주 있다. (이것은 도덕주의를 타산의 관점에서 바라본 비판의 일부다.) 세계의 다양한 곳에서 민주주의 정부를 설립하려는 갈망은, 그런 갈망이 제국적 야망이나 시장 확보에 대한 관심과 같이 덜 고귀한 동기의 결과인 경우에도, 부분적으로는 독재보다 민주주의가 우월하다고 보는 도덕적 이해에서 나온다. 물론 홉스적 자연 상태 배후에 놓인 시나리오는 도덕적 동기가 아예 존재하지 않을 것을 요하는 것은 아니지만, 다른 동기에 의해 압도되어 보이지 않을 정도로 도덕적 동기가 매우 드물 것을 정말로 요한다. 자기 보존이 (예를 들어 가족 관계에서와 같이) 가장 최소한의 것만 제외하고는 모든 도덕적 동기를 질식시키고 자신이 공격받지 않기 위하여 선제공격을 해야 할 때처럼 결국 누구나 탐욕스러운 동기를 가질 수 밖에 없을 만큼 충분한 수의 영광을 좇는 자들, 권력을 추구하는 자들, 그리고 욕심 많은 자들이 차고 넘친다. 그러나 설사 개인의 수준에서는 다른 동기가 도덕적 동기를 질식시킨다는 것이 참이라 할지라도(나는 그것이 참이라고 보지 않는 편이다), 그리고 국제 질서의 상대적 안보[역자-서로 간에 전쟁의 태도를 취하지 않음으로써 성립되는 안보.]는 설사 어떤 곳에서는 다른 곳보다 더 산발적으로만 성립한다 할지라도, 같은 방식으로 도덕적 동기를 꼭 질식시키는 것은 아니다.

　도덕의 범위를 더 극단적으로 제한하는 입장은, 정치와 도덕이 서로 별개의 판단과 결정의 자율적 영역이라는 몇몇 이론가들의 주장에서 발견될 수 있다. 이것은 앞에서 인용된, 모겐소가 경제, 법, 도덕과 같은 다른 영역들의 자율성과 함께 '정치적 영역의 자율성'을 언급하면서 반론을 제기하며 거기서 한 발 더 나아가 정치적 현실주의자는 '이 다른 규준들을 정치의 규준에 종속시켜'야만 한다고 주장했을 때 지게 된 부담이었다. 모겐소의 입장은 모겐소가 분명히 영향을 받았던 칼 슈미트와 같은 독일 보수주의 사상가의 작업에서 발견되는 중심 논제와 눈에 띌 정도로 공명하는 입장이다. 슈미트는 1930년에 나치당에 휘말렸으며 나치 신조의 이론가로서 (적합하게 표현하는 것이라면) 얼마 동안 명성을 좀 누렸다. 슈미트의 사상은 최근 몇 년 동안 다시 유행을 하게 되었다. 그래서 그의 입장을 상세히 검토할 가치가 있다.

　슈미트는 적이라는 관념을 언급함으로써만 정치가 정의될 수 있다

고 논한다. 그는 '정치적 행위와 동기가 환원될 수 있는 독특한 정치
적 구분은 아(我)와 적(敵)의 구분이다' 라고 주장한다.[31] 아(我)와 적
의 대립은 도덕 영역에서 선과 악, 미적 영역에서 미와 추 등등 다른
대립과 상대적으로 독립적인 기준에 상응하는 정치를 위한 기준을 제
공한다.[32] 그는 또한 다른 글에서 다른 영역의 대립의 예로 경제에서
'최종 구분'으로 수익성이 있는 것과 없는 것의 대립을 언급한다.[33]
적을 규정하고 적에 대처하는 것은 정치의 본질적 역할이며 '보편적'
도덕의 겉치레를 초월한다. 그래서 아(我)/적 구분은 슈미트에게는
단지 정치의 두드러지는 특성이 아니라 도덕적인 것 등의 다른 고려
사항들을 초월한다. 슈미트는 다른 영역들과 정치 영역 사이의 상호
작용이 일어날 여지를 감안한다. 그래서 원칙적으로는 정치에서 도덕
판단이 가능한 것처럼 보인다. 그러나 이 양보는 그의 세계관에서는
거의 아무런 실질적인 힘을 갖지 못한다. 그런 양보가 실제로 허용하
는 것은 도덕적 고려 사항들이 독립적으로 확립된 정치적 판단을 뒷
받침하는 역할을 맡도록 하는 것뿐이다. 그래서 슈미트는 말한다. '정
서적으로 적은 악하고 추한 존재로 쉽게 다루어질 수 있다. 왜냐하면
모든 구분은, 그리고 그 중에서도 특히 가장 강력하고 격렬한 구분과
범주화로서 정치적인 구분은 뒷받침을 받기 위해 다른 구분들에 의지
하기 때문이다.' 그렇게 각 구분이 자기 강화를 위해 다른 구분에 의
지할 수 있다는 점은, 그런 구분들이 각각 자율적이라는 점을 바꾸지
못한다.[34] 특히 아(我)/적 결정과 적에 대하여 폭력을 쓰기로 하는 결

31   Carl Schmitt, *The Concept of the Political*, trans. George Schwab (New Brunswick NJ: Rutgers University Press, 1976), 26.
32   Ibid.
33   Ibid.

정은 정치 지도자의 의사와 독립적인 도덕적 기준을 준거로 삼을 수
없다. 슈미트가 표현하는 바에 따르면, '최고의 강도'를 가진 구분은
'이 다른 도덕적, 미학적, 경제적 구분 등등에 동시에 의지하지 않고
서도 이론적으로 그리고 실천적으로' 존재한다.[35] 적은 '특별히 격렬
한 방식으로 실존적으로 어떤 다르고 낯선 것이다. 그래서 극단적인
경우에는 적과의 충돌이 가능하다. 이것은 사전에 미리 규정된 일반
적인 규범에 의해서도, 사심 없이 중립적인 제삼자의 판단에 의해서
도 결정될 수 없다.'[36]

슈미트는 정치에서 도덕의 역할을 극단적으로 거부한다. 그러나 그
조차도 도덕이 정치에 미치는 영향을 전적으로 쫓아내기 어렵다는 점
을 깨닫는다. 정의로운 전쟁이라는 관념을 거부하는 논의를 하면서
슈미트는 '실재하는 적'에 대해서만 전쟁에 의지할 수 있으며 상상된
적에 대해서는 그렇게 할 수 없다는 점을 정말로 감안한다. 그러나 그
는 즉각 누가 실재하는 적이고 상상의 적인지 그 결정은 국가 자신만
할 수 있다고 주장한다. 그는 '전쟁의 정당화는 이상이나 정의의 규범
을 위해 싸우는 것에 있지 않고 실재하는 적에 대하여 싸우는 것에 있
다'고 말한다. 그러나 그는 적의 실재성의 결정을 국가와 독립적으로
내리도록 허용한다면 국가는 더 이상 존재하지 않게 된다고 주장한
다. 만일 '실재하는 적' 여부를 독립적으로 판단할 여지가 있다면 객
관적인 도덕적 (또는 법적) 논쟁의 여지가 얼마간 있을 것이며 그래
서 슈미트가 몹시 거부하고 싶어 하는 판정의 규범이 다시 도입되게
될 여지가 있게 된다. 슈미트가 제안한 도덕의 범위의 그와 같은 경직

---

34   Ibid. 27.
35   Ibid. 26-7.
36   Ibid. 27.

된 제한은 확실히 범위의 도덕주의의 위험에 대한 그 어떤 통상적인 이해도 동의할 수 있는 수준을 넘어선다.

범위의 도덕에 관한 마지막 논점은 주의를 기울여 볼 가치가 있다. 비록 도덕이 삶의 가장 사소한 영역을 제외하고 모든 영역에 관련이 있을 수 있긴 하지만, 도덕이 관련됨에 따라 그 영역의 정당한 지성의 가치를 파괴하는 것이거나 업신여기는 일이 때대로 발생할 수 있다. 지나치게 독실한 신앙과 마찬가지로, 사실이 무엇인가 파악하는 일을 방해하는 방식으로 당위를 주장할 수 있는 도덕주의의 형태가 있다. 이것은 갈릴레오에 대한 단죄처럼 종교가 그 범위를 넘어설 때 때대로 발생하는 일과 유사하다. 또한 성서 문자주의를 찬성하면서 진화 과학의 발견들을 거부하는 일에서도 발생했다. 제자리에서 벗어난 이러한 광신의 사례들에는 도덕주의의 요소들이 있다. 그러나 아마도 상당한 정치적 함축(significant political overtones)을 가지는 도덕적 쟁점에 관해 논의할 때 도덕주의가 지성의 가치를 파괴하는 일이 가장 뚜렷하게 드러난다. 에이즈(AIDS) 정책에 관한 논쟁과 같은 사안에서 도덕적 근거에서 콘돔 사용을 반대하는 이들은 그들의 도덕적 확신 때문에 때때로 콘돔이 질병의 감염을 막는 수단으로 효과가 별로라는 터무니없는 경험적 주장을 믿게 된다. 콘돔이 감염 예방에 효과적인가라는 쟁점은 본래, 콘돔 사용에 대한 도덕적인 반론(즉 자연법이나 기타 무엇에 반한다고 하는)이 판정할 수 있는 쟁점이 아니다. 그러나 콘돔 사용에 대한 정치적 지지나 사회적 지지의 신빙성을 깎아내리려는 열정 때문에 도덕주의자들은 경험적 사실들을 함부로 다루는 경향이 있다. 마찬가지로 전쟁의 경우에, 도덕적 의제, 이를테면 세계의 무지몽매한 지역에서 민주주의를 확립한다는 의제를 추구하려는 열광은 그런 열광에 빠진 사람으로 하여금 도덕적으로 고무된 계획과 상치되는 군대와 정보 기관의 정보는 거짓임이 틀림없다고 믿게 만들 수 있다. 그 울타리의 반대편에는, 나치 위협의 극악성을 제대로 인식하지 못한 1930년대 영국의 반전운동처럼, 평화주의나 단순히 전쟁을 경감시키려는 노력에 대한 강한 도덕의 헌신이 경험적인 정치적 사안을 희망적으로 사고하게 할 수 있다. 물론 도덕관이 아닌 세계관도 군사적 전문지식이나 의학적 사실을 제대로 파악하지 못하게 방해할 수 있지만, 우리의 삶에서 도덕이 찾는 특별한 역할 때문에 사실 파악을 방해하는 방식으로 도덕을 주장하게 하는 유혹은 특히 강하다.

2

도덕주의적 구속과 정치적 현실
: 추가적 난제들

도덕이여 안녕!

A. P. Herbert, *Lines for a Worthy Person*

1장에서 나는 도덕주의라는 관념을 도입하고 현실주의를 도덕주의라는 관념에 비추어 해석하는 작업을 시작하면서 정치적 현실주의의 세계관을 명확히 설명하는 일에 집중하였다. 특히 나는 범위의 도덕주의를 탐구하였다. 범위의 도덕주의는 일부 현실주의적 비판의 대상으로 도덕 그 자체가 아니라 도덕주의가 더 적합하다는 것을 나타내어, 도덕에 관한 현실주의 비판의 많은 부분들을 이치에 닿는 것으로 볼 수 있다고 논하였다. 나는 또한 이렇게 수정하고 나면, 우리가 도덕을 국익에 대한 호소로 대체하려고 하는 현실주의자들을 따르려는 경향이 줄게 될 거라 주장했다. 국익에 대한 호소는 어쨌거나 그 자체의 문제를 가지니까 말이다. 우리는 1장에서 언급한 도덕주의의 여러 다른 형태를 검토하여 도덕주의와 도덕주의가 현실주의 및 정치의 도덕과 갖는 관계를 탐구하여야 하겠다. 나는 유관성이 비슷하거나 더 큰 다른 도덕적 관심사항에 비해 특정한 도덕적 관심사항에 균형을 잃은

비중을 부여하여 발생하는 도덕의 왜곡부터 다루겠다. 이것을 균형을
잃은 초점의 도덕주의(moralism of unbalanced focus)라고 칭하도
록 하자. 이런 유형의 도덕주의는 성도덕에서 흔하다. 성도덕의 본성
은 정말로 많이 다루어지는 문제다. 논쟁에서 편을 가르는 가장 예리
한 논점은 성적 행위에 대한 '자유주의적' 견해라고 칭할 수 있는 것
과 보다 전통적인 견해의 대립에 관한 것이다.[1] 자유주의적 견해는 성
도덕에 고유하고 독특한 것은 아무것도 없다고, 성관계를 통제하는
순결은 미덕이 아니라고 주장한다. '자유주의자'에게 기본적인 질문
은 단순히 동의의 문제이며 아마도 공정성이나 정의의 문제가 될지도
모른다. 강간은 동의의 결여가 개입하기 때문에 (그리고 보통 폭력이
개입하기 때문에) 그렇다. 반면에 비착취적인 여건에서 매춘은 그런
도덕적 쟁점을 전혀 제기하지 않는다. 전통적 견해는 도덕적 통찰이
성과 관련된 사안에 개입하게 되는 범위를 '자유주의적' 견해가 허용
하는 것보다 더 폭넓게 보도록 하는, 성관계에 고유한 선이 있다고 주
장한다. 물론, 이 범위에 관하여 다양한 가능성들이 있으며 전통주의
자들은 매춘에 대한 도덕적 입장의 법적 함의에 관하여 서로 다른 견
해들을 취할 수 있다. 여러 가지 이유로, 전통주의자들은 비착취적인
매춘에 대한 법적 금지를 반대할 수도 있다.

　나는 여기서 이 대립하는 견해들에 대한 판정을 제시하지 않겠다.
다만 균형을 잃은 초점의 도덕주의의 질문이, 우리가 전통적인 도덕

---

[1]　나는 여기서 '자유주의적'이라는 용어가 보통 그 주제에 관한 철학적 문헌과 일
반 문헌에서 사용되기 때문에 그 용어를 사용하였는데, 주의를 환기하기 위한 목적으
로 인용 부호 안에 썼다. 왜냐하면 나는 누군가 정치적인 뜻에서 자유주의적이면서
동시에 성도덕에 대하여는 보다 전통적인 이해를 갖는 데는 아무런 모순도 없다고 보
기 때문이다.

관의 온건한 판본을 인정한다면 특히 예리하게 제기된다는 점만 지적
하고자 한다. ('자유주의적' 도덕관에서는 맹렬히 비난받는 행위에
도덕적 용어가 그야말로 어울리지 않기에 성도덕에 관한 많은 담론에
범위의 도덕주의가 관련될 것이다.) 핵심은 성도덕이 성관계에 있는
독특한 성질에 관한 것이라고 주장하는 일이, 성도덕의 성질 및 그 의
의에 강박적으로 집착하지 않고서도 그리고 악덕의 완전한 목록 중에
서 성적 악덕에 부당한 가중치를 주지 않으면서 가능하다는 것이다.
그럼에도 전통주의자들에게 이 둘 모두를 범하는 경향이 있음은 의문
의 여지가 없다. 일부 성직자와 정치인은 성적 부도덕 외에 다른 악덕
이란 없고 성적 비행을 저지른 사람에게서 고위 공직을 맡거나 다른
종류의 존경이나 존중을 받을 자격을 박탈하는 특별한 중요성을 갖고
있는 양 본다. 클린턴이 바람을 피웠다는 이유로 벌어진 클린턴 대통
령 반대 운동은 부분적으로 바로 이 태도에서 생겨났다. 그리고 특히
미국에서는 공직 후보자들의 성적 고결성(sexual probity)이 그들의
자격을 판단할 때 터무니없을 정도로 두드러진 요인이다. 클린턴의
비위 행위가 적어도, 더 폭넓은 정치적 의의를 가졌을 수도 있었던 일
반적인 자제력 없음(intemperance)이나 분별력 없음(imprudence)
을 시사한 것은 사실이다. 비록 이 시사가 입증의 수준까지 올랐다고
는 도저히 볼 수 없지만 말이다. 모니카 르윈스키에 관해서는 피용자
에 대한 착취의 가능성이라는 쟁점이 또한 있었으며 또 유권자들을
기만했다는 쟁점도 있기는 했다. 그러나 대통령을 비난했던 많은 이
들에게 이것들은 사소한 요소들이었다. 전통주의자들조차도 간통과
같은 죄는, 통치하고, 외국 지도자들과 세심한 협상을 수행해야 하는
정치가의 능력을 판단하는 문제에서는 상대적으로 덜 중요한 것임을
인정할 것이다. 그와 같이 인정하지 못하게 하는 하나의 장애물은, 미

덕들의 상호 연관성이라는 특별한 이념이다. 이 이념은 미덕의 통일성이라는 오래된 철학적 원칙에 구현되어 있다. 이 원칙을 해석하는 여러 다른 방식들이 있다. 그러나 만일 그 원칙이 당신이 어떤 하나의 미덕이라도 갖고 있다면 다른 모든 미덕들도 마찬가지로 갖고 있음이 틀림없다는 뜻이라면 (이것은 아리스토텔레스와 아퀴나스에 대한 그럴법한 독법에서 의미되는 내용으로 보인다.) 그것은 인간의 모든 경험 및 그 복합성에 정면으로 반한다. 게다가 우리의 도덕적 어휘의 작동을 불가능한 일로 만들어 버린다. 물론 아퀴나스와 아리스토텔레스 모두 사람들이 정숙하지 못하면서 정직할 수도 있고 술에 대한 절제력이 없으면서 충실할 수도 있으며 용기 있지만 부정의할 수도 있는 것처럼 보인다는 점은 잘 알고 있었다. 그러나 그들은 이 사실들이 진정한 미덕에 관한 사실들이라는 점을 부인하며 그렇기보다는 아퀴나스와 아리스토텔레스는 그것들이 온전히 덕스럽지 않은 특질들을 기술한다고 보았다. 아퀴나스는 예를 들어 '정숙한 행위는 제대로 하지 못하지만 너그러운 행위는 잘 하는'[2] 사람들이 있을 수 있다는 점을 인정한다. (그리고 이 말은 빌 클린턴이 살았던 시기보다 7세기나 전에 나온 말이다!) 그러나 그는 그렇게 다른 미덕을 함께 갖추지 못하고 일부만 보유하는 미덕을 온전하지 못하거나 불완전하다고 보았다. 그런 미덕은 본성이나 습관 때문에 사실상 좋은 유형의 행위를 하는 성향[3]에 불과하다고 하였다. 이와 대조적으로 미덕의 온전한 뜻은, '잘 행해지는 좋은 행동을 향한 습관'에 관한 것이다. 그리고 여기서

---

2   St. Thomas Aquinas, *Summa Theologiae*, 1a.2ae. 65. 본문의 인용은 Blackfriars edition, gen. ed. Thomas Gilby OP, vol. xxiii, ed. and trans. W. D. Hughes OP, 181에서 한 것이다.
3   Ibid.

'잘 행해지는'을 준거로 삼는 것은 아퀴나스에 의하면 덕스러운 삶
일반에 어떤 준거를 개입시키는 것으로 이해된다. 그래서 용기에 개
입된 '영혼의 강함'은 만일 그것이 각각 절제, 정의 그리고 분별에서
발견되는 겸손이나 청렴 또는 신중함과 함께 하지 않는다면 덕스러운
것으로 권고되지 않는다.[4] 여기서 이 원칙을 자세히 논의할 수는 없
다. 그렇지만 미덕을 하나씩 따로 갖는 것을 불가능하게 만드는 미덕
에 대한 고상한 이론의 장점이 무엇이건 간에, 그 고상한 이론은 우리
가 미덕의 어휘를 매일매일 쓰는 일에 대하여 유용한 태도를 제공할
수 없다. 왜냐하면 우리는, 해당 행위자가 아퀴나스를 비롯한 통일성
원칙의 지지자들이 요구하는 덕스러운 삶의 풍부함에 전심전력의 헌
신과 향유를 하고 있는지 여부를 알 방도가 전혀 없는 많은 맥락에서
도 '용기 있는', '정직한', '자제력 있는', '겸손한' 등등의 용어를 활
용할 수 있고 활용해야만 하기 때문이다. 사실, 내가 고상한 이론이라
고 칭한 형태로도 통일성 원칙을 권고할 만한 근거가 거의 없다고 생
각한다. 그러나 현재의 맥락에서 성도덕은, 심지어 전통적 견해에서
도 도덕의 한 분야에 불과하며, 부정의한 전쟁이나 심대한 사회적 불
평등, 빈곤, 의료 접근권 같은 중요한 사회적 문제에 대한 판단력을
발휘하는 처리와 가장 유관한 것은 항상 아니라는 점이 명백하다. 현
실주의자들이 사적 도덕을 공적 문제에 관련시키는 것에 반대하여 경
고를 할 때, 그들이 염두에 두고 있는 것은 바로 이런 종류의 균형 상
실이다.

물론 현실주의자들은 (시즈위크의 명명을 따르자면) 우리의 상식
도덕이 성이나 아이를 낳고 양육하는 일과 같은 사적 문제에만 관한

---

4   Ibid.

것이라고 생각할 때 잘못된 방향으로 간다. 당신이 10대와 대화하면서 도덕이라는 주제를 꺼내들면 10대들은 보통 당신이 성(또는 마약이나 낙태)에 관해 이야기하고 있음이 틀림없다고 생각한다. 교양 있는 지식인이라면 이러한 혼동을 품거나 조장하지 않는다.

그러나 성도덕은 균형을 잃은 도덕주의가 나타나는 유일한 영역이 아니다. 인도주의적 군사 개입에 대한 선의의 지지 중 많은 부분이 이 도덕주의적인 결함에 빠져 있다고 생각된다. 소위 일종의 '전투적 인도주의'라는 것이 있다. 이 전투적 인도주의는 진정한 도덕적 가치를 추구한다. 그런 도덕적 가치에는 인권 침해로 인한 괴로움에 대한 동정이 있다. 그러나 때때로 전투적 인도주의는 마찬가지로 유관한 다른 중요한 도덕적 고려 사항들을 저해한다.[5] 특히 인도주의적 개입을 열광적으로 지지하는 몇몇 인권 운동가들은 자신들의 목적을 방해할 수 있는 타산적 고려 사항들을 전혀 보지 못하는 일이 흔하다. 나는 이 점에 관하여 다른 곳에서도 쓴 적이 있으니 여기서는 간략하게 다루겠다. 이러한 고려 사항들 중 하나는 적합한 권력을 갖고 있는 개입자가 성공을 위해 꼭 필요한 다른 속성들은 거의 갖고 있지 않는 경우가 흔하다는 점이다. 그들은 자신들이 총과 폭탄을 들고 들어갈 나라의 종교적, 문화적, 정치적 맥락에 대한 지식을 거의 갖고 있지 않은 경우가 보통이다. 게다가 그들이 개입하게 되면 보통 (심지어 그 사회를 구한다 하더라도) 더 붕괴될 국내 질서를 장기적으로 복구하는 일에는 아무런 관심이 없다. 그리고 침공을 받는 국가의 거주민들의 복리에 적대적인 비인도주의적인 목표를 갖는 일도 흔하다. 최근의 이

---

5   '전투적 인도주의'라는 용어는 코너 거티(Connor Gearty)가 만든 것으로 보인다. Connor Gearty, *Can Human Rights Survive?* (Cambridge: Cambridge University Press, 2006), 134를 보라.

라크 침공은 물론 그 실제의 동기에서 인도주의적이지도 않았다. 그
러나 그 침공이 아라크인들을 사악한 독재자로부터 해방시킨다는 인
도주의적 목적을 진작하는 것이기 때문에 그 침공을 지지한 많은 '좌
파'들이 있었다. 이 좌파들 중 전형적인 인물들이 바로 『원리의 문제:
이라크 전쟁을 찬성하는 인도주의적 논변』(*A Matter of Principle:
Humanitarian Arguments for War in Iraq*)[6]이라는 논문집의 저자들
이었다. 그 책은 2005년에 출간되었으나, 거기 실린 대부분의 논문은
2004년에 쓰인 것이다. 책이 출간될 즈음이 되자 저자들 중 몇몇은
이라크에서의 인도주의적 폭력 지지를 재고하게 되었다. 이러한 재고
는 내가 논의 중인 균형의 상실을 뒤늦게 인지한 것과 관련 있다.[7] 그
러나 다른 이들은 여전히 그 침공을 지지한 것에 대하여 열정적으로
확신하며, 이 열정은 인권에 대한 정당한 도덕적 관심과 사담의 잔혹
행위에 대한 혐오감에 의해 추동되었다. 특히 오스트레일리아 언론인
파멜라 본(Pamela Bone)은 전쟁의 도덕적 가치를 웅변적으로 역설
했다. 그리고 그녀가 자신이 말하는 것을 진실로 믿고 있다는 점을 의
문시할 아무런 이유가 없다. 그렇더라도 이 열정이 너무나 한쪽으로
치우친 바람에 그녀는 연이어 놀라운 주장들을 했다. 이 일련의 주장
들은 명백히 일어날 수 있는 결과보다는 전쟁에서 싸우기 위한 다음
과 같은 근거들을 언급하고 있는 것이었다: '이라크는 테러리즘에 맞

---

6 Thomas Cushman (ed.), *A Matter of Principle: Humanitarian Arguments for
War in Iraq* (Berkeley and Los Angeles: University of California Press, 2005).
7 미첼 코헨이 이 논쟁에 참여하며 쓴 글은 그와 같은 양심의 가책을 보여주는데,
다수의 다른 저자들보다 균형을 잃은 초점의 도덕주의의 경향이 명백히 적다. Cohen,
'In the Murk of It: Iraq Reconsidered', in Cushman (ed.), *A Matter of Princi-
ple*, 76-92를 보라.

선 전쟁, 이슬람 대 민주주의, 국가 주권 대 인권, 세속주의 대 종교적 근본주의를 함께 데리고 왔다'[8] 나는 이러한 주장들을 믿기 어려운 것으로 여기는데, 침공하기 전에 이라크는 국제 테러를 지원하는 주요 국이 아니었으며, 대체로 종교적 원리주의를 억제하는 데 관심을 둔 비종교적 국가였기 때문이다. 그러므로 이런 형태의 도덕주의는 현실적 판단을 방해할 수 있다. 현실을 정확히 판단하려는 자체가 도덕적 요구이며, 그런 요구를 충족시키기 위해 우리의 이상주의적 희망은 비록 중요할지라도 온건화할 필요가 있다. 미국이 주도한 연합군 침공의 음울한 결과는 현격히 이러한 희망과 반대되는 증언을 한다. 내가 이 글을 쓰고 있는 지금, 침공으로 잔혹한 후세인 정권이 억눌러왔던 종교 간, 부족 간 대립의 속박이 풀려, 이라크는 내전에 가까운 상태에 처해 있다. 침공은 또한 이때까지는 이라크에 존재하지 않았던 범죄 조직의 약탈뿐만 아니라 준국가적 테러리즘이 발생할 기회를 주었다. 그리고 무엇보다도, 강도가 약화될 기미가 거의 보이지 않는 내란의 지속적인 압력 때문에 초조하고 지친 군대가 이라크 국민들을 오만하고 자주 인종 차별적으로 가혹하게 대우함에 따라 전체 국민이 침공군에 분개하고, 격노했다. 아부 그라비 교도소 사건과 점령군이 저지른 강간과 살해 보고는 벌어진 참사 양상의 빙산의 일각에 불과하다. 이에 대한 답변으로 두 가지가 이야기될지도 모르겠다. 하나는 사건이 벌어진 이후에 지혜로워지기는 쉽다는 답변이고, 다른 하나는 이라크는 거론하기에 나쁜 예라는 답변이다. 첫 번째 답변은 많은 사람들이 이런 종류의 결과와 비슷한 것을 이미 예측했다는 사실이 아

8 Pamela Bone, 'They Don't Know One Little Thing', in Cushman (ed.), *A Matter of Principle*, 302.

니었더라면 합당했을지도 모른다. 나는 침공이 시작되고 나서 며칠 동안 조지아주의 애틀랜타에 있었다. 그리고 조지아 지역 일간지 애틀랜타 저널 컨스티튜션(*Atlanta Journal-Constitution*)(이곳은 급진적인 조직은 아니다.)은 전쟁 이후 점령군이 마주하게 될 위험들 중 많은 것들을 정확하게 예견하고 있었다.[9] 부시 대통령과 럼스펠드 국방장관이 제안한 작전의 성공 전망을 회의적으로 보는 많은 군 고위직들이 있었다는 사실도 지금은 알려져 있다.[10] 두 번째 답변은 침공을 지지했던 전투적 인도주의자들이 할 수 있는 답변은 아니다. 그러나 예를 들어 르완다의 군사 작전처럼 훨씬 더 나은 사례가 있다는 것은 사실이다. 나의 논변은 모든 인도주의적 군사 개입이 하나같이 결함이 있을 수밖에 없다는 것이 아니라, 인권 남용에 대한 이런 종류의 해결책에 대한 열광은 자주 균형을 잃은 초점의 도덕주의를 내보이며, 그렇게 함으로써 좋은 동기에서 개시하는 전쟁조차도 통상 포함하는 참상을 무시하거나 대단치 않게 생각한다는 것이다. 정전론의 용어로 말하자면, 전투적 인도주의자들은 정의로운 명분에만 강박적으로 초점을 맞추면서, 성공의 전망(prospect of success), 최후의 수단(last resort), 그리고 비례성(proportionality)이라는 군사적 개입의 요건에 포함된 무거운 도덕적 고려 사항들을 무시한다. 더군다나 그들은 무엇이 성공에 해당하는지를 지나치게 협소한 초점으로 파악

---

9 Mark Davis, 'Tough Days Ahead for Troops: As Campaign Moves from Desert, Deadly Urban Warfare Expected', *Atlanta Journal-Constitution* (24 Mar. 2003).

10 예를 들어 Marybeth P. Ulrich and Martin L. Cook, 'US Civil Military Relations since 9/11: Issues in Ethics and Policy Development', *Journal of Military Ethics*, 5/3 (2006), esp. 167-70의 논의를 보라.

한다. 살인을 저지르는 독재자 사담이 물러난 것은 정말로 좋은 일이
고, 또 대규모로 사람을 죽이고 재산을 빼앗는 일을 할 추가적 기회를
갖지 못하는 것도 좋은 일이다. 사담 체제의 악행들은 인정되어야만
하고, 이라크에 대하여 국제적으로 어떻게 대응하여야 하는가 생각할
때 정당하게 고려될 요소이기도 하다. 그러나 중동을 불안정하게 만
들어, 테러리즘의 충동을 크게 증가시키는 일, 그리하여 이란의 권력
에 혜택을 주는 일, 이라크의 후손들을 내전의 카오스 상태로 몰아넣
는 일은 치르기에는 엄청난 대가다. 실제로 2006년에 공표된 한 존중
할 만한 추산에 따르면 2003년 이라크 침공과 그 사후에 벌어진 일
때문에 655,000명의 이라크인의 사망이 초래되었다.[11] 이에 더해 이
라크 사람들이 다른 나라로 광범위한 규모로 탈출해야만 했다. 비록
최근에 일부 난민들은 돌아왔지만 말이다. 전투적 인도주의자들은 이
런 결과들을 정확하게 예측할 수 없었다. 도덕주의가 그들의 사고에
미친 영향은 그러한 결과들이 발생할 가능성 중 지나치게 많은 것들
에 눈이 멀게 하였다. 이러한 결과들은 물론, 도덕 원리 및 고귀한 도
덕적 가치에 대한 관심을 상쇄하기 위해 현실주의자들이 전형적으로,
제시하는 종류의 고려 사항들을 구현하는 것이다.

때때로 도덕주의로 일컬어지며 균형을 잃은 초점이라는 범주하에
들어오는 다른 태도는 동정, 용서, 그리고 자비와 같은 보다 훈훈한

---

11   Gilbert Burnham, Riyadh Lafta, Shannon Doocy, and Les Roberts, 'Moral-
ity after the 2003 Invasion of Iraq: A Cross-Sectional Cluster Sample Survey',
The Lancet (21 Oct. 2006). 그 전쟁의 지지자들은 재빨리 사망자 수에 이의를 제기
하였다. 그러나 그 수치 공표를 둘러싼 논쟁 직후 멜버른에서 27명의 저명한 의학자
들이 일간지 *Age* (21 Oct. 2006), 'The Iraq deaths study was valid and correct',
Insight, 9에 실은 논문으로 추산의 방법론과 조사자들의 정직성을 보증하였다.

도덕적 관심사항을 배제하는 냉정하고 징벌적인 도덕적 태도를 고집
하는 것이다. 이 균형의 상실이 호손의 『주홍 글씨』(The Scarlet Let-
ter)의 주제 중 하나로 그러나 그것은 관련된 국내적 배경보다 더 큰
함의를 가질 수 있다.[12] 이 균형을 잃은 징벌적 태도 중 많은 수가 지
나친 치안 캠페인 배후에 놓여 있다. 이를테면 '삼진 아웃법'(three
strikes, you're out)을 비롯하여 형벌에서 사법부의 재량의 여지를
제거하려는 목적으로 가해지는 압력 같은 것 말이다. 공평하게 말하
자면 균형 상실이라는 결과가 더 엄격한 미덕을 배제하면서 더 부드
러운 미덕에 강조하여 생길 수도 있다는 점도 지적해야겠다. 진실과
화해 위원회와 그 절차에 대한 비판자들은 정의의 필요가 소홀히 다
루어지고 종속화되거나 아니면 화해에만 왜곡되게 초점을 맞춤에 따
라 격하되었기 때문에 정확히 이 균형의 결여를 문제 삼는다.[13] 상이
한 도덕적 가치들 사이의 타당한 균형이 어디인지에 관하여 미묘한
차이가 있는 판단이나 진정한 의견불일치가 성립할 여지가 종종 있
다. 그래서 처벌이나 범법자를 대하는 태도와 같은 문제에 대한 차이
가 도덕주의를 포함하는 것으로 항상 다루어질 수는 없다. 그러나 정
당하게 대립하는 도덕적 관심들이 간단히 무시되거나 무관하거나 중
요치 않은 것으로 계속 다루어지는 경우에는 이런 형태의 도덕주의가

12　호손의 『주홍글씨』에 관련된 (그리고 거기서 비난된) 도덕주의에 관한 훌륭한
논의로는 Craig Taylor, 'Moralism and Morally Accountable Beings', in Coady
(ed.), What's Wrong with Moralism?을 보라.

13　David A. Crocker, 'Retribution and Reconciliation', Philosophy and Public
Policy Quarterly, 20 (Winter/Spring 2000), 1-6; repr. in Verna V. Gehring and
William A. Galston (eds.), Philosophical Dimensions of Public Policy, Policy Stud-
ies Review Annual, 13 (New Brunswick, NJ and London: Transaction, 2002),
211-9.

한 요인이 되었다고 보는 것이 그럴법하다.

부과 또는 간섭의 도덕주의

범위의 도덕주의와 마찬가지로, 이 도덕주의는 도덕에 부적합하게 의
존한다. 그러나 이 종류의 도덕주의는 부당한 도덕 판단 그 자체는 포
함하지 않는다. 그렇기보다는 이 도덕주의의 잘못은 그들의 주제에
관해서는 타당한 도덕 판단일 수도 있는 것을 부적합하게 다른 사람
들에게 부과하려고 고집하는 것이다. 이것은 불간섭에 대한 자유주의
적 도덕관과 국가 중립성에 관한 최근의 논쟁과 관련되어 있다. 그러
나 부과라는 이념이 제기하는 문제는 국가의 역할보다 훨씬 더 깊이
들어간다. 왜냐하면 정치적인 요구일 뿐만 아니라 사회적이며 도덕적
인 요구로도 이해되는, 관용의 미덕이 제기하는 요구에 관한 일련의
쟁점들이 있기 때문이다. 이 쟁점은 최근에 와서야 진지한 철학적 관
심을 받기 시작했다: 철저한 검토가 필요한 특성들은 다음과 같다:
(1) 자신의 도덕적 판단에 갖는 확신의 정도(degree of certainty)와
이 확신의 정도가 다른 사람들의 도덕적 판단에 대한 반응에 대하여
갖는 관계 (2) 다른 사람들이 도덕 행위자로서 존엄을 갖기 때문에 그
사람들의 도덕 판단을 존중하는 일의 중요성과 그런 존중의 한계 (3)
다른 사람들의 행동에 관해 도덕 판단을 내리는 일이 자기 자신의 성
품과 행동을 개선시킨다는 (그리고 자기 자신 및 다른 사람들이 해악
을 야기하는 일을 막는다는) 목적을 넘어서는 정도 (4) 도덕적 판단
에 대한 일정한 표현들이 다른 사람들의 삶에서 행위자 자신이 차지
하는 중요성과 역할에 대한 결함 있는 평가를 무심코 드러내는 정도,
그리고 이와 연관된 도덕적 자기비판을 할 능력의 결여 (5) 다른 문화

에서 온 사람들의 행동에 대하여 내린 도덕 판단에 따라 행위하는 것
이 그 다른 사람들의 문화에 대한 비난받을 받을 만한 비존중을 보여
주는 정도. 부과의 도덕주의에 대한 온전한 논의는 물론 '부과'(im-
position)라는 관념 자체를 더 주의 깊게 검토하는 일을 필요로 할 것
이다. 왜냐하면 대중적인 형태에서 그리고 이론적인 맥락에서 그 관
념의 활용은 혼동에 가득 차 있기 때문이다.[14] 여기서 상황을 복잡하
게 만드는 주요 문제 중 하나는, 다양한 형태의 도덕적 상대주의 입장
에 의해 발생된다. 가장 매력이 없지만 대단히 영향력 있는 상대주의
의 한 형태는 단순한 문화 상대주의(simple cultural relativism)이다.
(이후부터 SCR이라 하겠다.)[역자-그러나 한국 독자들의 가독성을
위해 SCR을 계속하여 단순한 문화 상대주의로 옮겼다.] 이 단순한 문
화 상대주의는, 여러 문화에 걸친 또는 특정 문화를 넘어선 도덕 판단
이라면 무엇이나 타당성을 부인하는 일만이 관용에 이르는 유일한 길
인 것처럼 보이도록 만든다. 사실 위에서 언급한 다섯 측면 중 어느
면에 있어서도, 도덕적 타당성을 문화의 범위 내에 가둔다고 관용에
대한 지지가 생겨날 것 같지는 않다. 왜냐하면 대부분의 문화는 다양
한 정도로 심하게 불관용적인 규범을 구현해왔으며, 관용에 대한 옹
호는 국지적인 표준을 넘어서는 섬세하고 복잡한 추론과 통찰에 의지

---

14   관용과 그것의 복잡성에 관한 최근의 연구로는 예를 들어 Julia Driver,
'Hyperactive Ethics', *Philosophical Quarterly*, 44/174 (1994), 9-25; David Heyd,
Toleration: An Elusive Virtue (Princeton: Princeton University Press, 1996),
Michael Walzer, *On Toleration* (New Haven: Yale University Press, 1997)을 보라.
다기한 '선관'에 관한 국가 관용에 관한 가장 영향력 있는 현대의 진술로는 John
Rawls, *Political Liberalism* (New York: Columbia University Press, 1993)을 보고
정치적 관용에 관한 초기 자유주의적 옹호의 고전적 진술로는 John Locke, *Letters
On Toleration* (Byculla: Education Society's Press, 1867)을 보라.

할 것을 요하기 때문이다. 또한 상대주의가 설사 관용을 논리적으로
뒷받침하지는 않는다고 하더라도 어떻게든 관용에 이른다는 주장이
설득력이 있지도 않다. 왜냐하면 상대주의라는 이념은 나의 도덕적
가치가 이성의 독립적 기준에 응답할 필요가 전혀 없다고 하는 이념
이며, 이 이념은 권력에 대한 나의 의지를 단순히 풀어놓아 버릴 수도
있기 때문이다. 이 논점은 베니토 무솔리니가 자신의 삶의 말미에 가
서야 명확하게 깨달았던 것이며 그 시점에서 그의 처지를 애도하는
사람은 아무도 없었다.[15] 강건하게 관용적인 실천은 (자기 자신의 사
회적 조건화의 경계를 넘어서 생각할 능력이 없다고, [역자-상대주의
에 의해] 상정되는 것에서가 아니라) 모든 사람에게 권고할 수 있는
강건한 인간적 미덕으로부터 나온다.

　이에 더하여 단순한 문화 상대주의는 많은 지성적 난점에 빠지기
쉽다. 수많은 철학적 논평가들이 이를 지적하였다. 내가 생각하기에
단순한 문화 상대주의는 그것을 위하여 제시된 원칙적 논증—특히
문화적 차이에 근거한 논증과 틀의 필요성에 근거한 논증—으로 제
대로 잘 뒷받침되지 않는다. 그렇지만 여기서 그 점을 보여줄 지면은
없다. (그리고 그 점은 어쨌거나 다른 사람들에 의해 결정적으로 논증

15　무솔리니의 정확한 말을 온전히 인용할 가치가 있다. '최근 몇 년 간 내가 말하
고 행했던 모든 것은 직관에 의한 상대주의다. 모든 이데올로기가 동등한 가치를 갖
고 있으며 모든 이데올로기가 한낱 허구에 불과하다는 사실로부터, 상대주의자는 누
구나 스스로 자신만의 이데올로기를 만들어내고 그 이데올로기를 그가 갖춘 모든
정력을 써서 실행할 권리가 있다는 결론을 추론한다. 만일 상대주의가 고정된 범주
에 대한 경멸 그리고 객관적이고 불멸의 진리의 담지자라고 주장하는 사람에 대한
경멸을 징표한다면, 파시즘보다 더 상대주의적인 것은 없다.' Henry Veatch, 'A Cri-
tique of Benedict', in Julius R. Weinberg and Keith Yandell (eds.), *Problems in
Philosophical Inquiry* (New York: Holt, Rinehard and Winston Inc. 1971), 27에
서 인용.

되었다.) 단순한 문화 상대주의는 전체적으로 통일된 개체로서 문화를 단순하게 다루는 일을 또한 포함한다. 그러면서 가장 단순한 문화 내에서조차 도덕관의 다양성이 있다는 사실을 무시한다. 그리고 도덕적 진보와 개혁의 가능성을 비정합적인 일로 만든다. 다른 문화들의 가치에 대한 비난을 피하려는 우려에서, 단순한 문화 상대주의는 또한 다른 문화의 가치를 칭찬하거나 그 가치로부터 배우는 것을 불가능하게 만든다. 더 정교화된 형태의 상대주의가 이런 난점들에 대한 대응으로 발전되었다. 그리고 그 정교화된 형태의 상대주의는 몇몇 도덕적 믿음들이 다른 도덕적 믿음들보다 더 나을 여지를 허용한다. 그리고 이성이 도덕적 견해를 발전시키면서 할 일이 있을 여지도 허용한다. 그리고 국지적이지 않은 형태로, 다른 문화들의 적어도 일부 도덕적 견해는 정당하게 비판하는 방식들이 있다고 한다.[16] 그러나 그런 정교화는 문화 상대주의를 비롯한 여러 형태의 상대주의를, 우리가 살펴보고 있는 부과에 대한 폭넓은 견해와 무관한 것으로 만든다. 이 더 정교한 이론들은 모겐소(Morgenthau)[1904-1980, 미국의 정치가이자 재무장관]의 견해와 같이 극적인 견해를 전혀 뒷받침하지 못한다. 모겐소는 승리감에 가득 차서 에드먼드 버크(Edmund Burke)가 다음과 같이 말했다고 인용한다.: '도덕적 주제나 정치적 주제라면 어느 것에 관해서도 합리적으로 확언될 수 있는 보편적인 것은 아무것도 없다.'[17] 만일 이런 주장[역자-모겐소의 것과 같은 상대주의적 주장]이 그 자체로, 그렇게 보이듯이, 도덕적 주제나 정치적

---

16   Simon Blackburn, 'Relativism', in Hugh LaFollette (ed.), *The Blackwell Guide to Ethical Theory* (Malden, Mass.: Blackwell, 2001).

17   Michael Joseph Smith, in *Realist Thought from Weber to Kissinger* (Baton Rouge: Louisianan State University Press, 1986), 164에서 재인용.

주제에 관한 확언이라면, 그 주장도 합리성이 결여되어 있으므로 그런 주장을 어느 누구에게도 권할 수 없다. 더군다나 합리성을 중시하는 경향이 있는 현실주의자라면 그 주장은 다른 사람에게 가장 권하기 어려운 것이다. 특히 그런 상대주의적 주장은 국익에 대한 관심의 합리성에 대한 현실주의자의 집착을 훼손한다.[18]

그래서 나는 부과(imposition)가 강제, 강압, 또는 자율성에 대한 비존중(disrespect)을 어느 정도 포함하는 보다 협소한 관념이라고 여긴다. 비록 그 강제, 강압 또는 자율성에 대한 비존중이 미묘할 수는 있지만 말이다. 따라서 부과는 그에 대한 비난이 도덕적 근거에서 적합한 경우에는 그 자체로 비난되어야 한다. 이는 부과와 매우 밀접한 관련성이 있는 현상인 '심판주의'(judgementalism)가 그 자체로 비난되어야 하는 것과 마찬가지이다. 그러나 어떤 다른 사람이나 집단의 행동이 비도덕적이라는 판단을 형성한다고 해서 꼭 부과하는 것은 전혀 아니다. 그런 다른 사람이나 집단에게 그들의 행동이 비도덕적이라고 말해준다고 해서 반드시 부과가 되는 것도 전혀 아니다. 이는 평결이 요구되는 경우에는 특히 그렇다. 왜냐하면 도덕적 조언의 일상적 사례를 부과로 보는 것은 확실히 터무니없기 때문이다. 다른 사

---

18   스미스는, 버크의 금언이 국익 추구의 보편적 중요성에 대한 모겐소 자신의 옹호도 마찬가지로 반대하는 근거가 될 수 있다는 점을 타당하게 지적한다. 현실주의의 다른 옹호자들은 상대주의에서도 근거를 얻고자 한다. 예를 들어 카는 모든 사상의 상대성을 확신에 차서 공언하지만, 카 이전과 이후의 많은 사람들처럼 기원의 문제와 타당성 입증의 문제를 혼동하는 경향이 있다. 카는 '유토피아주의자들'의 윤리적 규준은 현실주의자들에 의해 '절대적이고 선험적인 원리들의 표현'이 아니라 '역사적으로 조건화되었고 여건과 이익의 산물이자 동시에 이익의 진작을 위해 틀이 만들어진 무기'임이 보였다고 말한다. (Carr, *The Twenty Year Crisis*, 68) 그러나 어떤 믿음이 특정한 역사적 여건의 산물이며 특정 이익을 증진하였다고 해서 그 믿음이 무조건적인 진리가 되는 데 그 어떤 장애가 있는 것은 아니다.

람이나 다른 집단이 조언을 구하지 않고 또 그 조언을 달갑게 생각하지 않는 경우에도 조언을 주는 일이 꼭 부과적인 것은 아니다. 다른 사람의 나쁜 행동에 이의를 제기하는 사적인 편지를 쓰는 일과 그 사람을 해병대로 보내버리는 일 사이에는 어마어마한 차이가 이다. 물론 도덕적 내용을 포함하고 있는 언어 행위(speech acts)는 부적절하게 강압적이거나 비존중하는 것일 수 있지만 꼭 그런 것은 아니다. ─이는 그런 언어 행위가 이루어지는 방식에 모두 달려 있다. 우리는 도덕적 비판과 책망(admonishment)을 표현하는 옳고 그른 방식 양자 모두에 주의를 기울일 필요가 있다. 이런 것들은 훌륭한 부모들이 특히 잘 자각하고 있는 것이다. 심지어 추론은 다른 사람의 자율적 사고를 제압하는 정당성 없는 무기로 사용되는 것도 그 자체로 가능하다. 우월한 지성적 능력을 갖추고 있는 이는 자신들의 지성적 힘을, 추론이라는 기예의 기량을 덜 갖춘 다른 이의 통찰, 경험, 그리고 근거에 기초한 이해를 충분히 존중하지 않으면서 사용할 수 있다. 지식인들이 그런 가능성을 인정하기를 꺼려하는 것은 이해할 만하다. 그러나 지성적 힘을 사용하여 괴롭히기는 물리적 힘을 사용하여 괴롭히기만큼 실재적인 것이다. 그런 괴롭히기는 다른 추론뿐만 아니라 도덕적 추론의 사용에서도 발생할 수 있다. 그럼에도 그런 일은 어떤 진정한 것의 왜곡에 불과하며, 도덕적인 조언, 설득이나 비판이 꼭 부당한 힘의 행사가 되는 것은 아니다. 다른 당사자와 도덕적 판단이나 도덕적 추론을 의사소통하는 어떤 일도, 특히 그 판단이나 결론이 적대적인 상황에서 부과적인 것임이 틀림없다는 발상은 어떤 형태의 단순한 문화적 상대주의에 의존하고 있는 것 같다.

추상의 도덕주의

일반적인 담화와 학술적 글쓰기에서도 점차적으로 사람들은 행위의
세계에 현실적인 참여를 하기에는 지나치게 추상적이거나 아니면 고
결한 수준의 도덕적인 작업을 하고 있다고 자주 비판받는다. 때때로
고결한 원리나 이상에 대한 반대 근거는, 그러한 원리나 이상들이 세
계와 행위자의 다양성에 비해 지나치게 보편적이어서, 정서적이고 직
관적이고 유형적인 반응을 하는 행위자인 우리가 따르기에는 간혹 지
나치게 이성주의적이라는 것이다. 그리고 그렇게 이성주의적으로 정
식화된 형태의 원리나 이상은 스스로를 실현할 능력이 지나치게 부족
하다. 그러나 전반적인 비판의 동향(動向)은 도덕(또는 때때로 도덕
이론)의 추상적인 장치가 도덕이 적용되려고 만들어진 세계에 본질적
으로 만족스럽게 들어맞을 수 없다는 것이다. 군주가 선하다면 파멸
에 이를 것이기 때문에 '선하게 되지 않는 법을 배우고'(일정한 맥락
에서는) 여러 미덕을 피하라는 마키아벨리의 군주에 대한 조언은, 부
분적으로는 대부분의 도덕관의 본질적인 저변에 깔린 일정한 가정들
에 대한 심대한 도전에 기초하고 있으며 또, 부분적으로는 여기서 살
펴보고 있는 종류의 도덕을 지나치게 단순화하는 도덕주의적 왜곡을
도덕과 혼동하고 있는 것에 기반하고 있다. 후자는 군주가 관대함과
같은 미덕을 보이는 일이 부적합하다는 마키아벨리의 불평 중 일부에
서 발견될 수 있다. 그는 관대한 군주는 선물과 하사금을 마구 내려줘
서 그의 금고를 비우며 그래서 내란을 북돋운다고 주장한다. 그러나
여기서 끌어내야 할 교훈은 미덕이 군주에게 부적합하다는 것도 아니
고 또한 이 미덕이 군주에게는 들어설 자리가 아무 데도 없다는 것도
아니다. 그게 아니라 미덕의 적절한 행사는 여건에 고도로 민감하다

는 것이다. 관대함은 상이한 맥락에서 상이한 모습들을 보여줄 것이
다. 마키아벨리가 시사하듯이 인색함을 요구하는 대신, 군주에게 적
합한 것은 적절한 검소함이다. (검소함 없는 관대함은 이치에 닿지 않
는다.)[역자-아리스토텔레스가 말했듯이 평소에 검소하지 않으면 적
절한 시기와 장소에 관대하게 베풀어줄 자원이 아무것도 남아 있지
않을 테니 말이다.] 마키아벨리의 비판은 또한 역할에 대한 중요한 질
문을 제기한다. 도덕을 활용하는 일에 대한 현실주의적 비판의 많은
부분은 통치자와 정치가의 독특한 과업을 강조한다. 그리고 통치자와
정치가들이 작업하는 영역에서 그들이 개입하는 방식은 다른 역할들
이 그 역할들의 영역에서 개입하는 방식과 너무나 다르다고 한다. 현
실주의자들이 반대하는 도덕화는 정확히도, 행위자들이 수행하는 상
이한 역할들에 들어맞게 도덕적 옷감을 자르는 대신 무차별적인 도덕
의 담요를 가지고서 현실을 덮으려고 하는 것이다. 그리하여 딘 애치
슨(Dean Acheson)[역자-미국의 법률가·정치가, 국무장관. 제2차
세계 대전 전후의 외교 문제 해결에서 중책을 수행했다. '애치슨 라
인'과 '애치슨 플랜'이 이 사람의 이름을 딴 단어들이다. 소련에 대해
지나치게 유화적이라는 비판을 받기도 하였지만 서유럽의 경제 부흥
과 안전 보장을 일구어냈다는 평가도 받는다. 그런 면에서 애치슨은
현실주의적 외교 정책을 추구한 인물이라 평가해도 무리가 없을 것이
다.]은 다음과 같이 말했다.

국가 간 관계의 도덕적 측면을 더 깊이 탐사해 들어가면, 조심하여 신
중을 기울일 추가적인 이유들이 드러난다. 약간만 반성해보면, 같은 행
동이 모든 여건에서 다 도덕적이지는 않다는 점을 납득할 것이다. 행동
의 도덕적 적절성은, 확실히 많은 경우에서는, 그 행동과 관련된 이들의

관계에 달려 있는 것 같다. 예를 들어 부모들은 그들의 아이들에게 도덕적 이념과 종교적 이념을 불어넣고 잘못을 처벌할 도덕적 권리, 그리고 도덕적 의무까지 가진 것 같다. 목사, 신부, 랍비, 그리고 물라[역자-이슬람교 율법학자]는 그들이 인도하는 신자들에게 흡사한 의무를 진다. 이런 성직자들이 이단이 무엇인지 결정할 수 있을 때에는 신자들에게서 나타나는 이단을 교정하는 일이 포함된다. 그러나 미국의 공직자가 똑같은 행동을 하면 비도덕적이며 시민들의 근본적 권리를 부인하는 것이 될 것이다.[19]

애치슨이 설교자와 정치가 사이의 구분선을 흐릿하게 만드는 일에 관하여 우려한 점에서는 분명히 옳았다. 실제로 그의 경고는 놀랍도록 선견지명을 발휘한 것이었다. 왜냐하면 미국에서 종교적 권리의 승리가 조지 W. 부시의 선출로 귀결되기 40년 전에 한 말이기 때문이다. 부시 대통령이 정교분리를 확고히 실행하는 다문화 국가의 대통령이 아니라 근본주의 기독교 설교자처럼 들리게 말한 경우가 자주 있었을 뿐만 아니라, 도덕에 대한 그의 호소는 정부가 처리하려고 하는 구체적 현실과 눈에 띌 정도로 들어맞지 않는 수사적으로 추상적인 수준에서 제시되는 일도 매우 자주 있었다. 아마도 그런 점을 보여주는 가장 두드러진 사례는 부시 대통령이 정치적 쟁점, 특히 국제적 쟁점을 선과 악 사이의 단순한 충돌로 고집스럽게 틀 지으려고 했다는 점일 것이다. 여기서 원칙적으로 선은 미국(또는 때때로 더 넓게는 서구 동맹국)에 자리하고 있는 것이고 악은 적이나 대립국에 자리하

19 Dean Acheson, 'Morality, Moralism and Diplomacy', *Yale Review*, 47/4 (June 1958), 488.

고 있는 것이었다. 피터 싱어는 부시가 악(evil)이라는 단어를, 취임식 때부터 2003년 중반에 이르기까지 연설에서 319번이나 언급하였다는 점을 주목하였다. 이것은 그가 그 기간에 했던 모든 연설들 중 대략 30퍼센트에 해당하는 것이었다. 싱어가 또한 지적하였듯이, '악'이라는 단어를 대통령이 사용한 절대 다수의 경우는 형용사보다는 명사 형태였다(182번 대 914번). 그리고 오직 소수의 경우에만 형용사 형태로 인간 행위나 행동을 묘사하기 위해 사용되었다.[20] 대통령 연설의 많은 수가 세속적인 사안에 관한 것임을 고려할 때, 이것은 놀라운 수치이며, 차후의 국제 분쟁을 전제할 때, 그 비율이 2003년 이래로 내려갔을 것 같지 않다. 대통령의 생각은 전형적인 인간 행위자를 통한 결과를 결정하는 자신만의 힘을 지닌 형이상학적 실재로서의 선과 악의 이미지에 지배되고 있음이 확실하다. 많은 이들은 근본주의 기독교의 묵시론적 노선이 대통령에게 미친 영향을 주목하였다. 그리고 이것은, 정치적 현실의 옳음과 그름에 대한 보다 세심한 해명의 자리에 선과 악의 거대한 추상을 놓는 그의 마니교적인 중독을 얼마간 해명해준다. 딘 애치슨의 현실주의가 신앙에의 헌신과 복잡한 정치적 현실의 단순화된 혼용에 암묵적으로 내재한 추상의 도덕주의에 반대하는 경고인 한에서, 애치슨의 논평은 유익하며 정말로 예언자적이기까지 하다!

그렇더라도 애치슨의 논급은 얼마간의 혼동의 씨앗을 담고 있다. 애치슨은 사적인 것과 공적인 것 사이의 지나치게 강한 이분법을 긋고는 그 각각에 들어맞는 도덕의 이분법을 주장하기 직전에 있는 것

---

20 Peter Singer, *The President of Good and Evil: The Ethics of George W. Bush* (Melbourne: Text Publishing, 2004), 2.

같다. 그의 논급은 사적 도덕이 모두 그것이 속한 자리에서는 아주 괜찮은 것이지만, 정치에서 사적 도덕에 따른 명령과 금지는 상황에 맞지 않는 것(out of place)이라고 시사한다. 때때로 그 논제는 국제 관계에서 도덕이 상황에 맞지 않은 것이라는 더 제한적인 논제가 되기도 한다. 그러나 요구되는 역할에 대한 적절한 주의를 기울이기 위해서는, 공적인 것과 사적인 것 사이의 조야하고 애매한 대조보다 도덕적 현실에 더 민감해야 한다. 이 대조는 일부 목적을 위해서는 유용하긴 하다. 그러나 현재의 맥락에서는 지나치게 작위적이며, 대면해야 할 필요가 있는 쟁점에 비해 지나치게 뭉툭하다. 할 의무가 있고 할 권한이 있는 것에 정치 지도자의 역할이 어떻게 차이를 만들어내는가에 관한 통상적인 논지는, 또한 이분법에서 사적인 쪽에 명확히 속하는 부모나 친구의 역할, 그리고 그 구분의 양쪽에 모두 걸치고 있는 교사의 역할 같은 것에 관해서도 마찬가지로 성립할 수 있다. 물론 그 논증은 상이한 사안에서 상이한 의무와 권한을 도출할 것이다. 여기서 나는 사적 영역과 공적 영역 양자 모두에서 역할이 만들어내는 차이를 지지하는 논증에서 있는 구조적 유사성에 관심이 있을 뿐이다. 역할이 도덕적 차이를 만든다는 이념에는 분명한 진실이 있다. 설사 애치슨의 대조가 지나치게 단순화된 방향을 가리킬 수는 있다고 하더라도 말이다. 그러나 그 진실은 역할이 작용하는 곳에서 폭넓은 도덕적 평가를 무시하게 만드는 어떤 것은 아니다. 왜냐하면 우리는 역할들의 존재와 그 역할들이 포함하는 특별한 허용과 의무를 뒷받침하는 중심이 되는 도덕인 이론적 근거를 필요로 하기 때문이다. 이것은 관행적인 역할이나 '사회적으로 구성된' 역할에 명백히 참이지만, 또한 상대적으로 자연적인 역할에 대해서도 더 복잡한 방식으로 역시 참이다. 만일 역할들에 결부된 명령과 허용이 도덕적 통제하에 있지 않다면, 횡령 및 강도에 참여하는 이들 또한 의사와 변호사의 지위와 같은 지위를 가질 것이다. 범죄와는 대조적으로, 의료와 우리 삶에서 의료가 차지하는 자리는 치료의 의의에 의해 도덕적으로 뒷받침된다. 그리고 외과 의사가 사람들의 신체를 자를 수 있는 권한과 환자의 개인정보의 세부사항들에 대하여 비밀을 준수해야 할 의무는 (동의의 복잡한 문제뿐만 아니라) 그 권한과 의무의 가치로부터 나오는 것이기도 하다. 유사한 고려 사항들이 법과 경찰 행정에도 명백히 적용된다. 역할 도덕의 세부적인 작동은, 역할의 더 폭넓은 도덕적 목적으로 의무와 허용의 연관 관계를 비판함으로써 도전을 받을 수 있다. (이는 변호사의 일부 특권이 정의에 기여하지 못한다는 이유로 또는 피고인의 권리에 기여하지 못한다는 이유로 거부될 수도 있는 경우에 발생하는 일이다.) 그리고 역할 도덕의 세부사항들은 다른 도덕적 고려 사항들에 의해 기각될 수도 있다. 이는 비밀 준수가 재앙을 막기 위한 필요에 의해 능가될 때 벌어지는 일이다. 애치슨은 역할에 따른 차별화를 지적한 점에서는 옳았으며 또한 종교적인 설교와 훈계가 공직자의 소관에 속하지 않아야 한다는 점을 강조한 점에서도 옳았다. 정말로 이것은 미국 정치 지도층이 다시 배워야 할 교훈이다. 그러나 그는 역할들, 특히 정치적 역할들의 작동에 대해 일반적 도덕이 비판을 가할 여지가 전혀 없다고 함의한(함의하는 것으로 보였던) 점에서 틀렸다. 일부 고결한 도덕적 비판은 (그리고 일부 추상적인 도덕적 이론화는) 역할에 따른 차별화와 그 차별화의 의의를 온전히 제대로 고려하지 못할 수는 있지만, 이것은 (외교관이나 외무장관의 역할을 포함한) 역할 안에서 작동하는 규범이 비판에 면제되어 있다는 것을 함축할 수는 없다. 또한 실제로는 차별화과 차별화의 의의가 온전히 숙지된 일반적 도덕적 관점에서 그 원천을 끌어온다는 점, 또는 더 정확히

말해 적합하게 세심하게 구성된 도덕 이론에서 그 원천을 끌어온다는
점을 뒷받침한다.

절대주의적 도덕주의

절대주의적 도덕주의는 추상의 도덕주의와 밀접하게 연관되어 있다.
아마도 그 표제하에서 다루어졌을 수도 있다. 그렇지만 절대주의적
도덕주의는 별도의 논의를 할 필요가 있는 고유한 특성을 갖고 있다.
우리가 앞서 보았듯이, '도덕적 절대주의' 라는 비판은, 대외 문제 중
많은 부분이 '필연적으로 무도덕적이다' 라고 보지 않는 논자들에 대
하여 슐레진저가 제기한 것이며, 이 비판을 다른 현실주의자들도 되
풀이했다. '절대주의' 라는 용어는 주의 깊게 다룰 필요가 있다. '절
대주의' 가 '상대주의' 와 대립되는 용어로 사용되면 다양한 형태의
도덕 상대주의를 거부하는 사람이라면 누구나 절대주의가 되어버릴
것이다. 그러나 이것은 슐레진저 같은 사람들이 '절대주의' 라는 용어
로 의미하는 바가 아니며, 만일 그 용어로 도덕 상대주의의 거부를
의미하는 것이라면, 슐레진저 같은 비판을 제기하는 사람들은 앞서
논의한 문화 상대주의와 연관된 문제들 중 일부를 그대로 물려받을
가능성이 높다. '상대주의' 를 '객관주의' 와 대립시키고 '절대주의'
라는 용어는 어떤 도덕적 금지는 어떠한 상황에서도 성립한다는 견
해에 적용하는 것이 더 낫다. 그렇게 할 경우 우리는 절대주의에 대
한 현실주의적 반대를, 어떤 종류의 도덕적 경직성(moral inflexibili-
ty)에 대한 반대로 이해할 수 있다. 물론 절대적인 일부 도덕적 금지
가 있을지도 모른다. 그러나 대다수의 이치에 맞는 절대주의 견해는
그러한 절대적 도덕적 금지가 매우 소수라고 한다는 점을 주목하는

것이 중요하다.[21] 그러므로 무고한 사람을 고의로 살해하거나, 고문을 가하는 것도, 이러한 의미에서 전적으로 잘못되었지만 다른 많은 중대 금지 사항, 이를테면 거짓말, 약속의 파기, 비밀 준수 의무의 위반 같은 것은 예외의 여지가 있다. 이러한 조건을 단 채로 이 형태의 도덕주의를 비판하는 것은, 도덕적 범주의 적용에 있어 경직성이나 엄숙주의(rigorism)에 대한 반론이다. 그리고 이것은 앞서 논의한 추상의 도덕주의와 유사하다. 그리고 그것은 광신주의라는 이념을 대하는 현실주의적 도덕관과 연결되어 있기도 하다. 광신주의(fanaticism)는 일부 도덕적 가치나 판단에 강박적으로 집착하여 보다 폭넓은 사태나 구체적 맥락에서 그 가치나 판단의 자리를 평가하는 데 균형감이 훼손되는 것을 의미한다. 개인 간 상황에서도 국제적 상황에서도 이것의 가장 흥미로운 측면은 악마화(demonization) 현상이다. 이것은 순전히 악의적인 행위자의 배역을 어떤 개인이나 집단에게 맡기는 것이다. 악마화하는 주장에 대하여 악과 같은 것은 없기 때문에 그런 악마화된 인물은 있을 수 없다는 반론이 때때로 제기되기는 한다. 이것은 내가 자세히 살펴볼 반론은 아니다. 왜냐하면 나는 세계에는 확실히 악이 존재하며 때때로 그 악이 인간 행위로 드러난다고 생각하기 때문이다. 비록 흔히 생각되는 것보다 덜 흔하게 드러나기는 하지만 말이다. 악마화에 대한 나의 항의는 이와는 다른 것이다. 나는 악마화가 세 가지 도덕적으로 나쁜 효과를 갖는다고 생각한다. 첫째, 악마화는 과녁을 빗겨나가 대체로 무고하고 무해하며 약간 정도에서 벗어난 집단이나 개인이 보증되지 않은 경멸이나 박해를 받게 하는 경향이

---

21   예를 들어 John Finnis, *Moral Absolutes: Tradition, Revision and Truth* (Washington DC: Catholic University of America Press, 1991)를 보라.

있다. 이것은 확실히 최근 미국을 비롯한 여러 나라의 몇몇 정치가들이 난민들에게 망신스럽게 자행한 일이기도 하다. 그 경향성은 또한 이슬람 공동체에 대한 대우에서도 드러난다. 둘째, 악마화는 순수한 악의 증진 이외의 다른 아무런 동기 부여가 없는 악마화된 존재를 악의적인 힘으로 환원시켜버린다. 히틀러와 스탈린처럼 극도로 비도덕적인 지도자들이 이 묘사에 가깝지만 그들조차도 이 묘사가 시사하는 것보다는 그들의 행위와 비행 중 일부에 대해서는 더 지성적으로 이해할 수 있는 인간적인 동기를 갖는다. 현실주의자들은 도덕적 범주화가 다른 사람들에게서 주의를 거두고 또 행위와 유관한 경험적 현실에 주의를 기울이지 못하게 할 수 있다고 우려하는 점에서 옳다. 사담 후세인의 악마화가 사담의 대량 살상 무기 소재 여부에 관한 서구의 거대한 판단 오류에 상당히 기여했다고 보는 것이 그럴 법하다. 사담이 끔찍한 인간이기는 했지만, 그가 대량 살상 무기 공개에 대한 외부의 압박에 대응하여 자주 애매한 행동을 한 것은 다른 여러 평범한 동기(분개와 '체면'을 보존할 필요)와 더불어 자기 보존의 인간적 본능 때문에 그랬음이 분명하다. 셋째, 악마화는 한쪽으로 치우친 도덕주의(lopsided moralism)라고 칭할 수 있는 것으로부터 발생하고 또 그런 도덕주의에 기여하기도 한다. 악마화는 악을 국지화하고 특정 사람, 집단 또는 지역의 악에 초점을 맞출 뿐만 아니라, 다른 곳에서 일어나는 악의 특징과 작동을 희미하게 만든다. 특히 그렇게 악마화하는 주체나 국가에게 있는 악은 보이지 않게 한다. 이것은 적에 대한 결함 있는 이해를 초래할 뿐만 아니라, 더 중요하게는 자기 자신에 대한 결함 있는 이해를 초래한다. '악한 사람'(bad guys)에 대한 이야기는 불가피하게 '선한 사람'에 대한 이야기를 수반하며, 이 어린애 같은 단순성은 부시 대통령을 '우리가 너무나 선해서 그들이 미워한다 '는 어마어마하게 터무니없는 믿음에 이르게 하였다.

부당한 엄숙주의가 나타나는 또 다른 형태는, 긴급 사태가 발생한 경우 도덕 규칙과 타협하는 일의 필수성, 자기 자신이 만든 (또는 자신이 물려받은) 도덕적 난장판(moral mess)에서 빠져나오는 일의 어려움, 그리고 도덕적 고립(moral isolation)의 위험에 대면하길 꺼려한다는 점이다. 이것들은 내가 다른 곳에서 탐구한 세 범주의 상황이지만 정치적 맥락에서 자주 마주치는 것들이기도 하다.

여기서 나는 타협이 절대주의적 도덕주의와 갖는 관련성만을 간략하게 다루겠다.[22] 타협(compromise)은 정치에서 늘 존재하는 것이며 위협, 도전 또는 기회로 느껴질 수 있고 때로는 셋 모두에 다 해당되는 것으로 느껴질 수 있다. 타협이 만연하다는 사실은 정치라는 것이 불가피하게 협동적이면서도 적대적이기도 하다는 (또는 적어도 대립적[conflictual]이기도 하다는) 사실에서 발생한다. 행위자의 통합성이 파괴될 정도로 핵심 가치에 대한 헌신을 압도하는 협상을 할 필요가 있을 때에는 진정으로 위협이 될 수 있다. 그 경우 우리는 그 개인이 타협으로 훼손되었다고 이야기한다. 그러나 비록 타협이 그것에 고유한 도덕적 위험의 전조(a hint of moral danger to it)를 갖고 있기는 하지만, 자신의 정책, 기획을 그들이 함께 일해야만 하는 이들의 욕구, 이해관심 그리고 상치되는 계획에 맞춰 거의 또는 아예 조정하

---

[22] 타협에 대한 추가적인 논의이자 도덕의 유리(遊離) 및 고립의 문제에 관한 상세한 논의로는 C. A. J. Coady, `Messy Morality and the Art of the Possible`, *Proceedings of the Aristotelian Society*, suppl. 64 (1990), 특히 267-79쪽을 보라. 도덕의 유리라는 쟁점은 Coady, `Escaping from the Bomb`, in Henry Shue (ed.), *Nuclear Deterrence and Moral Restraint* (New York: Cambridge University Press, 1989), 193-216쪽에서도 길게 다루었다.

지 못하는 사람은 결함 있는 성품을 가진 것이다. 당신이 가치 하나하나를 모조리 기본적 원칙의 문제로 만드는 것은 도덕적 강건함을 보여주는 것이 아니라 도덕적 경직성을 보여주는 것이다. 아주 중요한 도덕적 헌신을 지니고 있는 행위자조차 어떤 맥락에서는 그러한 헌신을 실행하는 법적 조치를 연기하는 것이, 성공의 아무런 현실적 전망이 없는 조치를 고집스럽게 옹호함으로써 자신들의 신조를 훼손하는 일을 하는 것보다, 도덕적 지혜를 더 많이 보여주는 것일 수 있다. 낙태에 전적으로 반대하는 것보다 초기 낙태는 합법화하고 후기 낙태는 합법화하지 않는 조치를 지지하는 것이 더 낫다. 그리고 사형에 반대하는 이는 사형의 사용을 극도로 제한하는 조치를 제도화하거나 지지함으로써 그들의 목표를 진작시키는 것이 더 나을 수 있다. 타협의 한계가 어디인지, 타협이 언제 실천적 지혜의 발휘가 되는지 또 언제 심층적 원리의 배신이 되는지를 기계적으로 결정하는 마법의 지시문 같은 것은 없다. 왜냐하면 세부적인 여건과 원리의 성격은 제자리에서 사려 깊게 음미될 필요가 있기 때문이다. 그렇더라도 타협이 정치에서 자주 실천적으로 꼭 필요한 일일 뿐만 아니라, 당신과 의견이 일치하지 않는 이들이 양심적으로 견지하는 가치와 그들의 존엄을 존중하려면 의무가 될 수도 있다는 점을 이해할 필요가 있다. 이는 사안이 도덕적으로 복잡하고 진정한 다툼이 있을 때 특히 그렇다.

힘 망상의 도덕주의

이것은 도덕 판단이나 도덕적 이해의 왜곡된 형태라기보다는 도덕적 발화와 도덕적 입장의 힘에 대한 왜곡된 믿음인데 흔히 독선의 감각 (a sense of self-righteousness)이 수반된다. 이런 종류의 도덕주의

는, 도덕적 규준, 이상, 원리에 대한 호소가 그 자체로 행동을 변경하
는 강력한 효과를 가질 것이라고 하는 틀린, 아니면 적어도 과잉 확신
하는 믿음이다. 현실주의자들은 이 믿음 및 그것과 연관된 현상을 반
대한다. 왜냐하면 현실주의자들은 그런 믿음과 현상이 국제 행동의
현실을 무시하며, 특히 권력과 자기 이익에 의해 지배되는 현실을 무
시한다고 생각하기 때문이다. 힘 망상의 도덕주의는 또한, 고의이든
고의가 아니든, 도덕과는 거의 관계가 없는 이익의 증진에 대한 위장
막이 되는 경우가 너무나 자주 있다. 이것은 현실주의자 조지 케넌
(George Kennan)이 도덕적 미사여구의 정치를 맹렬히 비난하면서
생생하게 보여주었다. 다음 구절은 케넌의 「도덕과 대외 정책」(Mo-
rality and Foreign Policy)(1985)에서 인용한 것이다. 거기서 그는
'그 내용을 희생한 대가로 얻은 도덕주의의 과장된 연극조의 어투라
고 할 수 있는 것을 피할 것'을 요청한다. 그는 이어 말한다.

그것이 의미하는 바는, 태도, 입장 그리고 수사의 투영(投影)이다. 이
투영은 우리 자신의 허용의 거울에서 우리가 고귀하고 이타적인 존재로
비치도록 하지만, 현실의 국제 문제들과 관련되었을 때는 내용이 없다.
개인의 삶에서나 공적 삶에서나, 자신이 매우 도덕적이라는 유쾌한 감
각을 어떤 사람이 가질 때 실제로는 도덕적이지 않을 가능성이 높다는
것은 인간이 처한 곤경의 슬픈 특성이다.[23]

---

23   George F. Kennan, 'Morality and Foreign Policy', originally in *Foreign Affairs*, 64/2 (Winter 1985/6), 205-18.; Kenneth M. Jensen and Elizabeth P. Faulkner (eds.), *Morality and Foreign Policy* (Washington DC: United States Institute of Peace, 1991), 69(부록으로 재출간). 쪽수는 재출간된 판본을 기준으로 한 것이다.

이것은 고귀하게 들리는 말들이 효과 있으리라는 망상에 찬 믿음을 포착할 뿐만 아니라 도덕주의의 흔한 특징인 자기 기만적인 요소도 포착한다. 게다가 또 이 현실주의적 강조는 교훈적이며 잔뜩 부풀려진 도덕적인 (그리고 때때로 종교적인) 수사가 그토록 두드러지는 오늘날 세계의 지도자들이 주의를 기울인다면 유익할 것이다. 그러나 케넌은 국제적 문제에 대한 건전한 도덕적 담화나 분별 있는 도덕 판단을 비난하고 있는 것이 아닌데, 이 점은 자기 자신이 도덕적이라는 유쾌한 감각을 느낀다면 이는 진정한 도덕성은 없다는 징후로 볼 수 있다는 케넌의 마지막 논점에서 뚜렷하게 드러난다. 그는 도덕이 아니라 어떤 형태의 도덕주의를 비판하고 있는 것이다.

이 형태의 악덕에 대한 케넌의 정확한 해명은 불운하게도, 그 자체가 이 악덕을 얼마간 내포하고 있는 단순한 문화 상대주의의 한 유형과 결합하여 버렸다. 위에서 인용한 그의 논평이 담긴 논문에서 그는 대외 정책에서 인권의 담론이 한 역할을 다소 좋지 않은 시선으로 본다. 다른 나라의 문제에 대하여 인권을 옹호하기 위해서 또는 다른 진지한 도덕적 관심 때문에 취해진 미국의 여러 가지 개입들을 논의하면서 케넌은 아주 다루기 힘든 현실에 대한 주체의 이해를 도덕적 의분이나 도덕적 비난이 저해할 수 있는 방식에 관한 몇 가지 강력한 논점을 제기한다. 그의 경고는 20여 년 전에 제기되었지만, 슬프게도 오늘날에도 타당하다. 그러나 너무나 자주 케넌은 도덕 판단이 특정한 정치 문화의 편파적인 관점에서만 그 타당성이 인정될 수 있기 때문에 이러한 결함이 발생하는 것으로 본다. 그래서 그는 다음과 같이 말한다.

우리가 대외 정책에 도덕 규범을 적용하는 것에 관해 이야기할 때, 우리는 일반적으로 받아들여진 어떤 국제적인 행동 규범의 준수에 관해 이야기하는 것이 아니다. 만일 미국 정부의 정책과 행위가 도덕 규범을 준수하도록 한다면, 이 규범들은 미국인들 자신의 규범, 즉 정의와 적절성에 대한 미국인들의 원리가 될 수밖에 없을 것이다. (…) 다른 사람들이 그 원리들을 준수하지 않을 때 (…) 우리는 우리의 도덕적 규준들이 마찬가지로 그들의 도덕적 규준이기도 하다고 가정할 수 없다.[24]

여기에는 두 가지 엄청난 오류가 있다. 아마도 첫 번째 것이 두 번째 것보다는 용서할 만한 것인지 모르겠다. 첫 번째 오류는 위 인용문이 쓰인 1985년에도 적용되었던 행동에 대한 도덕 규범이 국제적으로 매우 널리 받아들여지고 있었다는 점을 무시한 것이다. 예를 들어 '전시 잔혹 행위' 개념을 살펴보자. 이 개념은 널리 활용되었으며 전쟁과 반란의 많은 논의에서 논쟁의 어느 쪽에서나 모두 상호 이해하고 있던 것이었다. (비록 선동의 목적으로 자주 남용되기는 하였지만 말이다.) 그리고 UN 헌장이 매우 다양한 문화에 걸쳐 상당한 정도로 받아들여졌다는 점을 예로 생각해봐도 그렇다. 여기서 케넌의 오류는, 당시 냉전의 격렬한 대립 그리고 '아시아적 가치' 등과 같이 자신들의 타락하고 해로운 관행에 대한 내부와 외부의 비판을 막아내려 편리하게 자주 쓰는 문구를 거론한 많은 독재정권의 정치적 수사를 고려한다면, 부분적으로는 용서될 만한 것인지도 모른다. 그 뒤에 일어난 인도주의 국제법과 인권 운동의 광범위한 성취에다가 그들의 행동에 대한 모든 비판을 '서구가 자신의 가치를 제국주의적으로 부과하는 것'으로 치부하였던 체제들의 붕괴, 취약성 증가 또는 부분적 개

---

24   Ibid. 63.

혁과 같은 광범위한 성취는 케넌의 견해를 케넌이 글을 쓰던 당시보다 한층 더 방어하기 힘든 것으로 만들었다. 그의 두 번째 오류는, 미국인들이 하는 국가 행동을 진지하게 도덕적으로 비판하려면 미국 전통의 내적인 전제에 기댈 수밖에 없다는 발상에 있다. 이 발상에 내재된 오만은 케넌이 보통은 그토록 탁월하게 폭로하는 종류의 바로 그 오만을 그대로 되풀이하는 것이다. 미국의 국가 정책에 대한 미국인들의 비판은 꼭 '정의와 정당함'에 관한 관습적인 미국의 전통에서 한정되어 나오는 것은 아니다. 왜냐하면 그런 비판은 여러 문화들에서 널리 공유되는 더 근본적인 통찰 위에 구축될 수 있기 때문이다. 실제로 최선의 미국적 전통은 이 더 폭넓은 통찰의 영향을 받는다. 비록 미국의 전통이 더 폭넓은 통찰에 기여하기도 하였고, '정의와 정당함'에 관한 미국에만 특유한 많은 미국적 전통이, (실제에서는 드물기는 하지만 원칙적으로 경범죄에 대한 사형까지 포함해서) 사형에 중독되어 있고 치명적 무기에 대한 광범위한 접근권이 정당하다고 보는 강박을 비롯하여, 애매하고 때때로는 근거가 없는 것이기는 하여도 말이다.[25]

현실주의자들의 불평이 흔히 겨냥하는 과녁이 되면서도 내가 아직은 명시적으로 다루지 아니한 도덕의 한 요소가 있다. 도덕이 이상에

25　정치 도덕에 관련성이 덜하기 때문에 내가 여기서 다루지 않은 또 하나의 형태의 도덕주의가 있다. 이것은 부적절한 솔직함(moralism of inappropriate explicitness)의 도덕주의다. 이것은 문학과 관련된 비평에서 흔히 거론되는 도덕주의다. 그런 비평은 저자가 자신의 작품에서 끌어낼 도덕적 교훈에 관하여 지나치게 공공연하게 말하는 것이 도덕적 감수성과 미적 감수성의 어떤 결함을 보여준다는 발상에서 제기된다. 그래서 그런 저자는 이 결함에 굴복하는 도덕주의나 도덕화하는 것이라는 비판을 받을 가능성이 높다. 이에 관한 더 자세한 논의로는 C. A. J. Coady, 'The Moral Reality in Realism', *Journal of Applied Philosophy*, 22/2 (2005), 131-2를 보라.

의지한다는 점이다. 도덕에 관한 다른 쟁점을 다룰 때와 마찬가지로 현실주의자들은 다른 도덕 범주와 이상을 조심스럽게 구별하지 않고 성급하게 같은 것으로 다루는 경향이 있다. 이는 그들이 아마도 모든 도덕이 특히 권력 정치의 맥락에서는 어떻든 이상주의적이라는 발상에 끌렸기 때문인지도 모르겠다. 그러나 이상들은 도덕의 한 부분만을, 그것도 도덕 중에서도 헷갈리게 하며 철학적으로 제대로 탐구되지 않은 부분만을 구성한다. 다음 장에서 나는 그 결함을 고쳐 이상들의 본성 그리고 이상이 도덕 및 정치에 유관한지에 대하여 더 정교한 해명을 제시하겠다.

여기서는 현실주의자가 이상을 불편해하는 것은 아마도 이상의 두 특성과 연관되어 있을 것이라는 점을 지적하는 것으로 충분하다. 하나는 이상은, 어떤 의미에서, 실현 불가능하고 그래서 범위의 도덕주의 그리고 아마도 추상의 도덕주의에 포함된 결함에 사로잡히는 것으로 보인다는 점이다. 어떻게 달성될 수도 없는 어떤 것이 정치의 도덕과 유관할 수 있단 말인가? 둘째, 이상은 상대주의적인 눈으로 더 쉽게 바라볼 수 있는 도덕의 부분에 속하는 것으로 보인다. 고행이라는 당신의 이상(your ideal of asceticism)이 꼭 내 이상이 되는 것은 아니다. 왜냐하면 나는 (적정하게) 즐기며 사는 자(bon vivant)의 인생을 살고 있을지도 모르기 때문이다. 그러나 우리가 이렇게 차이나는 태도를 갖고 있다고 해서 우리 중 누구라도 비도덕적인 것은 아니다. 또는 적어도 누구도 비도덕적이지 않은 것처럼 보인다. '보인다'고 했기 때문에, 이상에 대한 호소(invocation of ideals)는 부과의 도덕주의에 사로잡히기 쉽다.[역자-왜냐하면 이상을 추구하는 사람은 상대방이 비도덕적이지 않은 것처럼 보이긴 하지만 실제로는 비도덕적이라고 확신할 수 있기 때문이다.] 명백히 이 주제와 관련해서 더 많은 것이 논의될 필요가 있는데, 그 논의는 3장에서 하겠다.

결론적으로, 적절하게 이해되었을 때 현실주의 원칙은 국제 관계에서 도덕의 역할에 관하여 가르쳐 줄 것을 가지고 있다는 점을 보여줬기를 나는 희망한다. 대체적으로 그 교훈은 다음과 같다: 도덕주의를 경계하라. 그것은 유익한 교훈이다. 물론 국제 관계에 한정된 교훈만은 아니다. 그러나 특히 국제 관계에서 의의가 있다. 왜냐하면 [역자- 그 교훈을 어겼을 때] 가할 수 있는 손상이 국제 관계에서는 너무나 크기 때문이다. 그런 경고에서 끌어낼 수 있는 구체적인 지침은 관련된 구체적인 여건에 달려 있을 것이다. 나는 무엇이 실제로 도덕주의적 정책인가에 관한 전형적인 현실주의적 주장 중 일부는 논쟁의 여지가 매우 크다는 점을 보여주려고 하였다. 도덕주의를 피하라는 현실주의자의 처방은 때로는 유익하지만 때로는 그렇지 않다. 현실주의자들이 현실주의의 유일한 대안을 어떤 형태의 국가 이기주의로 보는 태도에 굴복하는 경향이 있다는 것은 어리석은 일이며 이러한 어리석음은 애석하다. 우리는 이것을 개인적 수준의 도덕주의에 대해 발생하는 유사한 반응과 비교할 수도 있다. 찰스 디킨스의 『마틴 처즐위트』에서 페크스니프가 우쭐해 하며 평가하는 것의 오만한 비현실성 또는 호손의 『주홍 글씨』에서 청교도인 마을 사람들의 잔인하고 거만한 판단주의에 대한 유일하게 실현 가능한 대응이 냉혹한 이기주의로의 후퇴라고 생각하는 것은 터무니없을 것이다.[26] 그런 도덕화하는 입장은 도덕 그 자체를 준거로 노출되고 비난 받는 것이지 한

---

26   페크스니프의 도덕주의를 분석하는 글로는 Robert Fullinwider's 'On Moralism', in Coady (ed.), *What's Wrong with Moralism?*을 보라. 호손의 소설에서 헤스터를 파괴시켰던 도덕주의에 대한 설명으로는 같은 책에서 Craig Taylor's의 'Moralism and Morally Accountable Beings'를 보라.

낯 자기 이익을 준거로 노출되고 비난 받는 것이 아니다. 마찬가지로,
국제 영역(또는 국가 영역)에서 도덕주의의 위험에 대한 인식은 그
자체로 도덕적으로 추동된 것이며 건강하고 분별력 있는 도덕적 이해
의 반응을 요한다. 물론 권력 관계 및 집단 대표의 의무에 의해 생성
되는 국제적 상호 작용의 현실을 고려할 필요가 있을 것이다. 그러나
도덕주의의 위험에 대한 인식과 현실의 고려는 도덕적 반응이라면 그
것이 어떤 형태든, 그 반응의 저변에 깔린 도덕적 범주를 무시하지 않
는다. 국가의 안녕에 대한 적절한 관심은 그런 반응에서 알맞은 자리
를 가질 것이지만, 다른 많은 고려 사항들 중 오직 한 자리에 그칠 것
이다. 도덕주의를 올바르게 대체하는 것은 자국의 이익(national
self-interest)이 아니라, 적합하고 세심하게 규정되고 주의를 기울이
는 국제적 도덕이다.[27]

---

27 그런 도덕의 적합한 경계에 관한 온전한 토론은, 특히 정의 개념에 관하여 벌어
지는 '세계주의' 도덕과 그 경쟁자들로 불리는 것들의 지위에 관한 현재의 논쟁을 다
루어야만 할 것이다. 이 주제에 관하여 문헌들이 급증하고 있다. 몇몇 주목할 만한 책
들만 언급하여도 다음과 같다. John Rawls, *The Law of Peoples* (Cambridge,
Mass.: Harvard University Press, 1999); Thomas Pogge, *World Poverty and
Human Rights* (Cambridge: Polity Press, 2002); Henry Shue, *Basic Rights: Sub-
sistence, Affluence and US Foreign Policy*, 2nd edn. (Princeton: Princeton Univer-
sity Press, 1996); Peter Singer, *One World: The Ethics of Globalization* (New
Haven: Yale University Press, 2002); David Miller, *On Nationality* (Oxford:
Oxford University Press, 1995); Darrel Moellendorf, *Cosmopolitan Justice*
(Oxford: Westview Press, 2002); Martha Nussbaum, *Frontiers of Justice: Disabili-
ty, Nationality, Species Membership* (Cambridge, Mass.: Belknap Press, 2005).

3

이상에 관하여

지고한 것은 울부짖으며 차분한 이상은 속삭이는
듯한 상상의 공간에서 부드럽게 잠이 든다.

Charles Dickens, *Martin Chuzzlewit*

20세기의 마지막 30여 년 동안 이상은 지식인들 사이에서 혹평 비슷한 것을 받았다. 특히 우리가 앞서 논의한 현실주의 사상가들이 집중적으로 이상에 비난을 퍼부었지만 현실주의자가 아닌 사상가들도 이상은 위험하고 망상에 차 있는 것으로 비난하는 일이 잦았다.

다른 한편으로, 많은 이론가들은 이상을 전적으로 무시하였다. 아마도 부분적으로는 이상이란 위험하고 망상적인 것으로 입증되었다는 믿음 때문에 아무런 주의를 기울일 가치가 없다는 이유에서 그랬겠지만, 또한 철학적 탐구가 다른 것들을 집중해서 강조하느라 그렇기도 하였다. 도덕철학자들이 20세기 대부분의 시기 동안 이상을 무시했다는 점은, 미덕, 공리, 의무, 책무와 같은 주제를 두고 그들이 쏟은 잉크나 부서진 컴퓨터 키의 양과 비교할 때 매우 두드러진다. 그럼에도 이상의 본성, 구조 그리고 역할의 탐구는 실천적 삶과 사고에 명백히 유관하다. 그리고 내가 논할 바와 같이 우리 삶에서 이상의 기능이 전적으로 해롭다거나 아니면 사소한 것일 수밖에 없다는 주장은 그럴법하지 않다. 평등이라는 이상의 의미와 함의에 관하여 최근에 봇물 터지듯 나온 논쟁이 드러내듯이, 이상은 도덕철학과 정치철학의 이론적 논의와도 유관하다. 이론을 넘어서, 이상은 정치의 실천에서 또는 적어도 국가의 운영에서 중요한 것으로 오랫동안 이야기되었다. 그리고 정치에서 이상의 중요성의 인식은 현대 민주주의의 정치가들이 한낱 '실용주의자들'에 불과하다는 널리 퍼진 불평이 제기되는 데 상당한 역할을 한다. 한낱 일축만으로 이상을 거부할 수는 없다. 이상을 거부하려면 논거를 제시해야 한다. 이어지는 내용에서 나는 제시될 수 있는 논거를 검토하고 비판하겠다.

이상에 대해 느끼는 불편 중 일부는 이상이 우리의 도덕적 사고 안에 있는 일정한 요소들과 외관상 상충하기 때문에 발생한다. 첫째로, 이상은 도덕이 가능성(possibility)과 실현 가능성(feasibility)에 주의를 기울여야만 한다는 사실과 상충한다. 만일 이상이 도덕적 삶에서 어떤 의의를 갖고 있다면, 이 의의는 실천 가능성, 실현 가능성 그리고 심지어 가능성의 요구와 긴장 관계에 있을 확률이 높다. 왜냐하면 그 본성상 이상은 현실과 대립하기 때문이다. 물론 이 반대는 풀어서 살펴볼 필요가 있다. 그리고 실제로는 그 대립이 항상 보이는 대로는 아니다. 불안의 또 다른 근원은 이상이 지나치게 실현될 수 있거나 거의 실현 가능한데, 이것이 나쁜 것이라는 두려움이다. 이것은 2장 말미에서 언급된 현실주의적 비판에 의해 이상에 지워진 기본적 짐이다.

이상을 대하는 우리의 애매한 태도는 인류 지성사의 깊은 곳에서 나온다. 플라톤 때부터 완전한 무엇인가가 있으며 다른 것들은 이와 대조되는 불완전한 것으로서 익숙한 경험 세계에 속한다는 그리고 이

완전한 것과 연결되면 우리의 삶에 분별과 질서 그리고 안내를 제공
해줄 것이라는 사고는 유혹적이면서도 역겨운 것이었다. 플라톤의
(또는 소크라테스의) 형상의 영역(realm of Forms)은 동굴 밖으로
우리를 데려가 줄 수 있는 의미론적, 인식론적, 도덕적, 그리고 심지
어 정치적 완전성(wholeness)을 약속하는 것처럼 보였다. 그리고 '이
상'(ideal)이라는 단어 그 자체가 형상 또는 관념의 영역에 대한 플라
톤적 관심으로부터 부분적으로 나왔다는 점이 유의미하다. 정치적 유
토피아를 단호하게 거부하는 데서 어느 정도 알 수 있듯이 현대 세계
에서 이상은 혐오에 시달려온 듯하다. 즉 20세기에 전체주의적 이상
을 추구하던 일이 초래한 재앙적인 추악함에 대한 우리의 반응의 특
성이 바로 그런 혐오로 나타나게 되었다. 그럼에도 이상은 명시적으
로 인정되건 아니건 여전히 우리의 사유와 행동에서 설명이 필요한
힘을 계속 행사하고 있다. 비록 많은 다른 것들도 작동하였으나, 2003
년 이라크 침공은 토론의 한편에서는 민주 정부라는 이상에 호소하고
다른 편에서는 평화라는 이상에 호소하는 모습에서 이상의 힘을 꽤나
분명하게 보여주었다. 이상의 도덕적 의의와 정치적 의의에 대한 모
든 설명은 책무, 의무, 헌신, 허용, 그리고 역할로 가득 차 있는 풍경
안에서 이상의 위치가 어디인지를 말해야만 할 것이다.

  이상과 목표에 대한 어떤 구분을 탐구함으로써 이상의 자리를 도표
화하는 일이 출발점이 될 수 있을 것이다. 이상은, 그것이 우리의 분
투, 욕구, 실천적 추론을 정향시킨다는 점에서 목표와 유사하다. 그러
나 이상은 적어도 네 가지 면에서 보통의 목표와는 다르다. (이 문단
에서 이어지는 내용은, 필요한 부분만 약간 수정하여[*mutatis mutan-
dis*], 이상과 가치의 구분에도 적용될 수 있다.) 첫째, 이상은 대부분
의 목표보다 더 포괄적이며 일반적이다. 신체 건강과 단련(physical

fitness)의 이상은 잘 잔다는 목표와는 이러한 면에서 다르다. (비록 두 가지가 연관되어 있을 수는 있지만 말이다.) 둘째, 내가 '경의'(esteem)로 칭하고자 하는 것이 이상에서는 필수 요소지만 목표에서는 꼭 들어가는 요소가 아니다. 이상은 그것이 선(善)으로서 다른 선들 중에서도 높은 지위를 차지해야만 한다는 점에서 그 이상을 추구하거나 인정하는 사람이 경의를 표할 만한 것이다. 그들이 이상을 꼭 도덕적 의의를 가진 것으로 여길 필요는 없다. 적어도 도덕에 대한 상식적이고 아마도 다소 협소한 이해에서는 말이다. 왜냐하면 많은 이들이 도덕적인 것으로 기술하기엔 주저할, 예를 들어 미학적이거나 아마도 종교적인 이상이 있기 때문이다. 이와는 달리 목표는 이런 방식으로 꼭 경의를 표할 만한 것일 필요는 없다. 목표는 욕구와 추구의 대상이 된다는 뜻에서 물론 가치일 것이다. 그러나 목표는 행위자가 선들 중에서 높은 지위를 주는 것일 필요는 없다. 세차나, 쓰레기 내놓는 날에 쓰레기봉투를 내어놓는다든지 하는 것처럼 목표가 상대적으로 별로 중요하지 않은 경우도 자주 있다. 때때로 목표는 행위자가 적극적으로 나쁜 것으로 여기는 것일 수도 있다. 예를 들어 의지박약한 행위자가 비록 흡연이 자신에게 나쁘다는 것을 알고 있을지라도 집 안에 얼마간의 담배를 꼭 두겠다는 목표처럼 말이다. 셋째로, 이상을 목표와 구분시켜주는 보다 만연하고 심지어 구성적이기까지 한 무엇인가가 있다. 이것에 대해 나는 이후에 이야기할 것이다. 넷째, 이상의 실현 불가능성이라는 특성이 있다. 이상이라는 주제를 다뤄본 적이 있는 대부분의 이론가들은 이 실현 불가능성이라는 특성을 이상을 보통의 목표나 가치와 구분하는 데 필수적인 요소로 보았다.

실현 불가능성이라는 관념은 더 주의를 요한다. 그렇지만 우선 이상이라는 관념(notion of an ideal)의 개념적 위치에 관하여 조금 더 이야기해야겠다. 그 용어 자체가 엄밀한 정의를 하기 어렵게 만든다.
왜냐하면 이상은, 어떤 것이 한 맥락에서는 이상이 되지만 다른 맥락
에서는 그렇지 않은 방식으로, 다른 도덕적 범주의 구역 위에서 작동
하는 기술 양식을 제공하기 때문이다. 정의(正義)는 수많은 의무와 책
무를 포함한다. 그렇지만 정의는 또한 이상으로서 일정한 기능도 갖
고 있다. 세금을 납부하는 것 또는 고용주를 기만하지 않는 것은 정의
의 책무다. 그런데 사회의 큰 소득 불평등과 접근성의 격차가 감소되
거나 제거되어야 한다는 것도 정의의 이상의 일부라고 주장될 수 있
다. 이것은 '이상' 이라는 단어가 적용될 수 있기 위한 필요충분조건
을 제시하는 것보다는 이상의 의의(point)를 탐구하는 것이 더 중요
하다는 사고를 촉발시킨다. 윌리엄 제임스의 다음과 같은 말이 여기
서 유용한 지침을 제시해준다:

　　이상에서는 참신함이 있어야만 한다. 적어도 그 이상에 사로잡힌 사
　람에게는 참신함이 있어야 한다. 생기가 없는 일상의 틀은 이상과는 양
　립 불가능하다. 비록 어떤 사람에게 생기가 없는 것이 다른 사람에게는
　이상적인 참신함일 수는 있지만 말이다. 이 점은 절대적으로 이상적인
　것은 없음을 보여준다. 이상들은 그 이상을 향유하는 삶에 상대적이다.
　우리에게는 의식적으로 범속함을 피하겠다는 마음을 품는 것은 아니지
　만, 같은 이상을 추구하는 사람들을 곁에서 보면 바로 이상의 범속하지
　않음이 이상이 그들을 가장 사로잡는 면이다.[1]

1　William James, 'What Makes a Life Significant', in *Talks to Teachers on Psychology: and to Students on Some of Life's Ideals* (Cambridge, Mass.: Harvard University Press, 1983), 163. 이 논문을 알려준 점에 관하여 네이선 티어니(Nathan Tierney)에게 감사한다.

여기서 제임스가 '참신함'(novelty)이라고 칭하는 것이 이상에 관한 담화의 중심적 기능에(대해서조차) 실마리를 제시한다. 비록 내가 듣기로는 '참신함'은 그가 이야기하고 있는 것에 전적으로 들어맞는 단어는 아니지만 말이다. 우리의 도덕적 지평을 넘어설 필요나 강한 욕구가 있을 때 우리는 이상의 차원(dimension of ideals)에 의지한다. 그러므로 이상을 거론하는 일에는 역동성이 있다. 그래서 또한 제임스가 지적하듯이 우리가 현재 가지고 있는 지평에 대한 상대성이 있게 된다. 이상 없이도 어떤 형태의 도덕적 삶이 가능하기는 하지만 그 도덕적 삶은 정적인 사태일 것이다. 즉, 가치를 담고 있기는 하지만 활력과 방향성을 잃어버린 사태 말이다.

우리의 도덕 풍경에서 이상에 대한 이야기가 점하고 있는 특별한 장소를 도움이 될 정도로 드러냈기를 바라면서, 나는 이상과 목표를 구분할 때 앞에서 언급한 네 번째 특성을 살펴보고 싶다.

실현 불가능성 논제

이 특성은 보통 이상의 '실현 불가능성'으로 기술되어왔다. 그것에 관하여 무엇인가 '넘어서' 있는 점이 없다면, 분투해야 할 대상이지만 (적어도 쉽게) 달성되지 않는 어떤 것이 아니라면 그것은 이상이 아닐 것이다. 내가 괄호 안에 단 조건[역자-적어도 쉽게]은 '실현 불가능성' 기준이 얼마나 엄격해야 하는지에 관하여 쟁점이 있음을 시사한다. 그 주제에 관하여 쓴 대부분의 사람들은 실현 불가능성을 절대적인 것으로 다룬다. 그러나 제임스는 이상에 어떤 초월성(transcendence)이 있을 필요는 있다고 보지만, 이 초월성이 절대적 실현 불가능성을 요구하는 것으로 보지는 않는 것 같다. 그러나 대부분의 철학자에게는, 만일 어떤 목적이 추구할 가치가 있을지라도 애초에 실현될 수 있는 것이라면 이상이 아닌 것으로 여겨진다. 그래서 도로 시 에밋(Dorothy Emmett)은 (특히 칸트적 스타일의 규제적 이상 [Kantian-style Regulative Ideals]에 관하여 말하면서) '수단은 목적 을 달성하는 데 사용된다: 규제적 이상은 실현 불가능하다(…)'[2]고 말 한다. 그리고 니콜라스 레셔(Nicholas Rescher)도 이 점에 동의한다: '우리의 이상에는 무엇인가 본질적으로 비현실적인 점이 있다: 그것 들은 본질적으로 "진정한 실행"이 이루어질 수 없다.'[3] 이 문제에 있 어, 이 저술가들은 칸트와 공명한다. 칸트는 객관적 현실은 '그것[이 상]에 실제로 도달하는 데 항상 한없이 미치지 못할 것이다'[4]라고 썼 다. 이상이 실현 불가능하다는 의견이 이렇게 많기는 하지만 전적으 로 납득이 가지는 않는다. 일상 언어는 우리가 기존 현실을 이상으로 특징짓는 것을 허용하는 경우가 자주 있다. 우리는 어떤 과거나 현재 의 미식축구 선수를 '이상적인 후위 공격수'(an ideal full back)라고 하거나 또는 어떤 정치가를 특정 공직을 위한 이상적인 후보라고 이 야기한다. 다소 같은 맥락에서 우리는 어떤 사람이 완전한 후보(per-fect candidate)[역자-우리말 어법상으로는 '완벽한 후보'가 더 자연 스러운 번역이나, 후술될 완전성의 이상과의 대응을 위해 부득이 '완 전한 후보'로 옮김.]라고 이야기한다. 아마도 이 용법들은 단순히 비

2　Dorothy Emmett, *The Role of the Unrealisable: A Study in Regulative Ideals* (New York: St Martin's Press, 1994), 3.

3　Nicholas Rescher, *Ethical Idealism: An Inquiry into the Nature and Function of Ideals* (Berkeley and Los Angeles: University of California Press, 1987), 117.

4　Immanuel Kant, *Critique of Pure Reason*, trans. and ed. Paul Guyer and Allen W. Wood (Cambridge: Cambridge University Press, 1997), A578-B606, 557.

유적(figurative)인 것인지도 모르겠다. 그런 역할을 아주 잘 수행할 사람이며 그 면에서 이상에 가까이 있다는 의미뿐일 수도 있다. 그러나 이상을 현실과 연관 짓는 일은 앞에서 언급한 건성으로 이야기하는 평상시의 맥락에서뿐만 아니라, 이상 그 자체를 평가할 때도 일어나는 일이다. 그렇게 이상 그 자체를 평가하는 경우 보통 우리는 더 현실적인 이상을 채택할 것을 촉구받는다. 얼마 전 오스트레일리아 방송 협회(호주 국영 방송, ABC)의 라디오 프로그램 '링구아 프랑카'(Lingua Franca)에서 변호사인 리처드 에번스가 기업, 기관, 그리고 전문직에서 선언되는 '강령'의 언어를 논의하였다. 논의 와중에 에번스는 강령이 김빠지고 제스처만 취하는 것이 되어서는 안 되고 '달성 가능한 이상들'을 담아야 한다고 주장했다. 이 말이 실현 불가능성 논제와 극명하게 대립하긴 하지만, 우리는 그 말이 무엇을 의미하는지는 대략 안다.

나는 여기서 언어적 쟁점을 자세히 살펴보지는 않겠다. 논지는, 이상들의 절대적 실현 불가능성이라는 단순한 그림을 명백하게 적합한 것이 다소 아닌 것으로 보이게 만드는, 기본적으로 시사적인 것이었다. 그 단순한 그림을 복잡하게 만드는 다른 어떤 것이 있다. 그리고 그 다른 어떤 것은, '이상적'이라는 용어의 사용이, 모두에게 의무적이지는 않지만 일부 사람은 실현할 수 있는 유형의 도덕적 고려 사항의 신호가 되는 경우와 관련된다. 그래서 기독교적인 '완전한 덕행의 권고'(counsels of perfection)는, 그 종교의 지지자 및 신봉자들이 생각하기에 대다수 사람들에게는 적절하지 않지만 선택된 소수에게는 적절한 것으로 생각되는 삶의 특정한 이상들을 나타낸다. 나는 그 전통에 언급된 특정한 열망들을 지지하고 싶지는 않지만, 많은 수도원의 이상들, 청빈, 순결, 그리고 복종은 (그렇게 여겨진 것이 옳건 그르건) 도덕적 힘을 갖는 것으로 그리고 확실히 실현 가능한 것으로 명백히 여겨졌다. 그러나 그 도덕적 힘은 이 이상들을 선의를 가진 모든 사람들이 고수할 것을 요구하기에는 충분치 않았다. 부유한 젊은 남자와 나눈 그리스도의 대화는 권고와 명령을 구분하는 기초를 담고 있다.[5] 젊은 남자가 영생을 얻기 위해 무엇을 해야만 하는가를 물었고 그리스도는 도덕적 의무들을 이행해야 한다고 답했다. 그런데 젊은 남자가 이 의무들을 이행하고 있었으며 앞으로도 계속 이행할 것이라고 답하자 그리스도는 말했다. '만일 네가 완전하고자 한다면 가서 네가 가진 것을 나누어 주고 나를 따르라.' 그 젊은 남자는 도저히 자신의 부를 버리고 사도가 될 수 없었고, 그리스도의 말씀에 근심하며 돌아갔다. 그러나 여기에는 그 남자가 올바름 대신 사악함을 선택했다는 아무런 암시도 없다.

이 이상들은 부담이 큰 것이다: 정말로, 보통 사람들에게는 목표로 삼기에는 너무나 부담이 크다. 그래서 그것들은 그 사람들에게는 어떤 면에서 실현 불가능하다.[6] 그럼에도 그것은 선별된 소수에게는 닿

---

5   마태복음 19:16-26.

6   이것이 완전한 덕행의 권고가 보통 이해되는 방식이며, 이 이해는 내가 나중에 '이상'이라는 용어의 '능력 상대적인' 용법을 설명할 때 유용하다. 그럼에도 수도원의 열망들을 특징짓는, 이와는 다른, 아마도 더 신학적으로 만족스러운 방식들이 있다는 점을 주목해야 할 것이다. 이 방식들은 수도원의 이상들이 보통 사람들의 능력 밖에 있다고 시사하는 일을 피한다. 대신에 그 방식들은 신이 상이한 사람들에게 상이한 역할의 부름을 준 영적 노동의 분업이라는 관념을 거론한다. 그러면서 어떤 역할에 소명의 부름을 받지 않은 이들보다 더 '고차적인' 사람들이 있다거나 그 이상들이 부름을 받지 않은 이들의 능력 밖에 있다거나 하는 시사는 하지 않는다. 이 이해에 의하면, 수도원의 요구들은 아예 이상이 아니며 어떤 역할을 맡지 않은 사람들에게는 책무를 지우지 않고 특정 역할을 수행하는 사람들에게만 책무를 지우는 직업적 책무와 더 가까운 것이 된다.

을 수 있는 범위 내에 있다. 이 사람들은 칸트가 강조한 바와는 달리, 그 목표들을 온전히 실현하는 데 또는 적어도 온전히 실현한 것처럼 보이는 데 '한없이 못 미치는' 것은 아니다. 바로 그 이유에서 그 목표들은 진정한 이상은 아니라는 반론이 제기될지도 모르겠다. 그러나 그렇게 대응하는 것은 이 지점에서는 시기상조의 일이다. 일단 우리가 이상을 이야기하는 다양한 방식들을 온전히 탐구하고 나면, 우리는 이상들의 위치를 서로 연관시켜 파악할 입지에 있게 될 것이고, 그런 대응이 조금이라도 효력을 갖고 있다면 그 효력을 더 분명하게 볼수 있을 것이다. 당분간은 이 이상들을, 능력-상대적(capacity-relative) 이상이라고 부르기로 하자. '완전한 덕행의 권고'(counsels of perfection)는 완전성이 특권적인 소수에 의해서만 실현될 수 있다고 시사하는 방식으로 이해되는 경향이 있지만, 능력 상대적 이념(capacity relative idea)은 꼭 그렇게 엘리트적인 형태로 사용될 필요는 없음을 주목해야 한다. 일부 이상들은 많은 사람들에게는 실현 가능하지만 소수에게는 미칠 수 없는 범위에 있을 수도 있다. 우리가 그것들을 소수에게만 이상이라고 칭해야 할지 여부는 또 다른 질문이며 이 질문은 나중에 다루도록 하겠다.

　실현 불가능성 논제에 어려움을 불러일으키는 또 하나의 이상의 중요한 용법은 우리가 여건 상대적 용법(a circumstance-relative use) 이라고 칭할 수 있는 것이다. 여기서 문제는 다른 사람들은 도달할 능력이 있는 이상에 도달할 충분한 능력이 없는 사람들 또는 집단들이 있다는 것이 아니다. 문제는 일반적으로 만연해 있는 사정 때문에 그 여건에서는 지금으로서는 어느 누구도 그 이상을 달성할 수 없다는 것이다. 예를 들어 이크 부족(Ik tribe)의 여건에 대한 콜린 턴불(Colin Turnbull)의 설명은 다른 곳에서는 합당하게 달성 가능한 도

덕적 목표들이, 이크 부족에게는 기껏해야 이상에 지나지 않는다고
말하는 것이 그럴법함을 보여준다.[7] 마찬가지로 남성에 비해 여성의
수가 두드러지게 많은 사회에서 일부일처제의 광범위한 실천은, 그
사회에서 결혼하는 이들에게 당위적인 규범이 더 이상 되지 않거나
결코 되었던 적이 없을 것이지만, 그들 중 일부나 전부에게 이상으로
는 살아남을 수 있을지 모른다.[8] 지독하게 곤궁한 경제적 여건은 아동
노동을 어떤 곳에서는 꼭 필요한 일로 만들 수도 있다. 설사 아동 노
동의 폐지가 다른 곳에서는 도덕적 의무이자 법적 의무라고 할지라도
말이다. 그런 곤궁한 여건에서는, 아동 노동의 폐지 요구는 이상으로
서의 지위를 가질 수 있다.

이상에 대한 이러한 이해의 중요한 특성은 우리가 어떤 이상을 현
재는 실현 불가능하도록 만드는 여건 때문에 그 이상을 더 이상 지지
하지 않아도 되는 것은 아니라는 점이다. 이 여건들을 '무효화하는 여
건들'이라고 부르도록 하자.

인용된 사례 중 일부에서는, 무효화하는 여건들 속에서 사는 사람
들이 이상을 애초에 아예 인정하지 않을지도 모른다. 그 상황에 대해
나의 관점은 그 여건에 있는 내부자들이 그렇게 인정하는지 인정하지
않는지 여부에 좌우되지 않도록 제시되었다. 우리는 그 이상이 외부
자들의 이상이라고 생각할 수도 있다. 우리가 그 이상이 외부자들에
게는 이상이라고 생각한다고 해도, 그 외부자들은 우리 내부자들이

---

7   Colin M. Turnbull, *The Mountain People* (New York: Simon and Schuster,
1972).

8   어떤 사회에서 일부다처제의 존재가 실제로 남성에 대한 여성의 수가 그렇게 많
다는 사실에 의거해서 설명될 수 있다는 견해를 지지하고자 하는 의미로 이렇게 말한
것은 아니다.

그 이상을 현재 전혀 알지 못한다거나 그 이상을 정말로 전적으로 거부했다고 생각할 수도 있다. 그러나 그렇다고 해서 그들 중 누구도 그것을 하나의 이상으로 인정하지 않을 것이라거나, 인정하게 될 수 없다고 하거나, 그것이 그들에게 이상이 되어서는 안 된다는 의미는 아니다. 이 경우, 다른 도덕적 범주들과 마찬가지로, 그것들에 관한 의견 불일치가 있다는 사실로부터 곧장 이상들에 관해 상대주의가 성립한다는 결론을 끌어낼 수는 없다. 여기서 나의 논지는 (그들이 이상을 좌절시키는 여건에서 살고 있건 아니면 그들의 관점이 그 여건에 외적이건 간에) 이상을 인정하는 이들에게, 그것이 현재는 실현 불가능하다는 점은 그것이 **단적으로** 실현 불가능하다(unrealizable *tout court*)는 점도 그 이상이 현재에 관하여 아무런 함의가 없다는 점도 보여주지 않는다는 것뿐이다. 두 번째 논지는, 이상의 인정은 그렇게 이상을 좌절시키는 여건에 있는 행위자로 하여금 그들이 그 여건을 바꾸기 위해 할 수 있는 일을 하도록 이끌거나, 만일 그렇게 바꾸는 일이 그들이 할 수 없는 일이라면, 그런 여건의 변화가 제공하는 기회를 붙잡도록 이끌게 된다는 것이다. 그리고 더군다나, 그렇게 행위자들이 움직이는 다양하고 상이한 방법들이 합당하게 있을 수 있다. 계급 사회에서는, 평등이라는 이상은 멀리 있고 당분간은 실현 불가능할 수는 있지만, 현재의 상황을 조금씩 덜 불평등하게 만드는 방법들은 있다.

이상의 안내

그렇다면 능력 상대적 실현 불가능성, 여건 상대적 실현 불가능성 그리고 절대적 실현 불가능성(absolute unrealizability)을 구분하고 나

서, 상이한 이상들이 그런 실현 불가능성의 상이한 형태를 포함할 수
있다고 하자. 여기서는 당분간 나는 실현 불가능성에 관한 논쟁은 내
버려두고 싶다. 왜냐하면 이상이 절대적으로 실현 불가능하다고 가정
할 때 특히 이상의 역할에 대해 극명하게 제기되기는 하지만 그 가정
이 완화될 때에도 다소 다른 형태로나마 여전히 제기되는 질문들이
있기 때문이다. 주된 질문은 실현 불가능한 사태가 실천이성과 행위
를 어떻게 조금이라도 안내(guidance)해줄 수 있는가 하는 것이다.
보통 이 질문에 대한 답은 근사치(approximation)라는 관념을 거론
한다. 우리는 우리가 지금 실현 가능하게 할 수 있는 일을 하면서 이
상에 의해 안내받는다. 왜냐하면 우리는 이상에서 구현된 온전히 실
현 가능하지는 않은 질서에 더 가까운 질서가 되도록 이상에 비추어
현재의 여건을 바꿀 수 있기 때문이다. 사람들은 대학의 이상에 관해
이런 식으로 말하곤 한다. 실제로 이것이야말로 뉴먼(Newman)이 대
학의 '이념'(idea)에 관해 썼을 때[9] 그가 의미한 바에 대한 최선의 해
석이라고 나는 생각한다. 그가 글을 쓴 주된 이유는 '대학'이라는 단
어에 대한 의미론적 분석을 제시하고자 하는 것이 아니었다. 그런 의
미론적 분석은 그가 결코 상상해보지 않은 활동을 포함하는 그 단어
의 현재 용법을 지적하거나, 아니면 그가 그려내고 있는 가치들이 부
재하거나 약하게만 존재하는 실제 대학들을 가리킴으로써 무효화될
수 있다. 뉴먼이 한 일은 그게 아니라, 대학이라는 제도가 구현하려고
하는 규범적 이상의 특성을 서술하는 것이었다. 물론 멀고 다소 실현
불가능하거나 거의 실현이 어려운 목표로 이상을 그리는 일은 무엇인

9 John Henry Newman, *The Idea of a University: Defined and Illustrated*, ed.
I. T. Ker (Oxford: Clarendon Press, 1976).

가 오도하는 점이 있기는 하다. 왜냐하면 우리 삶에서 이상의 기능은 이 그림이 시사하는 것보다 더 구성적인 경우가 자주 있기 때문이다. 이상에 사로잡힌 사람은 우리가 때때로 이야기하듯이 그 이상에 비추어 지금 행위하는 것이지, 어떤 먼 미래에 그 이상에 관하여 발생시킬 일정한 이상 중립적인 일들을 하는 것에 그치지 않는다. 미덕의 경우에, 도덕적 행위자는 유관한 덕스러운 조건을 달성하는 것과 그렇게 하는 과정에서 그 미덕을 실제로 구현하기 시작하게 되는 것을 둘 다 목표로 삼는다. 이와 꼭 마찬가지로, 이상의 경우에도 이상은 행위자가 그 이상을 살아내려고 함에 따라 행위자 안에 크고 작은 정도로 존재하게 된다. 대학의 이상의 완전한 실현은 멀리 있고 정말로 달성 불가능할지는 모르나, 학문 동료의 협력, 진리, 그리고 지성적 자유와 같은 이상을 진지하게 고수하는 이들은 이미 그 이상을 그들의 삶에서 현재의 현실로 만들었다. 다시 말하면, 이상을 추구하기 위해 사용된 수단과 이상 그 자체 사이에 비우연적인 연관 관계가 통상 있다. 나는 여기서 '통상'(normally)이라고 조건을 달았는데, 이는 이상을 위한 더 우연적이고 심지어 역설적이기까지 한 수단을 포함할 수도 있는 특이한 여건들에 관한 논의의 여지를 남기기 위해서이다. 예를 들어 합리성이라는 이상이 그 이상을 증진하기 위해 비합리적인 것에 기댈 것을 요구할지도 모르는 그런 여건이 있다. 예를 들어 핵 억지 전략의 실행에서처럼 말이다. 냉전이 한창일 때 핵 억지에 대한 몇몇 옹호자들은 '적국'을 억지하기 위해 비합리성을 고무함으로써 핵전쟁 회피라는 합리적으로 욕구된 결과를 발생시키는 것이 합리적인 일이라고 주장하였다. 그와 같은 실천의 한 형태는 설사 그런 의도를 실행하는 것이 비합리적일 것임을 알고 있음에도 스스로 핵 공격 이후에 보복하려는 의도를 형성하는 것이다. 나는 이상이 이상에 반하는 것을 요구할 수 있다는 주장의 타당성에 관하여 커다란 의문을 가지고 있지만, 적어도 그러한 논의가 가능하다는 여지는 남기고 싶었으므로, '통상'이라는 조건을 달았다.[10] 더 그럴법한 사례는 세이렌에 대비한 오디세우스의 전략일 것이다. 그때 그는 스스로 돛대에 묶이게 함으로써 자유라는 이상을 추구하였다고 이야기할 수 있다. 그러나 이것조차도 논의를 더 필요로 한다. 특히 오디세우스의 전술을 자유에 대한 전면적인 부인(outright denial)이라고 보는 것은 피상적인 이해다. 자신이 어떤 종류의 유혹에 잘 빠진다는 점을 알고 있는 사람은 특정 기회들을 거부함으로써 그런 유혹에 대비할 수 있다. 그러므로 문제를 겪고 있는 도박꾼은 아는 사람이 아무도 없는 다른 마을로 이사하는 일을 감행하는 전략까지 쓰면서 카지노에 방문할 자유를 스스로 부인할 수도 있다. 그러나 비록 이 결정이 부자유의 언어로 표현될 수는 있지만 그것은 예속의 한 형태라고 보기는 매우 어려우며, 오히려 적절히 운용된 자유로부터 나온다고 봐야 할 것이다.[11]

이상의 역할에 관하여 정말로 철학적 수수께끼가 있기는 하다. 특히 이상의 역할이, 우리가 발생시키고자 분투하지만 그 목적을 달성하는 일은 불가능한 목적 사태(end state of affairs)의 특성을 부여하는 것으로 이해될 때는 특히 그렇다. 이 지점에서 불가능한 것을 달성하는 일을 목표로 삼는 것에 관하여 니콜라스 레셔가 한 몇몇 논급이

10　나는 이 주장을 'Escaping from the Bomb', in Henry Shue (ed.), *Nuclear Deterrence and Moral Restraint: Critical Choices for American Strategy* (Cambridge: Cambridge University Press, 1989)에서 비판하였다.

11　이런 종류의 문제에 관한 논의로는 Jon Elster, *Ulysses and the Sirens: Studies in Rationality and Irrationality* (Cambridge and New York: Cambridge University Press, 1979)를 보라.

제기하는 두 가지 문제가 있다.[12] 나는 레셔가 자신의 논평이 실현 불
가능한 이상의 추구에 관련성을 갖는 것을 의도했다고 생각한다:

1. 어떤 이상이 실현 불가능하다는 점을 당신이 알고 있을 때 그 이
   상을 발생시키려고 행위하는 것이 가능한가?
2. 단지 실현 가능한 근사치만 목표로 삼을 수 있을 때 실현 불가능
   한 이상을 목표로 삼는 것의 의미는 무엇인가?

첫 번째 수수께끼에 대한 간략한 답변은, 합리적 행위자가 정말로
불가능한 목표를 위해 스스로 의식적으로 분투하도록 만드는 많은 사
안들이 있는 것 같다는 답변이다. 예를 들어, 진리라는 이상에 철학자
들이 갖는 애착은 철학자가 오직 진리와 건전한 논증만을 담고 있는
책을 쓰도록, 또는 철학자가 검토하거나 비판하고 있는 주장과 논증
과 대조되는 의미에서 자신이 헌신하고 있는 주장과 논증에 있어서는
적어도 오직 진리와 건전한 논증만을 담고 있는 책을 쓰도록 분투하
게 만들 것이다. 그럼에도 모든 철학자는 책 한 권에 담긴 우리의 모
든 주장이 참이며 건전한 논증이 되는 것은 불가능하다는 사실을 안
다. 총체적 진리라는 이 이상의 실현 불가능성은 그 이상을 달성하려
고 분투하는 길에 장애가 되지 못한다. 두 번째 수수께끼에 관해서 보
자면, 레셔가 시사하듯이, 닿을 수 있는 범위 밖에 있음을 알거나 믿
는 완전성이나 진보된 상태를 목표로 삼음으로써 놀랍도록 높은 수준
의 수행에 도달할 수 있다는 점이 사람들에 관한 유의미한 심리적 사
실일지도 모른다. 이것에 대해서는 나중에 더 다루겠지만, 첫 번째 문

---

12 Rescher, *Ethical Idealism*, 6-7.

제와 관련해서 스포츠와의 유비를 생각해보도록 하자. 야구 경기에서 타자는 그들이 타석에 설 때 매번 안타를 치려고 한다. 그들이 이 목표를 완전히 달성할 수 있다면 그들은 1.000의 타율을 가질 것이다. (이것이 스포츠에서 통계적 용법으로 완벽한 타격을 묘사하는 방식이다. 4번 타석에 서서 2번 안타를 치는 타자는 0.500의 타율을 갖는다.) 그러나 어떤 타자도 이런 종류의 기록을 한 시즌을 넘어 유지할 수 없음을, 심지어 몇 차례 안 되는 경기에서 유지할 수 없음을 누구나 안다. 오늘날 누구도 한 시즌 타율이 0.400을 넘지 못한다. 그 타율을 넘은 마지막 타자는 1941년 보스턴 레드 삭스의 테드 윌리엄스 (Ted Williams)였다. 물론 시즌 첫 번째 삼진 아웃이나 플라이 볼을 당하면 그 시즌 1.000 타율의 희망은 사라진다. 그러나 타자는 여전히 남은 경기에서 타율 1.000을 목표로 삼는다. 물론 이렇게 보는 것이 오도한다고 말할 수는 있겠다. 어떤 타자는 정말로 그 타율 통계를 목표로 삼고 있지 않다. 그들은 그저 매번 안타를 치는 것을 목표로 삼을 뿐이다. 아마도 이것이 더 정확한 기술일지는 모르지만, 이는 여전히 타자들이 불가능하다는 점을 스스로 알고 있는 것을 목표로 삼고 있음을 의미한다. 아마도 이렇게 진술하는 것조차 오류를 범하는 것인지도 모른다. '내가 타석에 설 때마다 나는 안타를 치는 것을 목표로 삼는다'와 '나의 목표는 타석에서 매번 타격을 시도할 때마다 안타를 침으로써 시즌 타율 1.000을 달성하는 것이다' 사이에는 등가성이 없지 않은가? 두 번째 문장은 첫 번째 문장을 함축하지만, 첫 번째 문장이 두 번째 문장을 함축하지 못함은 명백하다. 누군가 첫 번째 문장을 말한 사람에게 그 시즌 타율 1.000을 달성하는 것을 목표로 삼고 있는지 묻는다면 그들은 아마도 상당히 합당하게 '아니요'라고 말할지도 모르며, 그런 개가(凱歌)의 달성이 불가능하다는 근거에서 그렇게 말할지도 모른다. 첫 번째 문장이 내포하는 계획이, 타자가 타석에 들어서는 매 경우마다 불가능한 목표를 설정하는 것도 아니다. 그 질문은 진리를 추구하는 철학자의 경우와 유사하다. 철학자는 매 문장마다 참된 문장을 쓰려고 하지만, 이것이 참된 문장만을 담고 있는 책을 쓰는 것을 목표로 함을 의미하는가? 아마도 철학자의 상황은 야구 사례와 매우 유사한 것으로 다루는 게 더 현실적일지도 모르겠다. 만일 철학자가 모든 내용이 참인 책을 쓰는 것이 불가능하다는 점을 깨닫는다면, 그런 책을 쓰겠다는 목표를 확실히 부인하지 않겠는가?

어떤 사람이 달성이 불가능함을 알거나 믿는 어떤 목표나 대상을 목표로 삼는 것이 합리적일 수 있다는 이념에는 여전히 어떤 곤혹스러움이 확실히 있다. 그 행위자가 자신이 설정한 내면에 지향된 제안(inner directed proposal)을 어떻게 기술할 것인가? '비록 내가 X를 발생시킬 힘이 없음을 알지만 나는 X를 발생시킬 것이다.' 이것은 제정신인 행위자에게 가능한 기획으로 보기 매우 어렵다. 그 점은 행위자가 X 하기를 의도하기라는 관념 또는 X 하려는 의도를 형성하기라는 관념은, 행위자가 X가 자신들이 할 수 없는 것임을 알거나 믿을 때 부정합적(incoherent)이라는 사실을 보여준다. 레셔 같은 저자가 여기서 기대고자 하는 현상적 사실에 들어맞을 수 있는, 의도하기보다는 더 약한 어떤 것이 있는가? 목표라는 단어는 아마도, '목표 X를 달성하기를 의도하기'(intending to achieve goal X)와 '목표 X를 달성하려고 시도하기'(trying to achieve goal X) 중 어느 것을 뜻하는지 애매한 것인지도 모르겠다. 의도하기는 시도하기를 포함할 수도 있지만 그 둘이 같은 것은 아니다. 아마도 우리가 하기를 의도할 수 없는 어떤 것들을 시도할 수는 있으며 이 어떤 것들 중에는 불가능하다고 알려져 있거나 불가능하다고 생각되는 것들도 있다고 주장하는 것이 더 그럴법할 것이다. 여기에는 어떤 행위의 결과가 문자 그대로 불가능한 사태는 아니지만 어떤 의미에서 '내 힘으로' 달성할 수 있는 것이 아닌 상황과 흥미로운 유사점이 있다. 골퍼가 홀에 한 번에 공을 넣는 것은 불가능하지는 않다. 왜냐하면 다른 것은 차치하고서라도, 홀인원은 이따금 일어나는 일이기 때문이다. 그러나 골퍼 자신이 홀인원이라는 결과에 기여하는 바는 (비록 충분히 실재하기는 하지만) 너무나 작아서, 그 어떤 골퍼라도 홀에 한 번에 공을 넣기를 의도할 수 있다고 말하기를 우리는, 주저할 것이며 이런 주저는 타당하다고 나는 생각한다. 다른 한 편으로, 골퍼는 홀에 한 번에 공을 넣으려고 애쓰면서 홀에 한 번에 공을 넣기를 시도할 수는 있다. 그리고 골퍼가 홀에 한 번에 공을 넣으려고 시도하고 있다는 주장에 상반되는 것으로 간주될 많은 행동들이 있다. (예를 들어 공을 치려고 겨냥할 때 홀과는 정반대 방향을 보는 것은 보통 도움이 되지 않을 것이다.) 기준 타수보다 1타수 많은 타수로도 경기에서 이길 수 있을 것으로 보는 데다가 홀에 바로 넣으려고 치면 물에 빠질 위험이 있기 때문에 그린에만 올려놓는 안전한 샷을 치는 골퍼는 홀인원을 시도하고 있는 것이 아니다. 물론 홀인원을 목표로 삼는 사람과 그저 홀 가까이에 공을 올려놓는 것만 목표로 하는 사람 사이의 행동상 차이를 비롯한 차이들을 명확히 규정하는 데는 문제가 있으며, 이는 홀에 공을 매우 가까이 올려놓는 것을 목표로 하는 것은 홀인원을 목표로 할 때 하는 것과 매우 가깝기 때문이다. 그렇다면 그 둘 사이에는 아무 차이도 없는가? 차이가 그리 많지는 않다. 홀인원이 꼭 필요하다고 생각할 때, 홀인원만이 경기에서 이기는 유일한 방법일 때, 또는 그의 샷의 결과에 따라 상으로 차를 받을 수 있다는 점을 아는 때처럼 아마도 심리적인 면의 차이가 있기는 하겠지만 말이다. 또한 홀인원을 목표로 삼을 때는 약간 다른 전략을 택할 이유가 있을 수도 있다. 이를테면 당신이 공을 홀 깃발 오른쪽 가까이에 가도록 할 수도 있고 왼쪽 가까이로 할 수도 있는데, 이 그린에서 과거의 모든 홀인원은 하나같이 깃발 오른쪽에 착지하는 샷으로 기록된 경우에서처럼 말이다. 그렇다면 그저 당신의 능력 범위 밖에 있는 것을 목표로 삼는 것이 아니라, 당신의 능력과 운이 결합된 것의 범위 밖에 있는 것, 말하자면 불가능한 어떤 것을 목표로 삼는 것은 어떻게 되는가? 내가 큰 도시의 경찰청장이고 나의 간절한 이상(consuming ideal)은, 내가 책임을 지고 있는, 거대한 경찰력에 있는 부패의 제거인데, 이 일이 결코 달성될 수 없으리라고, 아마도 정확하게 믿고 있다고 가정해보자. 내가 부패의 제거를 목표로 삼는다면 비합리적인가? 만일 그 목표가 의도의 대상이 아니라 시도의 대상으로 해석된다면 나는 '아니요'라고 말하고 싶다.

이 논쟁의 많은 부분이 그 자체로 흥미롭긴 하지만 논점을 벗어난 것일지도 모른다. 나는 실현 불가능한 이상이 이런 방식으로[역자-그 사태의 발생을 의도하는 방식으로] 겨냥할 목표로 잘못 인식되는 것이 아닌가 하는 의심을 품고 있다. 대신에, 앞서 시사된 바와 같이, 우리는 이상을 우리가 해야 할 바가 무엇인지 알려주는 것, 우리가 추구하며 이상이 유관한 여러 길을 밝혀주는 것으로 생각해야 한다. 호주 노동당에서, 사회주의 미래상은 과거 한때 '언덕을 비추는 빛'(the light on the hill)으로 지칭되었다. 그 빛은 오래전에 꺼지긴 했지만, 그 은유는 언덕을 오르면 얻을 수 있는 어떤 것을 제시하는 원천이나 보다 정의롭고 공정하며 평등한 사회를 위해 분투하는 일상을 먼 곳에서 안내하는 빛의 원천으로 해석될 수 있다. 첫 번째 방식으로 해석하면 '사회주의의 목표'를 이야기하는 것이 자연스럽다. 그러나 두 번째 방식으로 해석하면 '언덕을 비추는 빛'이라는 이상은 언덕 정상에 올라 광원을 움켜쥔다는 발상을 반드시 조장하는 것은 아니다. 기껏해야 우리는 더 많은 빛을 받도록 광원에 더 가까이 가는 것이 필요하게 될 수 있을 뿐이다. 두 번째 방식이 실제에서 우리가 이상들에 관하여, 어쨌거나 온전히 실현 가능하지는 않은 이상들에 관하여, 생각하는 경향이 있는 방식에 대한 해명으로서 더 그럴법한 것으로 보인다. 만일 이상이 정말로 완전한 사태에 대한 (희미할지라도) 만족스러운 그림을 제시한다면, 그 이상에 애착을 갖는다고 해서 그들이 정확히 그 사태를 발생시키려고 분투하고 있음이 틀림없다고 생각할 필요가 없다.

이상의 유용성에 관한 추가적인, 이와 관련된 고려 사항은 더 평범하다: 사람들이 이상에 훨씬 못 미치는 더 구체적이고 달성 가능한 어떤 것을 지향하기보다는 이상을 지향하는 것이 기능적으로 더 효과적인 경우가 자주 있다. 이상의 바로 그 모호성(vagueness)과 '비현실성'(unreality)이 역설적으로 이상을 따르게 만들 수 있으며 구체적 현실에만 초점을 맞추는 일보다 이상에 의한 안내를 더 다루기 쉬운 것으로 만들 수도 있다. 이는 '대강의'(rough) 지시가 하는 역할과 얼마간 유사한 점이다. 이와 관련하여, '대강 거기쯤 서 있으라'는 말에 대한 비트겐슈타인의 논의가 떠오른다. 왜냐하면 '거기'나 '여기' 같은 '비현실적인' 위치를 지칭하는 지시를 주는 것이, 그 범위가 아주 구체적으로 특정된 위치에 대한 정확한 지시를 주는 것보다 보통 훨씬 더 효과적이기 때문이다.[13] 그 비교는 또한 이상에 의한 방향 제시

---

13 Ludwig Wittgenstein, *Philosophical Investigations*, trans. G. E. M. Anscombe (Oxford: Basil Blackwell, 1963), 1. 88, p. 41.

의 또 하나의 측면을 드러낸다. 또 다른 측면이란 이상의 상대적 모호성(vagueness) 또는 비완결성(incompleteness)이 그 이상을 실현하면서 실천적 지성과 상상력을 발휘할 상당한 여지를 준다는 점이다. 이는 복잡하고 변화하는 환경에서 이상은, 매우 구체적이고 쉽게 실현 가능한 청사진이라면 제공하지 못할 유연성과 적응력을 제공함을 의미한다. 평화와 정의라는 이상이 아파르트헤이트 체제가 무너지고 난 후 남아프리카 공화국에서 무엇을 요구하는가를 이해하기가 괴로울 정도로 어렵다는 사실이, 남아프리카 공화국의 진실과 화해 위원회(South Africa Truth and Reconciliation Commission)의 노력에 그토록 고뇌에 찬 의의를 부여하였던 것이다.

이상의 인도에 관한 마지막 논점은 이상에 대한 애착이 무엇이 가능한가에 관하여 널리 퍼진 믿음들을 변경할 수 있으며 그래서 현실에 대한 우리의 이해를 변화시킬 수 있다는 점이다. 다시 말해서, 이상에 대한 반대가 현실 및 현실을 개선시킬 수 있는 폭에 대한 빈약한 이해 때문에 나오는 경우가 자주 있다. 현재의 현실과 실천의 세계가 보수적으로 해석되며, 무엇이 가능하고 달성될 수 있는가를 결정하는 데 권위 있는 기준이 되는 것(canonical)으로 여겨진다. 그래서 분투하여 목표로 삼아야 할 것에 협소하며 자주 상상력 없는 한계가 설정된다. 이것이 이상에 대한 현실주의적 반대 그리고 국익을 추구하는 데 규범의 작용을 제한하는 일의 결함 중 하나다. 이것은 이상의 역동성(dynamism of ideals)에 관하여 내가 앞서 짚었던 논지와 관련되어 있다: 헌신적인 이상주의자(dedicated idealists)는 세상 경험이 많아 지혜롭고 경계심이 많은 이가 알아채지 못하는 가능성을 발굴하고 잠재력을 폭발시킬 수 있다. 노예 무역 폐지를 가져왔던 영국의 이상주의적 선지자들은, 노예제가 자연 질서의 단단히 고정된 일부라고

믿었던 많은 사람들보다 권력과 정치의 현실에 대해 더 잘 파악하고
있었다.

이상의 위험

이상의 안내에 관한 수수께끼들에 대한 답변들은 이상에 관한 윤리적
불안을 느끼게 한다. 왜냐하면 하나의 이상을 외골수의 정신으로 추
구하는 일(single-minded pursuit)은 광신주의(fanaticism)를 만들
어내는 비결임이 증명되지 않았는가? 이상은 그것이 여기서 지금 달
성 가능한 것에서 멀어지도록 도덕적 초점을 왜곡하며 보통 사람과
보통의 정치가의 권력, 능력, 그리고 실패에 관하여 환상을 북돋운다
는 바로 그 이유 때문에 파괴적이고 손상을 주지 않는가? 여기서 열
쇠는 아마도 '외골수의 정신'(single-minded)일 것이다. 나는 이상
이 도덕적 삶의 유일한 요소라고 주장하지 않았다. 단지 등한시된 요
소라고 주장했을 뿐이다. 그리고 이상에 주의를 기울이는 일이 도덕
적 의무, 경쟁하는 다른 이상들, 그리고 지금 여기서 할 행위에 대한
경험적이고 합리적인 제약이 무엇인가에 대한 기민한 고려의 맥락 내
에서 발생해야만 한다고 확실히 주장하고 싶다. 이상이 중심적인 도
덕적 의무와 품위를 업신여기면서 실행된다면, 계급 없는 사회라는
공산주의 이상(그리고 공산주의 판본의 사회 정의)이 실행되었을 때
그랬던 것처럼 해악을 가할 것임이 확실하다. 나는 이상과 현실 사이
의 긴장을 주장하면서 논의를 시작했으며 그 긴장을 덜 중요해 보이
도록 축소하고 싶지 않다. 나의 논지는 우리가 이상의 중요성을 무시
할 수 없으며, 도덕의 세계에서 이상의 적합한 기능을 잘 파악할 필요
가 있다는 것뿐이다. 덧붙이자면, 이상에 대한 반대 중 일부는 인종의

순수화라는 나치의 이상과 같은 사악한 이상이 가한 피해 때문에 제기된 것이며, 이상이라면 어느 것이나 선하다는 주장은 내 논거의 일부가 전혀 아니다.

정치적 삶에서 이상에 의지하는 일의 추가적인 문제점은 1장과 2장에서 논의한 도덕주의의 위험(pitfalls) 중 일부에 특히 빠지기 쉽다는 점이다. 추상의 도덕주의와 힘 망상의 도덕주의가 특히 이 우려와 관련 있다. 최근 영국 수상 토니 블레어의 일련의 성명이 이 점을 보여주는 예가 될 수 있겠다. 2006년 7월 말 로스앤젤레스 세계 정세 협의회(World Affairs Council)에서 블레어 수상은 사실상 세계의 분쟁들 전체를 굉장히 명확하게 명시되지는 않은 이상들(아마도 민주주의와 자유)에 의거하여 아주 많은 부분 이해할 수 있는 가치들에 관한 '기본적인' 투쟁으로 그려냈다. 이 투쟁은 '우리의' 가치들과 반동적인 이슬람의 가치들 사이의 투쟁이다. 블레어는 다음과 같이 말했다.

오늘날 중동, 아프가니스탄 등지에서 벌어지고 있는 일은 우리의 미래를 형성할 가치들에 관한 기본적 투쟁입니다. (…) 우리의 가치들은 (…) 수세기에 걸쳐 인간의 진보를 대변하였으며 언제나 우리는 그 가치들을 위해 싸워야만 했습니다.

이사야 벌린은 특히 정치적 삶에서 이상의 위험을 강조했던 주목할 만한 현대 지식인 중 한 명이다. 벌린의 「이상의 추구」라는 논문에서 그의 과녁은 '이상들'(ideals)이라기보다는 [역자-유일하게 옳은] '그 이상'(the ideal)인 경우가 더 흔하긴 하지만, 이상들과 이상은 그의 설명에서 때때로 구분하기 힘들다. 그리고 때로는 그는 명시적으

로, 이상들의 추구 그 자체에 대해 경고한다. 이상이 일종의 완전성의
그림이기 때문에 다음과 같은 논급이 이상적인 삶뿐만 아니라 이상에
적용될 수 있는 것으로 보인다: '그러나 다른 한편으로 완전성을 찾
으려 하는 것은 유혈 사태를 만들어내는 조리법으로 보인다. 그런 탐
색은 가장 신실하고 마음이 가장 순수한 이상주의자에 의해 요구된다
하더라도 조금이라도 더 낫지 않다.'[14] 이상에 대한 그의 반대의 일부
는 외골수의 정신에 관하여 이미 논의한 논지에 기댄다. 그렇지만 그
의 논거에는 추가로 논의될 필요가 있는 다른 요소들도 있다. 가장 중
심적인 요소로, 이상의 추구는 도덕의 세계는 조화롭다(harmonious)
는 망상적 믿음을 포함한다는 이념이 있다. 그는 이 점을 다음과 같이
표현한다. '그 안에서 모든 선한 것들이 공존하는 완전한 전체, 궁극
적 해결책이라는 관념은 나에게는 달성 불가능한 것일 뿐만 아니
라―이것은 뻔한 진리다―개념적으로 부정합적인 것으로 보인다.
나는 이런 종류의 조화가 의미하는 바를 모르겠다. 위대한 선들
(Great Goods) 중 일부는 함께 갈 수 없다.'[15]

그러나 하나의 이상이나 여러 이상들의 추구가 이런 조화가 있다는
생각을 지지할 수밖에 없는 것인지는 전혀 명백하지 않다. 만일 어떤
사람이 특정한 이상의 달성 가능성에 대하여 이런 저런 종류의 제약
이 있음을 인식한다고 해도 왜 그 이상들 사이에 그런 조화가 있다는
생각이 본질적으로 망상이라는 벌린의 주장을 인정해서는 안 되는
가? 물론, 이상에 동정적인 몇몇 이론가들이 조화 논제를 고수했을
수는 있다. 플라톤이 아마도 그런 이론가 중 한 명이라고 해도 무리가

14   Isaiah Berlin, 'The Pursuit of the Ideal', in *The Proper Study of Mankind* (London: Chatto & Windus, 1997), 15.

15   Ibid. 11.

아닐 것이다. 왜냐하면 플라톤은 매우 높은 정도로 통일된 도덕의 그림을 견지했기 때문이다. 벌린은 대부분의 전통적인 도덕 이론가들이 가치, 금지, 그리고 이상이 화합하는 조화로운 체계(concordant harmonious system)로서 도덕을 바라보는 절망적으로 잘못된 견해를 가졌고 그런 견해는 그가 가치 다원주의라고 칭하는 것에 대립한다고 정말로 생각했다. 이런 점에서 도덕적 삶의 중심적 특성은 궁극적 가치들이나 이상들 사이의 심대한 충돌의 가능성이라고 벌린은 보았다. 물론 그에 관한 온전한 논의를 여기서 할 수는 없겠지만, 내 견해로는 벌린의 가치 다원주의의 본질에 관하여 불명확한 점이 많이 있다. 벌린은 개인과 공동체가 추구해온 근본적 가치들이 잠재적으로 (개인의 삶과 공동체의 삶 양자 모두에 적용되는 이야기로) 하나의 삶 내에서 그리고 여러 삶 사이에서 상충한다는 견해를 고수하기를 원했다. 그러나 그는 이것이 어떤 형태의 상대주의도 포함하고 있지 않다고 끈질기게 부인했다. 그는 또한 그런 상충이 해결될 수 있는 방법들에 대해 명확하게 이야기하지 않았다. 그래서 때로는 그것들이 이성에 의해 해결될 수는 있지만 (공리주의적 계산이나 우선성 순위 매기기 같은) 지시 규칙에 의해서는 해결될 수 없다고 생각한 것처럼 보이기도 하고, 때로는 그것들이 해결 불가능하다는 인상을 준 것처럼 보이기도 한다. 또한 도덕의 얼마나 많은 부분이 이런 다원주의적 특성(pluralistic feature)을 갖고 있는지에 대해서도 불분명한 점이 있다.

이상(ideals)의 문제에서, 벌린의 다원주의가 시사하는 점은, 이상이 이따금 충돌할 것이 예상될 수도 있다는 것이다: 평등이라는 이상은 평화라는 이상과 충돌할지도 모른다. 이는 미국의 남북 전쟁에 이르게 된 사건들에서 일어났던 일이다. 그 시대 노예 폐지는 끔찍한 유혈 사태를 요구하는 것으로 보였다. 또는 자유라는 이상이 사회적 정의라는 이상과 충돌할지도 몰랐다. 억압받는 집단의 권리에 미칠 피해 때문에 표현의 자유가 제한되어야 할 수도 있을 때처럼 말이다. 여기서 나는 관련된 이들이 이상을 온전히 공유할지라도 충돌은 남는 사안들을 염두에 두고 있다. 그럴 경우 그런 충돌은 어떻게 해결되어야 하는가? 설사 그런 해결책에 도달하는 간단한 알고리즘이 없다고 하더라도, 그저 손을 들어버리고 감정에 호소하는 일은 아무런 의미가 없는 것 같다. 또한 벌린은 자신이 생각했던 것만큼 가치들의 맞교환(trade-off)을 진정으로 지지한 것도 아니다. 이 맞교환에 의해 '규칙들, 가치들, 원리들은 구체적 상황에서 다양한 정도로 서로에게 양보해야만 한다.' 그리고 이러한 양보는 '절망적인 상황'이나 '용인할 수 없는 선택'을 피하는 '불안정한 균형'(a precarious equilibrium)에 이른다.[16] 설사 그 세부사항이 다소 모호하다고 하더라도 이런 양보야말로 작동하고 있는 이성처럼 보인다.

몇몇 그런 충돌들은 비극의 요소를 포함할지도 모른다. 그러나 이상들의 경우에 해법은 보통 하나의 이상을 노골적으로 부인하거나 포기하는 일을 포함하지는 않을 것이다. 이런 면에서 이상들의 충돌은 의무들의 충돌과는 다른 것 같다. 중요한 의무가 상충할 때 우리는 도덕적 딜레마나 소위 '더러운 손' 상황에 처할 수 있다. 도덕적 딜레마의 경우에 행위자가 무엇을 하건 그르며 그 사람의 딜레마에 대한 아무런 정답도 없다. 더러운 손 상황의 경우에 양쪽 선택 모두 그르지만 그 중 한 쪽 선택이 '꼭 필요한 것'으로 여겨진다. 어느 경우든, 해법은 의무를 위반하여 잘못을 범하게 하는 것이다. 도덕적 딜레마와 더

---

16   Ibid. 15.

러운 손에 관하여 더 말할 것이 많이 남아 있으며, 그 중 일부는 다음 장에서 다루도록 하겠다. 그러나 이상들이 상충하는 경우, 우리의 이상을 노골적으로 위반하기보다는 그 중 한 이상을 미루는 일에 직면한다는 점이 특징적인 것 같다. 예를 들어 정당한 전쟁을 할 때에는 자유라는 이상이나 그 이상의 일부 측면들은 공동 방위라는 이익을 위해 연기되어야 할지도 모른다. 그러므로 자유를 사랑하는 이들도 일정 정도의 검열은 감수해야 할지도 모른다. 또는 홍수나 허리케인 같은 자연재해가 발생한 경우, 시민의 자유는 피해자들에게 적정한 도움을 주도록 일시적으로 제한될 수도 있다. 의문의 여지없이 이런 종류의 사례들 중 일부는 약간의 재간을 부리면, 침공이 성공하게 되면 자유를 훨씬 더 많이 축소하게 될 적의 승리로부터 시민들의 장기적 자유를 보존하는 데 전쟁 시 검열의 일시적 부과가 기여할 수도 있는 것처럼, 일시적으로 제한되는 이상을 간접적으로 증진하는 것으로 보일 수 있다. 그러나 이런 식으로 주장하는 것이 항상 그럴법한 것은 아니며, 재난 구호의 사안에서는 실제로 그럴법하지 않다.

더 나아가 이 사례들이 시사하는 것은, 여건상 양보하거나 다른 이상의 요구에 양보하는 이상도 여전히 작동하고 있는(operative) 이상으로 남아 있음이 틀림없다는 점이다. 이상을 고수하는 행위자는 여전히 그 이상의 요구를 감지하는 일을 게을리하지 않으며 그래서 축소나 타협은 최소한도로 유지되고 이상을 실현하기 위한 분투는 적합할 때 재개된다. 그들의 이상을 끊임없이 타협시키는 이들은 이상에 단지 립서비스만 하게 될 심각한 위험에 처한다. 그리고 이것은 물론 현대 정치가들에 대해 그토록 자주 제기되는 실용주의라는 광범위한 불평에 내재한 심각한 도덕적 비판이다. 토니 블레어는 흥미로운 사례다. 그는 실용주의자로도 고발되었고 도덕주의적 이상주의자로도 고발된 복잡한 정치가이다. 물론 이 두 가지 고발이 같은 정책에 대해서 제기된 것은 아니지만 말이다. 야당 시절, 블레어는 대처리즘에 대한 맹렬한 반대자, 자유시장에 대한 엄격한 비판가, 그리고 영국의 땅에서 모든 핵무기를 일방적으로 폐기해야 한다고 주장하는 이였다. 그런데 정권을 잡자 대처 전 수상과 그의 거리는 극적으로 줄어들었고 그는 시장, 민영화, 그리고 독립적 핵 억지의 지지자로 변신하였다.[17] 이 변신은 정신의 위대한 유연성을 보여주는 것일 수도 있고, 정치적 전향의 다마스쿠스적 순간의 효과를 보여주는 것일 수도 있다. 그러나 덜 자비로운 해석을 하자면, 이 변신은 정권을 잡기 전에는 그토록 열정적으로 공언하였던 이상에 대해 실제로는 결정적일 정도로 느슨한 애착만을 갖고 있었다는 점을 보여주는 것 같다.

이상이 진정으로 견지되는 경우에는, 이상의 통제 역할(controlling role)은 이성의 발휘(exercise of reason)로 여겨지는 것이 당연하다. 이상을 고수한다고 주장하면서 이상이 이런저런 방식으로 행동을 규제하도록 하지 않는 것은 정말로 비합당할 것이다. 그러나 이상들이 충돌하는 경우 다른 이상의 이익을 위해 한 이상의 추구를 유예하기로 선택하는 결정에서 이성이 발휘되고 있는가? 벌린이 제기한 유형의 반론을 그런 문제를 결정하는 지시 규정 또는 기제에 유의해서 적용하더라도 우리는 그렇게 이상의 추구를 유예하는 결정도 이성을 발휘하는 것이라고 여전히 주장해야 한다고 나는 본다. 확실히 평화라는 이상과 정의라는 이상 사이의 선택에 직면하는 이는 동전을 던져 간단히 대응하는 것이 괜찮다는 듯 행동하지 않는다. 또한 그들이 이

---

17   블레어가 지지하는 이상이 겪은 변화에 대한 정곡을 찌르는 검토로는 Ch. 9, 'Right is the New Left', in Francis Wheen's *How Mumbo-Jumbo Conquered the World: A Short History of Modern Delusions* (London: Fourth Estate, 2004)를 보라.

런저런 방식으로 감정적인 격발(emotional gusts)을 좇는 것도 아니다. 그게 아니라 그들은 그 상황에 적합한 것으로 보이며 일관성을 존중하고 비판자들과의 토론에서 옹호될 수 있는 방식으로 행위하려고 노력한다. 이렇게 말한다고 해서 이런 종류의 일부 결정들이 고뇌에 찬 것일 수 있으며 옳게 보이긴 하지만 설명하기 어렵거나 옹호하기 어려울 수 있다는 점을 부인하는 것은 아니다. 그러나 우리의 사유는 단지 이상의 영역에서만이 아니라 모든 영역에서 그런 번민을 겪는 경향이 있다.

상대주의와 이상

나는 앞서 상대주의로 이르는 쉬운 길은 없지만, 몇몇 이상들이 그 어떤 도덕 행위자에게도 합리적으로 권고할 만한 것이 된다 할지라도, 여전히 어떤 상대성이 (앞서 논의한 능력과 여건의 상대성 이외의 상대성이) 이상에 결부될 수도 있다고 하였다. 이 절에서 얼마나 많은 상대성이 이상에 결부되는가라는 복합적 쟁점을 탐구할 것이다. 나의 출발점은 이상들의 도덕적 역할은 더 중심적인 핵심 도덕(a more central, core morality)에 비해 주변적(peripheral)이라는 마음을 끄는 사고가 될 것이다. 이것은 도덕철학에서 지속적으로 이어진 사고였다. 비록 그 사고의 상이한 표현들은 그 사고의 의미에 대한 상이한 해석을 시사하기는 하지만 말이다. 그래서 애덤 스미스는 다음과 같은 유비를 제시함으로써 정의와 '다른 덕'을 구분한다. 정의는 의사소통의 도구로서 언어를 보존하는 '문법 규칙'(the rules of gram-mar)과 같은 것인 반면, 다른 덕들은 '문장 구성에서 무엇이 더 절묘하고 우아할 것인가'를 결정하는 '우리가 겨냥해야 할 더 느슨하고

모호한 규칙들이다.[18] 피터 스트로슨(P. F. Strawson)의 영향력 있는
논문 「사회도덕과 개인 이상」(Social Morality and Individual
Ideal)[19]에서 그는 사회적 삶의 존재와 제도, 역할, 공민적 요구에 의해
본질적으로 요구되는 의무, 책무, 그리고 권리의 도덕과 사회도덕이 침
묵함으로써 남겨준 공간에서 개인이 자기 자신의 삶과 운명을 형성하
는 방식을 대조한다. 비록 스트로슨이 도덕에 관한 사회계약론 같은 명
시적인 그 어떠한 것을 지지하지는 않지만, 사회도덕을 개인적 이상의
윤리와 구분하는 그의 경계 긋기는 사회계약론의 전통과 확실히 공명
하는 바가 있다. 실제로, 팀 스캔론(Tim Scanlon)처럼 더 확고한 계
약주의자도 이상들을 유사한 방식으로 다룬다. 스트로슨과 스캔론 모
두에게, 그 그림은 엄격한 도덕적 요구(스캔론이 표현한 바에 따르면
'우리가 서로 빚지고 있는 것'(what we owe to each other))가 도덕
의 핵심 영역에서 부과되는 반면에, 부담이 덜 되며 상이하게 정당화되
는 도덕의 부분들은 대부분 이상에 해당하며 그 핵심 바깥에 속한다.

그렇게 도덕의 요구를 구분하는 경계는 어느 것이나 그 경계가 관
련된 개인의 열망을 사회적 요구와 대조하여 이상들을 더 일상적인
도덕과 구분하려는 의도가 있다면, 확실히 난점을 갖는다. 가장 단순
한 수준에서 (내가 앞서 가정했듯이) 이상이 공동으로 보유될 수 있
다는 점이 명백하다. 그러나 아마도 스트로슨이 이 점을 부인하려고
했던 것은 아닐 것이다. 그가 말한 내용 중 어떤 것도 한 개인이 견지
한 어떤 이상이 다른 사람들에게 설득력을 갖게 되어 다른 사람들도
자신들의 것으로 그 이상을 채택하는 일을 배제하지 않는다. 아마도

---

18   Adam Smith, *The Theory of Moral Sentiments*, ed. D. D. Raphael and A. L.
Macfie (Oxford : Clarendon Press, 1976), III. 6. 11, 175-6.
19   *Philosophy : The Journal of the Royal Institute of Philosophy*, 36(1961), 1-17.

스트로슨이 짚은 논지는 그게 아니라, 복수의 사람들이 어떤 이상을 공유할 때 그들은 본질적으로 개인으로서 어떤 이상을 공유하는 반면에, 공직자는 자신이 그 공직에 있기 때문에 지는 의무를 지며, 시민들은 시민으로서 그들이 가진 권리를 갖는다 등등의 구분인지도 모르겠다. 그러나 이것 또한 현실을 왜곡한다. 일군의 사람들이 견지하는 많은 이상들은 공동적인 것이며 그 공동체 내에 위치한 어떤 개인이 된다는 것이 무엇인가를 얼마간 규정하는 길로 나아간다. 스트로슨의 논급 중 일부는 이 점을 인정한다. 비록 다른 논급들은 그 점과 긴장 관계에 있지만 말이다.

스트로슨이 말한 사회적인 것/개인적인 것 간의 대조가 진정으로는, 엄격성(stringency)과 선택성(optionality) 간의 다소 상이한 대조를 표현하기 위한 것인데 이는 다소 오도하는 대리물인지도 모른다. 이상은 개인적인 것으로 다루고 책무 등등은 사회적인 것으로 다루는 일은 이상은 개인에게 명령되지 않으며 사회적으로나 법적으로 집행될 수 없다는 이념을 구현하고 있을 수도 있다. 이 이념은 일부 유형의 도덕을 법적 제재의 영역에서도 사회적 제재의 영역에서도 몰아내고자 하는 특정한 자유주의적 도덕관과 연관된다. 니콜라스 레셔와 같이 이상을 몹시 좋아하는 이조차도 '이상에는 우리가 규범에 귀속시키는 종류의 보편성이 없다. 이상에는 더 개별화되고 더 국지적인 어떤 것이 있다'[20]고 생각한다. 그리고 그는 '특정 이상에 동의하는 사람은 자신이 그런 이상을 좇는다고 해서 다른 사람도 그러리라고 기대할 아무런 권리도 갖지 않는다.'[21]고 덧붙인다. 그러나 다른 한

---

20   Rescher, *Ethical Idealism*, 122.
21   Ibid. 123.

편으로 자유주의적 사회 그 자체가, 사람들이 일정한 이상들을 일반적으로 고수하지 않고서는 존재할 수 없는 것 같다. 이렇게 일반적 고수가 요구되는 이상에는 자유의 이상이 가장 눈에 띄지만, 또한 불편부당, 평등과 같은 법의 지배와 연관된 특정 이상들도 있다. 이런 연관하에서, 미국 법철학자 론 풀러(Lon Fuller)가 의무의 도덕과 열망의 도덕 구분을 크게 중시했다는 점이 주목할 가치가 있다. 비록 그가 이상에 관해 명시적으로 이야기하지는 않았지만, 그는 열망의 도덕을 완전성의 추구와 연결 지으며, 법이 예화하려고 분투해야 하는 여덟 가지 '탁월성'을 열거한다.[22] 그 구분에 대한 풀러의 해명은 전적으로 명확한 것은 아니다. 풀러가 사용하는 한 가지 기준은 제재와 비난이 의무에 결부되어 있는 반면에 열망 추구 실패에는 결부되어 있지 않고, 열망에 어울리게 산 사람들에게는 보상과 칭찬이 돌아가는 반면에 자신들이 지는 의무를 이행했을 뿐인 사람들에게 보상과 칭찬이 돌아가는 것은 부적합하다는 것이다. 처음 들으면 그럴법하지만 나는 이 심사가 작동하리라고 확신하지 못하겠다. 어쨌거나 우리는 때때로 자신의 의무를 한 사람에게 칭찬을 하며, 또한 그들이 공언한 이상에 어울리지 않는 행동을 한 사람을 자주 비판한다. 그리고 어떤 사람은 그들이 받아들인 이상에 어울리게 살지 못했다는 이유만이 아니라 어떤 이상도 갖지 않았다는 이유로 비난을, 그것도 심각한 비난을 받을 수도 있다. 그러나 풀러의 정의(定意)의 부적합성이 무엇이건 간에, 그의 시도가 법을 열망의 도덕과 의무의 도덕 양자 모두에 근거를 두고 있는 것으로 논하려는 시도였음을 여기서 주목할 가치가 있다.

---

22   Lon L. Fuller, *The Morality of Law* (New Haven: Yale University Press, 1977).

  (스트로슨이 주장하듯) 사회적 역할이 사회도덕에 중요한 정도만큼, 그런 역할이 작동하고 그 역할들이 묻혀 들어가 있는 제도가 기능하는 일에 이상이 갖는 의의는 무시될 수 없다. 그런데 스트로슨의 대조는 이 사실을 희미하게 만드는 경향이 있다. 스트로슨은, 사회도덕이 개인 이상들의 추구를 가능하게 한다는 면에서 사회도덕과 개인 이상 사이의 중요한 연결고리를 보았으며 '최소한의' 도덕과 이상 사이의 관계의 복잡성에 관하여 더 말할 것이 있으리라는 점을 인정하기는 했다. 그러나 그는 다른 방향으로 가는 중요한 연결고리는 발전시키지 않는다. 예를 들어, 진리의 이상 그 자체가 대학에서 학자의 역할을 조건화하는 방식, 보살핌의 이상이 간호사의 역할을, 정의의 이상(the ideal of justice)이 판사의 역할을 조건화하는 방식을 생각해보라. 이상이 그러한 제도적 틀 내에서 의무, 책무 등등과 맺는 관계에는 정말로 복잡한 쟁점들이 있다. 그러나 그 쟁점은 칼 같은 스트로슨적 대조 때문에 대부분 눈에 띄지 않게 희미해져 버린다. 나는 그 관계에 대한 온전한 탐구는 에토스 개념이 이상과 의무를 연관 짓는 방식에 면밀한 주의를 기울여야 할 것이라고 본다. 이 문제를 여기서 다룰 수는 없다. 그러나 스트로슨의 강조가 갖는 부적합성 중 일부를 보여주기에는 충분히 이야기한 것 같다.

  그러나 상대성의 쟁점은 남는다. 비록 항상 그렇듯이 상대성을 둘러싼 이야기에는 많은 애매함이 있지만 말이다. 스트로슨의 논의는 모든 이상들을 한결같이 '최소한의 도덕'의 책무들보다 덜 보편적인 요구를 하는 것으로 다루거나 더 선택적인 것으로 다루는 흔한 논의 방식이 지나치게 많은 것을 희미하게 보이지 않게 만든다는 점을 시사한다. 정의, 평화 그리고 평등과 같은 이상들은, 마치 섭정시대[역자-영국사에서 황태자 조지의 섭정시대인 1811-1820년까지의 기간]

의 댄디들(dandies)을 고취시켰던 과시의 이상 또는 수도승의 금욕적 이상과 완전히 일치하는 선택적 헌신처럼 여겨지는 양, 오해되고 과소평가된다. 비록 그것들의 의미에 관한 많은 논쟁이 있을 수 있지만, 전자의 정의, 평화, 평등의 이상은 후자의 과시의 이상이나 금욕의 이상은 하지 않은 방식으로 보편적으로 채택되어야 한다고 주장할 자격(claims)을 가지며, 또 후자의 이상은 하지 못하는 일인 최소한의 도덕의 작동에 필요한 내용에 영향을 주고 변화시키는 일을 할 수 있다. 여성 대우에 관한 책무의 '최소한의 도덕'(minimal morality) 영역을 변경하기 위해 최근 오십년 동안 평등의 이상이 거론되는 방식을 생각해보라. 그러나 이렇게 이상이 최소한의 도덕 영역을 변경할 수 있음을 감안하는 경우에도, 이상의 개념적 공간 내에서 상대성과 선택성이 작용하는 중요한 영역들이 여전히 있을지도 모른다. 다음이 그 몇몇 예다.

상대성의 한 형태는 이상에 결합되는 강도(the degree of attach-ment to an ideal) 또는 아마도 더 나은 표현으로 상이한 개인에게서 갖는 개인적 우선성이나 상이한 공동체에서 갖는 사회적 우선성이라고 칭하는 것에 관련된다. 순수 상대주의(full-blooded relativism)와 벌린이 맺는 애매한 관계 중 일부는 그가 바로 이 매우 상이한 종류의 상대성을 알고 있었기 때문에 생겼다. 내가 여기서 염두에 두고 있는 것은 예를 들어, 비록 진리의 이상이 모든 이들의 주의를 끌어야 한다고 주장할 객관적 지위(objective claim to the attention of all)가 있다고 할지라도, 그것은 지식인의 삶에서 특별한 역할을 가질 수도 있다. 이는 정의의 이상에 모든 이들이 관련된다고 하더라도, 판사에게는 특별한 의의(special significance)를 갖는 것과 마찬가지이다.

또 다른 형태의 상대성은 일부 이상들이 일부 사람들에게는 대단히

중요하지만 다른 사람들에게는 아주 약간만 관련이 있거나 전혀 상관
이 없는 방식과 관련된다. 예를 들어 의복의 우아함이나 신체적 단련
의 이상을 생각해보라. 아마도 많은 이들은 이런 이상들을 아예 도덕
적 이상으로 여기지 않을 것이고 그 점이 물론 도덕과 다른 규범적 영
역을 구분하는 경계에 관한 중요한 질문들을 제기하기는 할 것이다.
그것은 여기서 해결하기에는 지나치게 큰 쟁점이다. 그렇지만 최고의
신체적 단련의 이상은 의복의 우아함의 이상과 마찬가지로, 다른 사
람들이나 다른 집단에게도 마찬가지로 그래야 한다는 점을 의미하지
않고서도 한 개인의 삶 그리고 실제로 한 공동체의 삶의 우선순위에
서는 지배적인 영향력을 발휘할 수 있다는 점은 확실하다. 더 유의미
하게 도덕적인 영역의 예로 들자면, 특정한 종교적 이상들은, 더 폭넓
은 공동체에서 그 종교 공동체 바깥의 사람들은 그 종교적 이상들을
채택할 여하한 필요를 보지 못하지만, 그 바깥사람들에게서도 존중을
심지어 어느 정도는 경탄을 자아낼지도 모른다. 나는 금욕주의 이상
을 공유하지 못하는 것이 신에 관한 믿음 또는 삶에서 중요한 것이 무
엇인가에 관한 심층적인 차이와 관련되어 있는 경우를 생각하고 있
다. 이 종교적 사례들은 종교적이고 비종교적인 개념으로 서서히 변
해 의무를 넘어선 것(the supererogatory)과 같은 개념을 거론할지도
모른다. 이것이 통상적인 뜻의 의무를 넘어선, 자기희생이나 봉사의
소명과 같은 개념의 경우에 발생한 변화다. 그 외에는 군대의 계급 구
성원의 정신을 깊이 사로잡을 수 있는 개인적 명예의 이상에 관한 스
트로슨의 예처럼 덜 명확한 다른 것들이 있다. 나는 스트로슨이 염두
에 둔 것이 무엇인지 전적으로 확신하지 못하겠다. 그러나 동료들의
생명을 구하기 위해 폭발하려는 수류탄 위에 엎드려 죽음을 자청하는
군인의 행동 같은 것을 포괄하는 이상을 그 한 가지 가능성을 생각해

볼 수 있겠다. 이러한 행동은 보통의 민간인이 다른 민간인들을 구하기 위해 한다면 경탄할 만하며 의무를 넘어선 행위가 될 것이지만, 군대라는 맥락에서 그런 행동을 이끌어내는 이상은 그런 행동을 꼭 의무로 만들지는 않지만 무시하기 더 힘든 힘을 갖는다. 어떤 경우든, 그런 맥락에 있지 않아 그런 이상이 명하는 바에 구속되지 않는 이들[역자-민간인들]에게도 그 이상은 완전히 이해 가능하며, 또 그 이상의 배후에 있는 이유들의 도덕적 힘을 이해할 수 있다. 명예와 봉사의 이 이상은 어떤 측면에서는 특수화될 수는 있지만, 그것들은 이성의 범위 밖에 있지도 않으며 군대의 맥락 바깥에서도 이치에 닿게 이해할 수 있는 것이다. 왜냐하면 다른 명예의 이상들에 관해서는 우리는 그 이상들을 다른 사람들의 합리적인 평가에 열려 있다고 상상할 수 있을 뿐만 아니라 정말로 합리적인 거부에도 열려 있다고 상상할 수 있기 때문이다. 명예로운 결투 예법(the duelling code of honor)이 그 한 예이며 그 예는 폭력에 대한 위험한 형태의 낭만주의를 구현하는 상이한 '명예' 요소가 있을 수 있음을 보여준다. 이와 비슷한 어떤 것이 애국주의의 이상(the ideal of patriotism)에 대한 스캔론의 논의에도 참일지 모른다. 그는 애국주의적 이상을 가진 이들과 그 이상과 양립 불가능한 이상인 '개인의 독립성'(ideals of individual independence)을 가진 이들이 하나의 중요한 면에서는 비록 분리되기는 하지만 서로를 존중해야 한다고 생각한다. 그러나 이러한 주장은 그 문제를 잘못된 위치에 놓는 것 같다. 그 문제는 인격적 존중의 기반에 관한 문제가 아니라 개인의 독립성이라는 이상 자체를 받아들이거나 거부할 이유에 관한 문제이다.[23] 개인의 독립성이라는 이상은 별도로

---

23   T. M. Scanlon, *What We Owe to Each Other* (Cambridge, Mass.: Harvard

그것에만 보이는 존중이 아니라 이성에 입각한 관여(reasoned en-gagement)를 요청한다.

나는 상대성이 발생하는 여러 방식에 관해서 독단적이고 싶지 않다. 그리고 방금 인용한 예들에 많은 것들이 달려 있다. 나는 선택성(optionality)에 대한 널리 퍼진 견해에서 균형을 좀 더 반대쪽으로 기울이고 싶었을 뿐이다. 널리 퍼진 견해는 이상이 자의적인 것이나 주관적인 것에 너무나 쉽게 의지한다고 시사한다. 확실히, 다음과 같은 가능성, 즉 모든 사람을 구속하는 명령에 비추어 살펴보았던 이상들 중 몇몇이, 많은 사람에게 지배적인 이상이고 다른 사람들에게는 매력적인 이상이지만 또 다른 많은 사람에게는 도덕적으로 유관조차 하지 않은 이상일 가능성이 적어도 고려되어야 한다. 아마도 (진지한 성 파트너인 사람들에게) 평생 동안 결혼 생활에 헌신하는 것이 이 범주에 속할 것이다. 제인 설리번(Jane Sullivan)은 멜버른 신문 〈더 에이지〉(*The Age*)의 언론인으로 낭만적인 '관계'의 밀물과 썰물에 관해 쓸 때 이런 종류의 것을 염두에 두었던 것 같다. 그녀는 말한다. '평생 동안의 하나의 완전한 낭만적 관계가 여전히 이상이긴 하지만, 늘 관계는 끝나고 새로운 관계가 시작된다. ― 그리고 새로운 관계가 시작되고 난 이후의 기간이 옛 관계가 끝나기 전의 기간과 중첩된다는 점을 알고 나서 누구도 정말로 놀라지는 않는다. 우리는 "간통"을 정확히 승인하는 것은 아니다. 그렇지만 우리는 간통을 사악하게 마음이 쏠린 것(evil abstraction)이 아니라 삶의 사실로, 즉 배우자들 사이에서 수습해야 할 문제로 본다.'[24]

University Press, 1998), 346.

24　Jane Sullivan, 'We're Still Silly over Sex', *The Age* (26 Dec. 1998), 6.

만일 이런 종류의 시사가 진지하게 받아들여진다면 그것은 실현 불
가능성 논의에 또 하나의 차원을 더하게 되며 '완전한 덕행의 권
고'(counsels of perfection)에 대한 우리의 이전 논의를 한 단계 더
밀어붙이도록 한다. 이는 결혼의 충실성이 확실히 결혼한 이들 중 많
은 수에 의해 실현 가능한 (그리고 실현되는) 이상이긴 하지만, 그것
을 실현하지 않는 사람은 구속적인 의무를 위배한다기보다는 이상에
못 미치는 존재로 대우받는 경우가 보통이기 때문이다. 모든 사람들
이 거기까지 동의할 준비가 되어 있는 것은 아니며, 이것은 이상의 요
구의 엄격성 또는 심지어 어떤 도덕적 가치가 이상인지 아닌지의 여
부에도 논쟁의 여지가 있을 수 있음을 보여준다. G. K. 체스터턴(G.
K. Chesterton)이 논쟁의 이러한 지점을 냉정하게 조롱하며 강조한
다: '불운하게도 이론적 측면에서는, 단어 "이상"은 정확한 용어와는
거리가 멀며, 거의 정반대되는 두 해석에 열려 있다. 일부 사람들이
수도원 생활이 하나의 이상이라고 말하는 것처럼 많은 사람들은 결혼
이 완전한 덕행의 권고라는 뜻에서 하나의 이상이라고 말할 것이다.
오늘날 확실히 우리는 이런 방식으로 부부 관계의 이상을 보존할지도
모른다. 어떤 남자는 단지 그가 결혼 생활을 하고 있다는 이유로 거리
에서 일종의 성인(saint)으로 경건하게 지목될지도 모른다. 어떤 남자
는 일부일처제를 잘 지켜서 메달을 목에 걸지도 모르겠다. 또는 자신
의 이름 뒤에다가 V.C. 또는 D.D. 같은 문자를 덧붙일 수도 있겠다.
이를테면 L.W.는 "아내와 함께 살다"(Lives With His Wife)를 나타
내고 N. D. Y.는 "아직 이혼하지 않은"(Not Divorced Yet)을 나타내
는 식으로 말이다.'[25]

---

25   G. K. Chesterton, *The Superstition of Divorce* (London : Chatto and Win-

뒤틀린 목재?

내가 다루어야만 하는 이상의 역할의 또 다른 측면이 있다. 그리고 이 측면은 벌린이 명시적으로 제기한 것이다. 그는 임마누엘 칸트의 마음을 뒤흔드는, 그리고 다소 신비스러운 문장을 자주 거론했다: '인간성이라는 뒤틀린 목재로는 어떠한 곧은 것도 만들어진 적이 없다.' 벌린은 이 문장을, 인간이 완전성을 위해 분투하라는 요구 또는 이상을 추구하라는 요구에 반대하는 분명한 메시지(clarion call)로 여겼다. 인간 본성은 '곧게 만들어질' 수 있는 종류의 것이 아니다. 그러나 이 문장은 적어도 두 방식으로 해석될 수 있다. 하나의 방식은 비록 이 문장이 때때로 잊히기는 하지만 진부한 이야기, 즉 우리 인간은 오류를 범하기 쉽고 부정(不貞)하며 때때로 비뚤어지고 악랄한 존재라는 사실을 상기하는 문장으로 해석하는 것이다. 이것은 우리가 그 논평에 대한 온건한 독법(modest reading)이라고 칭할 수 있는 것이다. 그러나 우리가 극단적 독법(extreme reading)이라고 칭할 수 있는 것도 존재한다. 그 독법은 인간성이 본래적으로 부패하였고 망상에 차 있다고 보다 극적인 주장을 하는 것으로 읽는 해석이다. 양 주장은 원죄 교리에 대한 두 고전적인 신학적 해석에 상응한다.

온건한 독법과 극단적 독법은 이상의 역할에 대한 벌린 스타일의 반론을 평가하는 데 중요하다. 인간 본성이 이상의 적극적 역할을 견뎌낼 수 없다는 것이 그 반론의 발상이라면 그 이념에 그럴법한 뒷받침을 조금이나마 해주는 것은 극단적 독법뿐이다. 그 반론이 주장하는 바가 인간은 이상을 위해 분투할 능력이 없다거나 이상을 실현할

dus, 1920), 133-4.

능력이 없지만 그런 노력을 하게 되면 어마어마한 해악을 낳을 것이
확실하다는 발상이라면, 극단적 독법은 우리의 무능력(incapacities)
과 타락한 성향(depraved proclivities)이 그러한 주장을 뒷받침한다
는 점을 보여주는 데 도움이 될지도 모른다. 그러나 극단적 독법은 그
러한 주장을 거의 뒷받침하지 않는다. 그리고 나는 우리 인간종의 기
록된 역사에 의해 더 그럴법하게 지탱되는 것은 온건한 독법이나 그
와 유사한 어떤 것이라고 주장할 것이다. 이렇게 이야기했다고 인간
종에 관하여 특별히 낙관적인 것은 아니다. 왜냐하면 야만성을 보여
주는 우리의 음울한 기록은 확실히 낙담케 하는 것이기 때문이다. 그
러나 이렇게 이야기하는 것은 거룩함(sanctity)과 영웅주의(heroism)
의 의의뿐만 아니라 윤리라는 과업의 가능성을 애초에 조금이라도 진
지하게 여기는 기초가 되는 놀랍지 않은 모든 일상적인 선함의 의의
를 분명히 주목하기 위해서다.

그럼에도 인간 본성에는 타락이나 지성적 무능력이라고 부를 정도
는 아니라고 할지라도 이상을 분별 있게 추구하는 것을 어렵고 위험
하게 만드는 어떤 점이 있다는 반론이 제기될지도 모르겠다. 이 '어떤
점'은 이상의 실행에 관하여 현실주의적으로 되는 것에 항상 존재하
는 문제를 포함한다. 이상에 근접하려는 시도가, 이상에 어긋나는 행
위를 요구하는 것으로 보이는 고집스러운 현실과 부딪힐 때 우리는
단지 최적보다 못한 결과가 아니라 순전히 나쁜 결과를 낳을 정도로
이상의 요구를 고수하고자 하는 강한 유혹을 느낀다. 그런 상황에서
볼테르는 한때 다음과 같이 말했다. '최선은 선의 적이다.'(the best
is the enemy of the good)[26] 이것은 국제 관계에서 이상주의에 대해

---

26   Voltaire, 'Dramatic Art', in *Philosophical Dictionary* (1764).

현실주의적 비판가들을 그토록 우려하게 만드는 것들 중 하나이다. 앞서 나는 이상과 현실이 충돌하는 여러 경우에 대응하는 방식을 언급하였다. 그러나 지금의 논의가 시사하는 바는, 이상 추구라는 과업에 고질적으로 존재하는, 현실을 무시하게끔 하는 강력한 유혹 또는 다른 면에서 우리의 실천적 추론과 대응을 왜곡할 정도로 이상에 사로잡히려는 강력한 유혹이 있을 수밖에 없다는 것이다. 공공 정책에서 우리는 강제 버스 통학(school bussing) 정책을 인용할 수 있겠다. 이 정책으로 여러 지역의 아이들이 그들의 집에서 상당히 멀리 떨어진 거리까지 통학하도록 강제되었다. 이는 학생들의 인종비가 적합한 혼합비를 갖게 하기 위한 정책이었다. 그 정책은 인종 평등이라는 이상을 동기로 실시되었지만 그 이상을 실현 가능하게 실행하는 데 있어 심리적, 사회적, 그리고 교육적 장벽을 무시하였다. 다소 다른 유형의 왜곡, 공공 정책이 아니라 개인의 인격 수준에서 발생하는 유형의 왜곡의 예를 들자면, 우리는 어떤 종류의 인격의 결함을 '완벽주의'(perfectionism)[역자: 완전주의와 완벽주의의 영어 단어는 같은 단어이며, 일상 용례에 따라 이 경우에 한해 '완전주의'가 아니라 '완벽주의'라고 번역하였다.]라고 볼 수 있을지도 모른다. 이상이 달성될 때에만 만족하기 때문에 (그 이상과 유관한 종류의) 아무것도 성취할 수 없는 사람이 완벽주의자다. 다시금 두 사례 모두 충분히 현실적이지만, 그런 왜곡이 불가피하다는 논증보다는 이상의 남용에 대한 경고만을 제공한다. 이상주의자는 자신을 쇠약하게 하는 완벽주의를 꼭 겪게 되는 것은 아니며 이상을 추구하는 사회 정책이 여건에 꼭 둔감할 수밖에 없는 것도 아니다. 물론 이상의 추구는 특정한 위험들을 무릅쓰게 하며 현재의 반론은 그 위험들이 무엇인지 유익하게 시사하려는 것으로 이해될 수 있다. 그러나 현재의 반론이 그 위험들을 결코 감수할 만한 가치가 없음을 보여주는 것은 아니다. 이상의 위험한 비현실주의에 초점을 맞추는 반론은 이상에 대한 헌신이 무엇이 가능한가에 대한 우리의 감각을 래디컬하게 바꾸어 놓을 수 있는 방식들을 무시한다. 과거의 현실주의자들은 모든 종류의 것들, 당시의 이상주의자들이 발생시키는 데 기여했던 이를테면 노예제 폐지나 여성 해방 그리고 공산주의 독재의 내부로부터의 평화로운 전복이 불가능하다고 우리에게 끊임없이 이야기했었다.

　그만큼 흔히 주목되지는 않는 이상의 또 다른 난점이 있다. 그리고 이 난점은 어떤 면에서 앞의 반론의 동전의 다른 면이다. 이것은 기존 현실을 이상화함으로써 만들어지는 문제다: 즉 실은 기존 현실이 이상에서 매우 거리가 먼데도 불구하고 이미 이상을 구현하고 있다고 이해해버림으로써 생기는 문제다. 이것은 특히 기존 현실이 전통의 결과인 경우 보수주의 사상가들에게 특히 생기는 유혹이다. 그러므로 그런 문제가 발생하여 가족이나 경찰 또는 교회와 연관된 이상들이 사람들에게 그런 제도가 지금 여기서 어떠하다는 훨씬 암울한 현실을 보지 못하게 한다. 그런 이상화를 향한 뚜렷한 인간 경향성이 있는 것 같다. 그러나 다시금 그것은 경향성이며 극복될 여지가 있다. 더군다나, 그런 경향성은 이상 그 자체의 도움을 받아 극복될 여지가 있다. 이상화하는 왜곡이 현실과 이상 사이에 존재하는 간극을 대면하도록 할 필요가 있다. 배우자 학대와 아동 학대는 가족 이상, 헌신, 그리고 보살핌의 이상이 가질 가치가 없다는 점을 보여주지는 않지만, 그러한 이상이 단지 수사적으로 거론되기보다는 실행될 필요가 있음을 보여준다.

　결론적으로, 인간 본성과 이상 사이의 연결고리에 관한 더 나아간 논지를 짚고자 한다. 기업 윤리 그리고 기업과 직업에 대한 규제 체제에 대한 논의에서, 우리가 '덕을 경제화해야 한다'(economize on virtue)는 슬로건에 의지함으로써, 부담이 무거운 규제를 지지하려고 하거나 사리에 대해 호소하려고 하는 일이 흔히 있다. 그 발상은 우리가 관련된 인간과 제도의 자기 이익이 옳은 일을 하도록 질서를 조직하면 상업이나 직업 활동에서 훨씬 더 많이 이익을 도모할 수 있음이 예상된다는 것이었다. 그러나 이러한 주장에 반대하며 덕을 경제화하는 것은 덕이 작동하는 정당한 기반을 파괴하는 위험에 빠진다는 주장이 점점 더 강하게 제기되었다. 만일 사람들이 덕을 발휘할 능력이 없는 존재로 여겨진다면, 사람들은 바로 그런 존재로 스스로를 바라볼 것이며, 그래서 제도적 개선과 개인적 개선의 잠재적으로 강력한 도구를 잃어버리게 될 것이다. 이와 유사한 어떤 것이, '이상을 경제화'해야 한다는 발상에 대하여 이야기될 수 있다. 정말로, 벌린의 논평에 제기한, 인간 본성에 관한 질문은 이상의 도덕 심리학에 관한 질문으로 자연스럽게 이른다. 특히 이상과 희망의 관계가 무엇인지의 질문이 제기된다. 아퀴나스의 논의와 같은 중세의 고전적인 논의에서는, 희망은 신학적 덕으로 다루어졌다. 그러나 적어도 현상적으로는, 세계와 인간 삶에 대하여 미래를 지향하는 태도를 취하는 것이 그 신학적 덕의 자연스러운 등가물이다. 그리고 이것은 희망과 절망의 영역인 것 같다. 희망 그 자체가 이상을 낳는 데 한 역할을 하는 것처럼 이상은 희망을 지탱하는 데 한 역할을 한다. 그러나 우리의 주제를 이렇게 흥미롭게 확장하기 전에 논의를 멈추어야만 하겠다.

4

악에의 관여
: 정치, 더러운 손, 그리고 부패

'도덕에서 아주 흔한 일이 있다고 한다면, 그것은 바로
권력과 위대함이 사람을 타락시킨다는 것이다…'

Joseph de Maistre, *Considerations on France*

〈전쟁의 안개〉(The Fog of War)라는 다큐멘터리 영화에서는 전직 미
국 국방장관 로버트 맥나마라(Robert McNamara)가 정치와 그 외
분야에서 자신의 경력에 관해 길게 인터뷰하는 내용이 나온다. 특히
맥나마라는 베트남 전쟁 비판에 관한 그의 생각을 거기서 밝힌다. 맥
나마라는 열광적인 매파였지만 이제는 그의 열광에 조건을 달고 더
완화하면서 베트남 전쟁에 관한 판단의 많은 오류들을 인정하였다.
인터뷰 도중 그는 국제 정책 행동을 위한 원리들의 목록을 열거한다.
그 중 9번이 다음과 같다: '선을 행하기 위해서는 악에 관여해야만 한
다.' (In order to do good, you must engage in evil.)

맥나마라는 버클리에서 철학과 정치학을 공부하였으며 이 논평은
그가 틀림없이 마키아벨리의 팬이었다고 시사한다. 그가 다음과 같이
말하지 않았음을 주목하라: '선을 행하기 위해서는 악과 더불어 관여
해야만 한다' (In order to do good you must engage *with* evil.) 또

는 '선을 행하기 위해서는 악을 행하여야 한다.' 중대한 문구는 '관여하다'(engage in)이다. 나는 이것이 정치에서 선한 대의로 악을 행하는 것 또는 때때로 '더러운 손'이라고 칭해지는 것 또는 '고귀함이 타락을 야기한다'는 다소 상이한 인용구로 칭해지는 것에 관한 논의에서 중대한 문구라고 본다. 맥나마라가 정치에 개입하는 일, 특히 국제정치에 개입하는 일이 악과 대면하는 것을 요한다는 말만 한 것은 분명히 아니다. 또한 맥나마라가 당신은 때때로 악한 행동을 해야만 한다는 논란의 여지가 더 많은 주장을 하고 있었던 것만도 아니다. '관여하다'라는 단어의 용법은, 이따금씩 악을 행하기보다, 악 행하기에 대한 더욱 지속적인 헌신을 시사한다. 그리고 권좌에 있을 때 맥나마라가 한 일의 기록은 언어적 해석의 논쟁의 여지 있는 것으로 보일 뻔했던 논점을 강화한다. 맥나마라의 규칙은, 미국이 먼 거리의 외국인들과 적대한 예전 시대에 맞추어 정식화된 것이지만 대외 문제에서 '선을 행하는 것'의 요건에 관하여 미국을 비롯한 여러 나라에서 오늘날 쓰이고 생각되는 것과 많은 부분 공명한다. 예를 들어, 마이클 이그나티에프(Michael Ignatieff)는 뉴욕 타임스 매거진에 실리고 멜버른 에이지에 다시 실린 신문 기사에서 미국은 테러리즘의 악을 패퇴시키기 위해 '악과의 밀거래'(traffic in evil)를 해야 할 수도 있다고 주장하였다.[1] '지금은 더러운 싸움을 할 때다'(It's Time to Fight Dirty)라는 표제하에 이그나티에프는, 미국의 9. 11 테러로 인해 허용되는 일이 되었다고 하면서 극단적인 정책의 필요성을 논의하였다. 특히 그는 암살, 고문을 비롯하여 테러리스트들을 패퇴시키는 데 필

---

1   Michael Ignatieff, 'It's Time to Fight Dirty', *The Age*, Melbourne (29 May 2004).

요할 수도 있는 권리를 침해하는 수단을 활용하는 일의 도덕적 타당
성을 논의하였다.

나는 이그나티에프 자신이 이 기사의 제목을 생각해냈는지는 모르
겠다. (그 기사를 발췌문이라고 하며, 뒤이어 출간한 책은, 그보다 덜
극적으로 '더 작은 악'(The Lesser Evil)이라는 제목으로 나왔으며
때 묻은 수단으로 테러리즘과 싸우자는 많은 제안들에 분명히 비판적
이다.) 그러나 '더러운'(dirty)이라는 단어는 '더러운 손'이라는 표제
하에 이루어졌던 정치적 도덕에 관한 최근의 철학적 논쟁을 상기시킨
다. 이 논쟁은 9. 11과 그 뒤에 개시된 '테러리즘에 대한 전쟁'으로
인해 생긴 분노로 인해 새 생명이 주어졌다. 그 주제를 다루는 주요
현대 저술은 마이클 왈저의 것이다. 그의 영향력 있는 논문 〈정치적
행위: 더러운 손의 문제〉(Political Action: The Problem of Dirty
Hands)에서 그는 '더러운 손'이라는 용어를 장 폴 사르트르가 쓴 동
명의 희곡에서 따왔다.[2] 그러나 그 이념은, 『군주론』(*The Prince*)과
『로마사 논고』(*The Discourses*)에서 정치적 수단을 다룬 논의에까지
더 오래전으로 거슬러 올라가는 계보를 갖고 있으며 토머스 홉스와
막스 베버로부터 여러 요소들을 끌어온다. 나는 '그 이념'(the idea)
이라고 하였지만 '더러운 손'이라는 제목하에 수렴하는 많은 상이한
이념들이 있다. 내가 이 책 1, 2장에서 논의한 정치적 현실주의 전통
은 더러운 손 원칙(dirty hands doctrine)과 친화성을 갖고 있으며,
몇몇 지성적 혈통을 공통으로 갖고 있다. 그러나 (내가 거기서 말했듯
이) 그 둘을 별개로 다루는 것이 더 낫다. 대략적으로 말해서, 현실주

---

2 Michael Walzer, 'Political Action: The Problem of Dirty Hands', *Philosophy and Public Affairs*, 2/2 (1973).

의는 대외 문제에서 지배적인 무도덕주의(dominant amoralism)를 찬성하여 논한다. 그런데 더러운 손은 대외 문제에서 명시적으로 승인된 비도덕주의의 필수성을 가리킨다. 물론 나는 현실주의자들은 그들이 의도하는 것을 혼동하고 있기에 특히 대외 정책에서 도덕이 아니라 도덕주의가 차지하는 자리를 비판하는 소극적 이념에 관해서 더 자비롭게 해석되어야 한다고 주장한다. 그러나 그들의 명시적인 주장 중 많은 부분이 넓은 범위의 무도덕주의를 제안한다는 점은 부인할 수 없다.

정치적 도덕의 논의에서 추가적인 쟁점은, 처리되는 도덕적으로 문제되는 것의 수준에 관한 것이다. 우려를 자아낼 수 있는 잠재적인 '비도덕성'의 많은 상이한 유형이 있다. 도덕적 공감을 발휘하는 시간을 제한하고 감수성을 무디게 하는 것이 한끝이고―우리는 버나드 윌리엄스(Bernard Williams)를 따라 도덕적 경범죄 또는 도덕적 불편의(inconvenience; 不便宜)라고 이를 칭할 수 있겠다―다른 쪽 끝에는 도덕적 범죄가 자리하고 있는 스펙트럼 부분 모두가 포함된다.[3] 나의 논의에서는 스펙트럼의 무거운 끝 쪽을 다루는 일에 제일 많은 부분을 할애하겠다.

나는 마이클 왈저의 영향력 있지만 내가 생각하기에는 다소 혼동을 범하고 있는 입장을 분석하여 더러운 손 논쟁을 탐구해보고자 한다. 그리고 나서 나는 왈저와 더 허용적인 견해를 밝힌 다른 몇몇 이들이 제안한 방식으로 정치를 생각하는 방식의 문제점을 검토함으로써 더 실질적인 쟁점을 다루는 일로 옮겨갈 것이다. 이것은 '고귀한 부

---

3 Bernard Williams, 'Politics and Moral Character', in Stuart Hampshire (ed.), *Public and Private Morality* (Cambridge: Cambridge University Press, 1978).

패'(noble corruption)[역자-문맥에 따라 'corruption'을 '부패' 또
는 '타락'으로 옮겼다.]에 관한 특정한 수수께끼에 대한 논의로 데려
다줄 것이다. 특정 여건에서 '악에 관여하기'의 장점과 단점에 대한
철학적 논의의 복잡성을 다루는 일에 착수하기 전에, 더러운 계략과
더러운 손이 발생하는 현실 세계의 맥락은, 철학자들이 통상 그려내
는 것보다 보통 훨씬 더 조야하고 타락한 계산과 도덕 질서 위반을 포
함하고 있음을 주목할 가치가 있다. CIA의 비밀 작전(covert opera-
tions)의 역사는, 최근 팀 와이너(Tim Weiner)에 의해 솜씨 좋게 파
헤쳐졌는데, 살인, 사기, 불법적인 전쟁과 혁명, 그리고 미국의 정치
지도자들을 계속해서 기만하는 등의 심각한 도덕 위반이 CIA의 문
앞에 모두 열거될 수 있음을 명확하게 보여준다. 다른 나라 정보 조직
의 비밀 조작과 탈선이 훨씬 더 깨끗할 개연성도 없다. 더러운 손 철
학자들이 거론한 이상화된 조건은, 실제로 자기들의 손, 팔, 그리고
어깨까지 더럽게 담그는 첩자와 정치가의 추론 및 심리와는 우스울
정도로 멀리 떨어진 경우가 보통이다. 1953년에 이란의 모사드 대통
령을 전복하고 대신에 샤 왕조로 세우기로 결정한 CIA의 작전 요원
들, 이란에서의 대담한 계획의 '성공'으로 대담해져 1954년 과테말라
정부를 전복한 담당 요원들은 누구나 죽음을 뿌리는 자신들의 일과
부패가, 공산주의라는 최대 악에서 나오는 것으로 정당성이 부여된다
고 생각했다. 실제로 와이너가 음울하게 상세한 묘사에서 입증했듯
이, 사람들, 문화, 이데올로기 그리고 결과에 관한 그들의 판단은 숙
지되지 않았고, 생각 없는 데다가, 대충 때려 맞추는 식이었다. 그럼
에도 그들의 태도와 행위는 그와 같은 종류의 더 강화된 태도와 행위
가 그 조직의 규범적인 직조물이자 그 비밀 작전의 일부가 되는 분위
기를 유지하거나 창출하는 데 기여하였다. 물론 더러운 손에 대한 철

학적 옹호자들은 그들의 시나리오와 이 현실 세계 사건들과의 그 어떠한 유비도 매도하겠지만, 이상화된 정치적 맥락에서 심대한 비도덕성을 이론적으로 허가해주는 일을 정치 행위자가 실제로 행동하는 방식과 완전히 절연시켜 바라볼 수는 없다. 나는 이 장의 결론부에서 이 주제를 다시 살펴보겠다.

더러운 손의 개념적 구조

철학적인 더러운 손 입장은, 현실주의보다는 도덕의 주장을 더 수용하면서도 그런 주장에 더 많이 도전한다. 여기에 그 입장의 다소 역설적인 성격이 놓여 있다. 예를 들어 왈저의 더러운 손 논의에서 기본적인 주제는, 일반적으로는 도덕이 자신들의 사고를 인도하는 지침이 되도록 하는 선한 정치가들을 필요로 하지만, 그 선한 정치가들이 도덕의 가장 심층적인 제약을 위반해야만 하는 특정 여건들이 있다는 것이다. 그렇게 위반하면서도 정치가는 자신이 비록 어떤 의미에서는 정당하게 행위했지만, 비도덕적으로 행위했다는 점을 계속 의식하고 있어야 한다. 그런 여건에서, 정치가들은 비극적인 선택에 직면하지만, 그것은 전문적인 철학적 의미에서 도덕적 딜레마는 아니다. 행위자가 직면하는 선택에 아무런 정답이 없으며 도덕적 딜레마는 X 하기나 X 하지 않기가 동등하게 도덕적 잘못인 경우이다. 더러운 손 시나리오에서 우리는 X 하기가 도덕적으로 그르다고 믿도록 요청 받지만 그럼에도 X 하는 것이 명백히 옳다. 왈저가 그 자신의 입장에 관하여 최근에 쓴 바와 같이 그 입장은 '도발적이면서도 역설적이다.'[4]

---

4   Michael Walzer, 'Emergency Ethics', ch. 3 in *Arguing About War* (New Hav-

 그 역설을 해결하거나 해소하는 여러 방식이 있다. 내가 생각하기에 비록 왈저는 그 역설이 그대로 있기를 몹시 바라지만 말이다. 이는 부분적으로 왈저가 우리의 도덕적 사고에는 중요하지만 잠재적으로 화해 불가능한 두 노선이 있다고 생각하기 때문이다. 그 두 노선을 그는 보통 의무론적 절대주의 사고와 공리주의 사고로 특징짓는다. 그리고 여기에는 '소명으로서 정치'에서 막스 베버가 설정한 '궁극적 목적의 윤리'와 '책임의 윤리' 대립이 메아리치고 있다. 베버가 그 대조를 틀 지운 조건이 그 쟁점을 명료하게 하기보다는 혼동스럽게 하는 경향이 있기는 하지만, 그가 그 갈등에서 '궁극적 목적' 쪽에 있다고 생각하는 것 하나는 결과를 고려하는 데 적합한 윤리관과 긴장한다고 보는 절대적 금지를 포함하는 윤리일 가능성이 높다. 베버가 표현했듯이 '궁극적 목적의 윤리의 준칙을 따르는 행동—즉 종교적인 면에서는 기독교인은 옳은 일을 하고 결과는 주님께 맡긴다는 식의 행동—과 책임의 윤리의 준칙을 따르는 행동, 즉 자신의 행위의 예견 가능한 결과를 고려해야 하는 행동 사이에는 건널 수 없는 깊이의 대조가 있다.'[5] 이 대조의 선명함은, 혼동의 한 원천이다. 왜냐하면 절대주의자가 결과에 전적으로 무심한 것도 아니며—그들의 윤리 모두가 절대적 금지로 구성되는 것은 아니다—비절대주의자도 꼭 결과에만 신경 쓰는 것은 아니기 때문이다. 그러나 베버는, 정치에서 폭력이 하는 중심적 역할 때문에 궁극적 목적의 절대적 윤리를 일반적으로 고수하는 것이 정치에서는 불가능하다는 논지에서는 단호하다.

---

en and London: Yale University Press, 2004), 33를 보라.
5 Max Weber, 'Politics as Vocation', in *From Max Weber: Essays in Sociology*, ed. H. H. Gerth and C. Wright Mills (London: Routledge and Kegan Paul, 1977), 120.

　　당연하게도, 몇몇 이론가들은 왈저의 입장을 참아내지 못했다. 하나의 반응은 왈저의 입장을 단순한 모순으로 선언하고는 도덕이 모든 사정을 고려했을 때 하기에 옳은 것이 무엇인가에 관한 것이라고 주장함으로써 역설의 분위기를 해소하는 것이었다. 그래서 만일 '시한폭탄' 상황에서 (왈저가 생각하듯이) 테러리스트 혐의자를 고문하는 것이 옳다면 그 상황의 고문은 아무런 도덕도 위반하지 않는 것이다. 왜냐하면 고문하는 것이 도덕적으로 옳은 일이기 때문이다.[6] 매우 그리고 흥미로울 정도로 자주, 왈저는 이에 동의하는 것처럼 보인다. 왈저는 심층적 금지를 위반하는 결정을 옹호할 때, 이를테면 어떤 여건에서 고문이나 무고한 비전투원에 대한 폭격을 옹호할 때, 그가 압도적이라고 여기며 그 결정을 찬성하는 강력한 도덕적 풍미가 있는 특정 가치들을 거론함으로써 옹호한다. 왈저의 이런 옹호는 손을 더럽히는 일을 정당화할 수 있는 여건들에 대한 설명을 제시하고자 고안한 범주인 '최고 비상상황'을 논의하면서 나온다. 그래서 최고 비상상황에 대한 그의 가장 최근의 논의에서, 더러운 손의 필요는 '우리가 가장 심층적인 가치들이 근본적으로 위험에 처해 있을 때' 그리고 '어떤 종류의 공리주의가 다시금 두드러지게 전면에 나설 때' 발생한다고 한다. 여기서 '어떤 종류의 공리주의'는 '통상성을 배경으로 하는 권리'(a rights normality)와 대조되는 것으로 설정된 '극한의 조건을 배경으로 하는 공리주의'(the utilitarianism of extremity)다.[7] 이 왈저의 주장을 특유하게 정치적인 종류의 더 우월한 도덕적 고려 사항들이 보다 통상적인 경우에는 강력할 다른 고려 사항들을 물리친

6　　Kai Neilson 'There Is No Dilemma of Dirty Hands', *South African Journal of Philosophy*, 15/1 (1996), 1-7에서 이 접근 방식을 취한다.

7　　Walzer, 'Emergency Ethics', 40.

다는 주장으로 이해하는 것이 확실히 그럴법하다. 이것은 왈저가 극단적인 상황의 공리주의에 의해 보호되는 압도적인 가치, 소위 도덕 공동체의 가치를 또렷하게 표현할 때 특히 분명해진다. '도덕 공동체는 엄청난 비도덕성(great immoralities)을 도덕적으로 가능하게 만든다'고 그는 선언한다.[8] 그러나 그 문장에서 엄청난 비도덕성은 오직 다른 곳에서의 비도덕성만을 의미할 수 있을 따름이다. 왜냐하면 [역자-최고 비상상황에 처한] 이곳에서는 도덕적으로 가능하기 때문에 그 엄청난 비도덕성이 허용되기 때문이다. 실제로, 왈저의 숙고된 입장은 그것들이 단지 도덕적으로 가능할 뿐만 아니라 도덕적으로 꼭 필요하다는 것이다. 이에 더해, 정치가들이 도덕적 제약을 위반하게 만드는 견인력을 왈저가 또렷하게 표현하는 방식에는 비공리주의적인 분위기가 있다. 이 견인력은 역할 도덕의 견인력(pull of role morality)이다. 그리고 역할 도덕의 견인력은 정치 지도자의 역할에 대한 왈저의 두드러지게 의무 지향적인 이해에서 나온다. 여기서 왈저의 사고는 정치적 현실주의 전통과 아주 가깝다. 비록 왈저의 강조가 한낱 국가주의 관점보다는 공동체주의 관점에 보통 더 가깝기는 하지만 말이다. 왈저는 정치 공동체와 국가를 동일시하지 않는다. 그러나 그는 국가를 정치 공동체에 복무하는 자연적 도구로 바라본다. 그는 정치 공동체와 국가 사이에 보통 성립하며 공유된 역사와 문화에 의해 매개되는 '들어맞음'에 관하여 이야기하는 데까지 나아간다. 비록 이 관념이 최근의 저술[9]에서는 덜 강조되긴 하지만 말이다. 정치 지도

---

8   Ibid. 50.

9   'The Moral Standing of States: A Response to Four Critics', *Philosophy and Public Affairs*, 9/3 (1980), 209-29에서의 강조점을 'Emergency Ethics'에서의 강조점과 비교해보라. 왈저의 '들어맞음'이 도대체 어떤 것인가 하는 점에 관하여는 그

자와 군사 지도부는 최고 비상상황을 살펴보면서 왈저가 집중해서 다루는 인물들이다. 『정의로운 전쟁과 부정의한 전쟁』에 실린 분석에서, 그는 정치 지도자들은 그들의 역할 때문에 (최고 비상상황의 여건에서는) 고문하지 않고 무고한 이를 죽이지 않을 그들의 '절대적인' 도덕적 책무보다 자신들의 공동체의 안전을 위에 놓을 의무를 진다고 주장한다. 그가 이후에 말하듯이: '그 어떤 정부도 공동체와 그 구성원의 생명을, 설사 비도덕적 행위라고 해도 취할 수 있는 행위가 있는 한, 위험에 처하게 할 수 없다. (…) 그것이 정치 지도자들이 존재하는 이유이다. 그것이 그들의 제일의 임무다.'[10] 더군다나 이 임무의 의의는 '도덕 공동체'라는 최고의 가치에 의거하여 표현된다. 공동체의 삶의 방식의 지속, '계속됨'(ongoingness)이 위협을 받을 때 그런 전망은 '인류 그 자체의 파괴를 제외하고는 상상할 수 있는 그 어떤 손실보다 더 큰 손실'[11]의 전망이다.

이 유형의 더러운 손은 왈저를, 왈저 입장의 역설을 견디지 못하는 비판가들의 입장에 훨씬 더 가깝게 데려다 놓으며 부수적으로 한 형태의 공리주의의 상정된 승리로부터 더 멀리 떨어뜨려 놓는다. 심층적인 도덕상의 금지 위반이 도덕 내에서 이루어질 뿐만 아니라, 그 위반은 통치자가 자신이 맡은 역할과 자신이 복무하는 최고의 가치에 의해 도덕 공동체의 삶의 방식을 멸종될 위험으로부터 보호할 수 있

앞서 출간된 논문인 'Emergency Ethics'에서 등장하는 다음과 같은 문구에서 감을 잡을 수 있다. '권위주의적 체제가 그 공동체에서 널리 공유되는 세계관이나 삶의 방식을 이를테면 자연스럽게 정말로 반영한 결과가 되는 그런 공동체의 역사, 문화, 종교가 있을 수 있다.' (224-5)
10   Walzer, 'Emergency Ethics', 42.
11   Ibid. 43.

는 행위를 삼가는 그 어떤 것도 절대적으로 금지시키는 강력한 형태
의 역할 도덕을 거론함으로써 이루어진다. 이 금지는, 다른 면에서는
그 보호 행위들이 얼마나 비도덕적이건 간에 성립한다. 이는 여하한 형
태의 공리주의와도 같아 보이지 않는다. 비록 그런 주장이 위험에 대한
평가를 포함하고 있기는 하지만 말이다. 이것은 또한 마키아벨리에서
때때로 유래한다고 보기도 하며 오늘날 몇몇 철학 서클에서는 인기 있
는 견해인, 도덕을 넘어서 도덕의 명령을 뒤로 물러나게 하는 꼭 필요
한 것들이 있다는 견해를 왈저의 입장에서 제거한다. 왈저의 원래의 논
문에서는, 이 견해의 요소가 확실히 있었지만, 그의 발전된 견해에서
는, 가장 심층적인 제약들을 뒤로 물러나게 하는 것은 도덕 그 자체다.

 짧게 논의될 하나의 중요한 조건이 붙으면, 왈저의 더러운 손 입장
은 토머스 네이글(Thomas Nagel)이 '문턱 의무론' (threshold deon-
tology)이라고 칭한 것 또는 내가 '형량에 의한 예외주의' (balanced
exceptionalism)라고 부르는 극적인 형태(a dramatic version)가 되
고 만다. 이 견해는 직관주의 전통과 연관되어 있지만 직관주의 전통
을 넘어서는 영향력을 갖는다. 기본적인 발상은, 하는 것이 도덕적으
로 옳은 것은 보통은 직설적으로 규명되지만 때로는 책무(또는 가치
나 미덕 등등의 요구)들을 형량하는 과정의 결과로 나오는 것이기 때
문에 있는 그대로 절대적으로 구속적인 책무란 없다는 것이다. 예를
들어, 직관주의 틀에서는 충돌할 수 있는 많은 수의 잠정적 의무들이
있다. 그리고 실제로 충돌할 때, 더 비중이 큰 의무가 하기에 옳은 것
을 결정하는 데 우선하게 될 것이다. 이것은 왈저의 더러운 손 결정을
바라보는 그럴법한 방식인 것 같다. 고문하지 않을 또는 무고한 이를
공격하지 않을 잠정적 책무가 척도상에서 매우 강력해서 최고 비상상
황의 고려 사항처럼 가장 무거운 고려 사항들에 의해서만 물러날 수

있다는 조건을 단다면 말이다. 그러나 왈저에게는, 잠정적 책무를 물러나게 하면서 실행한 일이 어쨌든 잘못을 범하는 일로 남는다는 조건이 있다. 반면에 형량에 의한 예외주의자는 당신이 양심적으로 형량을 했다면 당신에게 귀속될 수 있는 아무런 잘못도 없다고 한다.[12] 잠정적으로 잘못인 어떤 것을 하는 일을 피할 수 없었음을 유감스럽게 생각할 수는 있겠다. 잠정적 의무들이 충돌하지 않아서 해결책을 필요로 하지 않았더라면 더 편안했을 것이다. 그러나 충돌했다고 해서 당신이 잘못을 가한 가해자가 되는 것은 아니다. 의도적 살해나 무고한 사람의 고문에 대한 금지로부터 면제를 인정하는 것은 최종적으로 책무적이거나 금지되는 것이 무엇인가 알아내기 위해 추정적 책무들을 형량하는 과업의 통상적인, 심지어 정규적인 부분이다. 만일 그 척도가 당신에게, 의도적 살해나 무고한 사람의 고문이 도덕적으로 허용된다거나 심지어 도덕적으로 책무적이라고 이야기한다면, 이 여건에서는 그러한 일들을 하는 것이 그를 수가 없다.[13]

　우리는 왈저가 양심적인 통치자가 해야만 하는 일을 끔찍해 하는 경악에 더 민감한 감수성을 보여주고, 형량에 의한 예외주의자들의

12　영향력 있는 직관주의자 로스(W. D. Ross)는 실제로 잠정적 의무 그 자체는 물러났을 때에도 일종의 잔여 효과가 있을 수 있다는 점을 인정한다. 그 경우 우리는 그 의무를 이행하지 못한다는 점에 대해 '거리낌'(compunction)을 느끼지만 '진정으로 수치를 느끼거나 뉘우치지는' 않는다. 실제로 몇몇 사안들에서 우리는 잠정적 의무를 이행하지 않기로 하는 옳은 결정 때문에 '어떻게든' 보상을 하여야 할 추가적인 의무를 지게 될 수도 있다. Ross, *The Right and the Good* (Oxford: Clarendon Press, 1930), 28.

13　토머스 네이글은 그의 논문 'War and Massacre' in *Mortal Questions* (Cambridge: Cambridge University Press, 1979), 62에서 이런 종류의 '형량에 의한 예외주의'에 상당히 가까운 것을 논의한다. 그는 그의 견해를 '문턱 의무론'이라고 칭한다. 이것은 내가 앞서 거론하면서 공리주의와도 절대주의와도 대조한 것이기도 하다.

그 사안에 대한 진술은 지나치게 냉담하며 최고 비상상황에 의해 요구되는 행동에 적합한 심리적 반응을 불충분하게 기록한다고 생각할지도 모르겠다. 그럼에도 형량에 의한 예외주의 입장은 왈저 자신의 입장보다는, 왈저의 견해가 해당하는 것을 진술하는 더 단순한 틀을 제공해주는 것 같다. 그러나 많은 것이, 몇몇 철학자들이 후회나 회한 같은 심리적 태도가 주목하는 바를 일컬으며 말한 '도덕적 잔여'(moral remainder)가, 행위자가 옳은 일을 함으로써 실제로 잘못을 범했다고 하는 주장 이외의 어떤 기제에 의해 더 잘 해명될 수 있는지 여부에 달려 있다. 왈저의 역설은 심층적인 도덕규범을 위반하게 된 행위자의 성품의 상태를 더 잘 기록할지 모르며, 더러운 손 상황에서 벗어날 더 큰 유인을 제공할지도 모른다. 극단적인 도덕적 위기에 직면한 사람의 묘사를 인용할 가치가 있다: 아우슈비츠 수용소 의사였던 올가 렌젤(Olga Lengyel)은, 아이가 있다는 이유로 죽임을 당할 여성을 보호하기 위해 수용소에서 갓난아기에게 독을 주입하였다. 렌젤은 스스로에 대해 다음과 같이 말했다. '나는 이 독일인들이 우리를 얼마나 깊은 밑바닥까지 떨어지도록 하였는지에 놀라움을 금치 못한다 (…) 그 독일인들은 우리도 살인자로 만드는 데 성공했다.'[14] 그녀는 이 압력하에서 살인자가 되었다고 계속 서술하는데, 이는 그녀가 그 행동을 그저 살인 금지에 대한 예외로 본 것이 아니었음을 시사한다. 이것이 바로 왈저가 존중하기를 바랐던 이해다.

이 쟁점에 관한 논의에서 (그리고 이 장에 기반하고 있는 강의 뒤에) 프랜시스 캠(Frances Kamm)은 왈저의 입장이나 그와 유사한 입

---

14   Rab Bennett, *Under the Shadow of the Swastika: The Moral Dilemmas of Resistance and Collaboration in Hitler's Germany* (London: MacMillan, 1999), 291에서 인용.

장이, 우리가 그르게 행위하기(acting wrongly)와 누군가에게 잘못을 가하기(wronging someone) 사이의 구분을 거론한다면 더 잘 이해될 수 있으리라고 시사하였다. 더러운 손으로 행위한 사람은 그르게 행위한 것은 아니다. 또는 그 사람은 그 여건에서 옳은 일을 했다. 그럼에도 불구하고 그 행위의 피해자는 잘못을 당했다.

내가 기억하기로, 캠은 폭격으로 소수의 무고한 비전투원이 죽을 것이 확실함에도 적의 군수 공장을 폭격하여 올바르게 행위한 폭격기 조종사의 사례를 들었다. 캠은 비전투원들이 옳은 행위에 의해 잘못을 당했다고 생각한다. 그리고 이 점은, 그들에게 닥칠 결과를 그들이 알고 있었다면 폭격기 조종사가 폭탄을 투하하기 전에 폭격기를 쏘아 파괴할 자격이 있었을 것이라는 사실에 의해 보여진다고 한다. 아마도 캠의 구분은 이 영역에서는 얼마간 유관한 작업을 해낼 수 있을지 모르나, 그 구분으로 더러운 손을 정교히 해명하는 데에는 몇 가지 문제가 있는 것 같다. 첫째로 왈저는 폭격자 사안을 더러운 손 사안의 하나로는 도저히 보지 않을 것이다. 왜냐하면 왈저는 이중효과의 원칙(DDE)을 받아들이며 그 사례는 효과의 비례성을 만족하기 때문이다. 그러므로 왈저의 최고 비상상황 시나리오에서 등장하는, 비전투원을 직접적으로 그리고 의도적으로 죽이는 일과 동일한 방식으로 폭격자 사안을 그가 다루리라고는 도저히 볼 수 없다. 캠의 이야기에서 폭격자는 무고한 이를 의도적으로 죽이는 것에 대한 심층적 도덕적 금지를 위반하지 않는다. 물론 캠은 이중효과원칙에 비판적이며 이것이 그녀가 비전투원이 잘못을 당한다고 생각한 하나의 이유일 수는 있겠다.[15] 그러나 우리는 정의로운 전쟁에서는 이중효과원칙 때문이

---

15 Frances Kamm, 'The Doctrine of Triple Effect and Why a Rational Agent

건 아니면 다른 어떤 원리에 기반을 둔 이유 때문이건 어떤 부수적인 살해(부수적 피해)가 도덕적으로 정당성이 있다는 점을 받아들인다면, (적어도 나에게는) 캠 이야기의 비전투원이 어찌하여 잘못을 당한 것인지가 불분명하다. 그들은 부정의를 당한 것은 아니다. 비록 그들의 죽음이 끔찍하며 우리가 옳은 행위로 여기는 것의 대단히 유감스러운 결과이기는 하지만 말이다. 물론 만일 그들이 폭격기를 쏠 적합한 무기를 갖고 있었다면 폭격기를 쏘는 것이 (최소한으로 말하자면) 심리적으로 이해할 만한 일일 것이다. (홉스가 주장했듯이) 그것이 자기 보존 명령(the imperative of self-preservation)의 힘이다. 비전투원들이 과녁으로 삼은 폭격기의 폭격 행위가 정당성이 있거나 그들에게 닥칠 죽음이 비례적이라는 사실을 알지 못할 수 있기 때문에 또는 적극적으로 믿지 않을 수 있기 때문에 그렇게 하는 일이 도덕적으로 변명될 수 있을지도 모른다.

　왈저 입장의 구조에 대해 추가로 두 가지 논평이 필요하다. 첫째는 그 사안에 대한 왈저의 현재 견해는 그의 영향력 있는 더러운 손 논문에서 개진한 원래의 견해보다 더 제약적이지만, 『정의로운 전쟁과 부정의한 전쟁』의 최고 비상상황이 설정하는 기본적 요건보다는 더 허용적이라는 점이다. 원래의 논문의 견해에 나타난 논증은 극단적인 경우에는, 현재의 견해에서 최고 비상상황에 의해 설정된 한계가 근처에도 가지 못할 정도로 극단적 상황의 공리주의에 훨씬 더 가까워 보였다. 그래서 왈저의 현재 견해는 원래의 견해보다 더 제한적이다. 원래의 견해에서 인정된 고문의 필요성은 수백 명의 무고한 사람의 개연성 있는 살해 방지에만 관한 것이었지, 전체 국민들의 파괴 그리고/또는 그들의 삶의 방식의 파괴에 관한 것은 아니었다. 더군다나, 원래의 논문에서 왈저의 다른 예들은 선한 민주적 정치가가 부패한 지역의 우두머리인 유지에게 표를 모아 달라고 하면서 부적절하게 학교 건설 사업권을 약속하는 뇌물 사례였다. 여기서 도덕적 위반은 수백 명의 살해 사안만큼 크지는 않지만, 그것은 어떠한 뜻에서도 '최고' 등급으로 여겨지는 비상상황이 될 수 없다. 다른 한편으로, 『정의로운 전쟁과 부정의한 전쟁』에서 가장 많이 그려진 비상상황은 인종학살이나 노예화 같은 재앙에 관한 것이고, 그 초점은 나치 위협의 악에 놓여 있다. 실제로, 왈저는 나치의 인종말살에 너무나 초점을 맞추고 있어서, 일본이 승리할 수도 있는 가능성을 최고 비상상황에 훨씬 못 미치는 통상의 재앙으로 여길 정도였다. 나는 다른 곳에서 이것은 일본 정부의 인종주의적 군사주의가 제기한 위협을 심각하게 과소평가하는 것이라고 논했다. 그러나 지금 논의에서는 이 점을 무시하기로 하자. 유관한 논점은 왈저가 자신의 가장 최근 판본의 더러운 손 이야기에서는, 왈저가 '삶의 방식'에 대한 위협이라는 훨씬 더 약한 기준으로 이동했다는 것이다. 일본의 팽창은 확실히 이 위협을 제기하였고, 많은 정복 전쟁들도 이 위협을 제기하였다.

나의 두 번째 논평은, 더러운 손에 대한 왈저의 입장이 또한 그 이론에 의해 인정된 예외의 위치로서 정치적 질서를 항상 강조했는데, 더러운 손 문제가 삶의 모든 영역에서 제기되지는 않는가라는 질문이 있다. 왈저의 최근의 견해는 그럴 가능성이 거의 없게 만든다. 왜냐하면 최고 비상상황이 정치 공동체의 조건으로 정식화되었기 때문이다. 그러나 그는 때때로 '도덕 공동체'라는 더 일반적인 조건으로 이야기하기도 하며, 우리는 자신의 가족이나 심지어 자기 자신을 구하기 위

해 무고한 사람을 살해할 '필수성'에 직면하는 부모가 비상상황 윤리
의 영역 안에 있는지 아닌지 적어도 궁금해할 수는 있다. 나치 수용소
에서 탈출하여 잡힐 위기에 처한 사람의 사안을 살펴보자. 그들의 추
적자가 가까이 다가오자, 그들은 재빨리 숨지만 그 무리 중 한 명의
아기가 울기 시작한다. 그리고 그 아기의 어머니도 그 무리 속에 있
다. 어머니가 그 아기를 질식시키지 않는 한, 도망자 무리는 발견될
것이고 죽을 가능성이 아주 높다. 이 사안에는 직접적으로 정치적인
것은 전혀 없지만 더러운 손 상황에 매우 가까운 것으로 보인다. 올가
렌젤은 공동체의 삶의 방식을 옹호하는 정치 지도자도 아니었다. 그
녀는 추가적인 무고한 사람들을 피해자로 만듦으로써 다른 피해자들
을 구하려고 했던 한 명의 피해자였다. 그러나 이 두 사례 모두에서,
갓난아기가 나치 당국자의 손에 거의 확실하게 죽을 운명이었다는 점
이 중요한 사실이다. 그리고 이것은 왈저가 주로 다루는 정치적인 더
러운 손 시나리오에는 없는 측면이다.[16] 이 책에서는 나의 초점이 정
치적 도덕에 가 있으므로, 나는 계속해서 왈저를 따라 정치에 관하여
특유한 주장을 하는 것으로 더러운 손 논제를 다루겠다.

더러운 손 평가하기

이 정도면 충분히 더러운 손 이론을 명료화하였다. 그렇다면 더러운
손 이론이 참인가하는 문제는 어떻게 되는가? 더러운 손 이론을 비판

---

16   실제로 왈저의 원래 논문의 제목이 의미심장하게도 '정치적 행위: 더러운 손의
문제'(Political Action: the Problem of Dirty Hands)이기는 하지만, 왈저는 한 곳
에서(174쪽) 비정치적인 맥락에서도 손을 더럽혀야 할 필요가 있을 가능성을 실제로
인정한다.

하는 가장 근본적인 방법은 고문이나 무고한 사람을 동의 없이 고의
적으로 살해하는 일의 불허성에 대한 절대주의 견해의 기본적 타당성
을 옹호하는 것이다. 그러나 이 방법에는 적어도 세 가지 문제가 있
다. (나에게) 첫 번째 문제는, 내가 그런 절대주의의 온건한 유형에
끌리긴 하지만, 내가 최종적으로 그것을 지지할 것인지는 확신하지
못하겠다는 점이다. 이는 부분적으로는 두 번째 이유 때문이다. 두 번
째 이유란 절대주의는 많은 면에서 명료화를 필요할 정도로 모호하다
는 점이다. 이 모호함은 이중효과원칙 및 그와 연관된 원리의 역할과
수용 가능성과 관련되어 있다.[역자-이중효과원칙 및 그와 연관된
원리를 타당한 것으로 받아들이는 경우 허용되는 행위의 범위는 넓어
지기 때문이다.] 그리고 모든 도덕 체계가 적어도 하나의 절대적 원리
를 갖고 있다(예를 들어 공리주의는 행복의 최대화나 선호 만족의 최
대화가 우선한다.)는 사실과도 관련되어 있다. 내가 이 문제에 관하여
다른 글에서 얼마간 이야기를 하긴 했으나[17] 여기서 이 문제를 자세히
탐구할 수는 없다. 세 번째 문제는, 모든 도덕 이론에서 어떤 수준에
서는 모종의 절대주의가 어디에나 있음에도 불구하고, 절대주의의 더
구체적인 형태에는 너무도 동조하지 않는 지성적 분위기가 있다. 그
래서 어떤 토대가 되는 준칙을 명령하는 형태가 아니라 구체적인 유
형의 잘못 가하기(wrongdoing)를 금지하는 구체적 형태의 절대주의
는 단호한 일축을 불러일으킬 가능성이 높다. 나는 대신에 더러운 손
원칙의 함의를, 무고한 사람을 의도적으로 살해하기, 고문, 노예제에
대한 금지가 우리의 도덕에 관한 사고방식에 오늘날 너무도 깊이 묻

---

17   Ch. 14, 'The Issue of Stringency', in C. A. J. Coady, *Morality and Political
Violence* (New York: Cambridge University Press, 2008)를 보라.

혀 들어가 있어서 오직 압도적인 논거만이 그 금지들을 위반할 것을 고려하도록 만들 것이며 정당성 있는 위반조차도 우리의 도덕관에 심대한 영향을 미칠 것이라는 믿음을 배경으로 하여 탐구할 것을 제안한다. 이는 그 주제에 관해 가장 최근의 언급에서 다음과 같이 말한 왈저와 공통의 지반 위에 서게 한다. '나는 이 주장에 관하여 일정한 경계심을 품을 것을 제안한다. 어려운 사건들이 나쁜 법을 만들 듯이, 최고 비상상황은 도덕을 위험에 처하게 한다. 우리는 조심할 필요가 있다.'[18]

　나는 조심해야 할 몇 가지 이유들을 말하고자 한다. 그러나 우선 최고 비상상황에 대한 왈저의 공동체주의적 옹호를 비판하고 싶다. 왈저는 자신이 '정치 공동체의 물신숭배'(a fetish of the political community)를 범하고 있다는 점을 부인한다. 그러나 나는 정치 공동체의 물신숭배야말로 그가 주장하는 바와 상당히 가까운 묘사라고 본다. 정치 공동체의 가치—즉 공동체의 선과 중심적 가치—는 정말로 중요하다. 그러나 왈저는 그러한 가치들의 표현이 강압적으로 변하는 사태를 최고의 재앙이라고 본다. 그런데 이런 생각은 확실히 받아들이기 힘든 것이다. 역사상 대부분의 군사 정복은 많은 수준에서 그런 강압적 변화를 포함하였다. 그 중 어떤 변화는 다른 변화보다 더 극적이었다. 정복된 국가에 외국 종교나 정치 체계를 부과하는 일은, 어떤 최소한의 수준의 관용을 허용하는 곳에서도, [역자─정치 공동체의 삶의 방식에 대한 위협이라는] 왈저의 묘사에 부합하는 것으로 보인다. 그런데 이런 변화를 방지할 필요성은, 무고한 사람에 대한 공격과 고문을 왈저가 의도한 것보다 더 일반적으로 정당성 있는 것으로 만들

18　Walzer, 'Emergency Ethics', 33.

것이다. (그런 도덕 위반이 성공할 가능성이 높다고 가정할 때 말이다.) 문화적 가치들은 왈저의 논증이 허용하는 것보다 회복 탄력성이 더 높기도 하다. 소련의 동유럽에 대한 전체주의적인 정복과 그에 뒤이은 지배는 끔찍한 일이었지만, 폴란드, 헝가리 등의 공동의 삶과 가치는 비록 여러 면에서 피해를 입었지만 살아남았다. 문화 보존의 대의를 위하여 소련의 비전투원 시민들 수십만 명을 학살함으로써 정복과 지배를 막는 것이 가능했더라면, 이것은 최고 비상상황의 정당성 있는 적용인가? 정치 이론가 조지 카테브(George Kateb)는 한때 내게 들리도록 혼잣말로 중얼거렸다. "뭐? 요리법을 위해 사람을 죽인다고?" 그 비꼬는 논평은 의문의 여지 없이 공동체주의자들이 칭송하는 가치들을 사소화하는 흠이 있긴 하지만 분명 의미 있는 논지를 짚고 있다. 공동체의 결속은 여러 면에서 우리의 정체성에 중요하다. 그러나 우리는 그렇게 형성된 '정체성'이 어떻게 하여 테러 폭격과 같은 끔찍한 일을 정당화할 정도로 필수 불가결한 것인지 설명을 들을 필요가 있다. 게다가 내가 다른 글에서 지적하였듯이, 왈저가 테러리즘에 관한 별도의 논의에서 팔레스타인 같은 모든 비국가 집단에게도 자신들의 공동체의 삶의 체계적 파괴가 일어나고 있다는 것을 그럴법한 논거로 확립할 수 있을 때 최고 비상상황 원칙을 적용함으로써 혜택이 주어져야 한다는 주장을 단호하게 부인했다는 점은 수수께끼다.[19] 그러나 의미심장하게도, 『전쟁에 관하여 논하기』 최근 판에서 테러리즘에 관한 논문의 재판을 내면서, 그는 국가와 국가의 하위 정치집단 사이의 그런 비대칭성이 제기하는 문제들을 부분적으로 인정하는 문단을 추가하였다. 왈저는 이제 (그의 논의의 나머지 부분의 결에

---

19 Walzer, 'Terrorism: A Critique of Excuses', ch. 4 in *Arguing About War*.

어긋나게) 최고 비상상황의 고려 사항은 또한 국가 하위집단의 테러리스트들에게도 적용될 수도 있다고 말한다. '그러나 테러리스트들이 대응하고 있다고 주장한 억압이 그 성격에서 인종 학살적인 것일 때에만' 적용될 수 있다고 한다. 그리고 그는 인종 학살적 성격에 '정치적이고 물리적인 멸종의 임박한 위협'이라는 요건이 포함되는 것으로 이해한다.[20] 그리고 나서 그는 이것이 최근의 그 어떤 테러리스트들의 대의에도 성립하지 않았다고 말한다.

여기서 공동체주의의 결함을 더 상세히 살펴볼 수는 없다. 그래서 더러운 손 면제에 관하여 주의할 다른 이유들을 살펴보도록 하겠다. 나는 실제로 왈저를 비롯하여 그 원칙의 옹호자들이 조심하는 것보다 더 조심할 세 가지 이유들이 있다고 주장할 것이다. 첫째는 남용의 위험(the danger of abuse)이다. 둘째는 더러운 손을 꼭 필요한 일로 만든 상황의 역할에 주의를 기울이지 않고 더러운 손 행동에 정적으로 집중하는 일(static concentration)의 문제다. 셋째는 부패의 문제(the problem of corruption)다.

남용에 관하여 살펴보자면, 최고 비상상황은 그 주요 사실적 전제들에 면밀한 주의를 요한다. 이것들은 극단적인 여건들이 (이 여건들을 재앙적 여건들이라고 칭하자.) 임박해 있으며 심대한 위반이 그 여건 발생을 막기 위해 꼭 필요하거나 그 발생을 막을 가능성이 매우 높게 만든다는 요건이다. 철학자들이 상상의 나래를 펼쳐 사례를 만들고는 그것이 현실 세계에 적용된다고 가장하는 것만으로는 충분치 않다. 아주 실제의 사례인, 제2차 세계 대전에 독일 도시들에 대한 연합군의 테러 폭격을 논의하면서, 왈저는 1940년과 1941년에 연합군이

---

20   Walzer, 'Terrorism: A Critique of Excuses', 54.

독일 민간인들을 의도적으로 살해한 일은 더러운 손이 꼭 필요한 사
안이었다고 주장한다. 왜냐하면 그것이 당시 독일의 승리라는 임박한
재앙에 직면해 있던 영국에게 활용 가능한 '유일한 선택지'였기 때문
이다. 그는 전쟁에서 우세한 쪽이 바뀌고 난 후에는 그런 폭격은 한낱
도덕적인 범죄에 불과했다고 주장한다. 그러나 그는 전쟁 초기의 폭
격도 전쟁의 경로에는 거의 아무런 영향을 주지 못했을 개연성이 크
다는 점은 인정한다. 더군다나, 영국 정부가 독일 비전투원에 대한 이
고의적인 대량 학살이 효과가 없으리라는 것을 초기에 알았거나 알
수 있었다는 다대(多大)한 증거가 있다. 나는 그 증거를 다른 글에서
제시하였고 여기서 더 제시하지는 않을 것이다. 그러나 만일 내 입증
이 옳다면, 이 증거는 더러운 손의 작동을 보여주는 주된 현실 사례
중 하나가 결함이 있음을 보여준다. 그리고 이론가들이 고문을 정당
화하기 위해 거론하는 '시한폭탄'(ticking bomb) 시나리오가 현실
세계와는 거의 아무런 관련도 갖지 못하는 고도로 이상화된 이야기라
는 점도 중요하다. 그 이야기 속에서는 다음이 모두 성립한다. '당국
이' 폭탄이 설치되고 곧 폭발할 것이며 어마어마한 피해를 입힐 것임
을 알며, 그들이 구금한 피의자가 폭탄이 어디 있는지 알고 있다는 것
을 안다. 또한 고문은 그 수인으로부터 정보를 얻어내는 효율적인 방
법이며, 그 정보가 있으면 당국은 폭탄을 해체하여 무고한 생명들을
구할 가능성이 매우 높다. 실제로는 전 세계 정보 기관들의 임무 기록
을 군데군데 모아 살펴보면, 시한폭탄 이야기의 정보상의 요소들이
현실에서는 성립하지 않기 때문에 시한폭탄 이야기는 쓸모없게 된다
는 점에 경각심을 갖게 된다. 정보상의 불확실성과 오류의 기록은 이
라크 사건에서 극적으로 눈에 드러났지만, 그런 역사는 오래되었다.
그리고 설사 비록 우리가 기준을 지나치게 낮추고 싶지는 않지만 고

문에 해당하는 끔찍한 수모와 괴로움에 관심을 기울인다면, 앎(knowl-edge)을 합당한 믿음(reasonable belief)으로 대체한다 할지라도 문제는 남는다.

'최고 비상상황'의 실제 현실의 추가적인 측면은, 최고 비상상황에 기대는 조건이 확장되고 남용되기 쉬운 방식이다. 왈저 자신이 든 제2차 세계 대전 때의 폭격 사례가 그 논점을 보여준다. 우선 '최고 비상상황'의 요건(그 문구는 노르웨이의 중립성 위반을 정당화하기 위해 처칠이 처음으로 쓴 것이다.)은 필사적인 시기였던 전쟁 초기의 테러 폭격에 들어맞도록 만들어졌을 뿐만 아니라, 그 초기의 폭격이 계속 이어져 당시에 함부르크와 드레스덴을 비롯하여 많은 독일 도시들에 대한 지독한 폭격을 불가피하게 낳았기 때문이다. 그러한 계속된 폭격은 일본 본토에 대한 소이탄 폭격과 히로시마와 나가사키에 대한 원폭을 찬성하는 도덕적 분위기를 조성했다. 더군다나, 만일 최고 비상상황에서의 면제가 정치에서 도덕적 행동과 법적 행동에 대한 공적 규율의 일부가 되는 경우에 '선한 사람들'만이 그 면제에 호소할 것이라고 생각하는 망상에 빠져서는 안 된다.

나의 두 번째 논지는, 더러운 손 문제를, 마치 손이 더러워지는 배경 여건이 왠지 변경 불가능한 것인 양 지나치게 정적인 방식으로 인식하는 위험에 관한 것이다. 마키아벨리적 사고는 정치적 삶의 배경 그 자체가 도덕적 검토의 적합한 대상이자 구조적으로 변화하는 대상이라는 사실을 흐릿하게 만드는 경향이 있다. 특히 더러운 손의 추정상의 필요에 배경 그 자체가 기여할 경우에는 더욱 그렇다. 손을 더럽히는 일이 꼭 필요하다는 이야기는 흔히 현실에 안주하는 심지어 음해하는 어조를 띠며 도덕적 상상력을 질식시키는 경향이 있다. 그래서 국지적 필수성을 보편적이고 영구적인 필수성으로 보이게 만든다.

이것은 구조적인 변화, 특히 제도적인 변화가 더러운 손이 꼭 필요한 상황을 피하게 만들 많은 가능성들을 보지 못하게 주의를 돌린다. 흔한 사례를 들자면 다음과 같다. 거짓말이란 민주 정치에 있을 수밖에 없는 고질적 관행이라고 흔히 주장된다. 그 주장은 단지 정치가들이 거짓말을 많이 한다는 것만이 아니라 거짓말 중 많은 부분이 슬프게도 정당화가 가능하다는 내용까지 포함한다. 그럼에도, 공중은 통상 거짓말을 멸시하며 정치가들의 동기에 대해 냉소적이다. 거짓말의 유혹이나 거짓말이 꼭 필요한 상황을 줄일 수 있는 관행이나 관습을 발전시킬 필요에는 거의 주의가 기울여지지 않았다. 예를 들어, 고정 환율 제도 시대에 환율에 관한 결정 권한을 갖고 있는 정치가들은 통화를 평가절하하기로 결정했는지 의회나 언론으로부터 질문을 받으면 거짓말을 해야 할 의무가 있다고 느꼈다. 만일 그런 질문은 결코 답변되지 않는다는 관습이 자리를 잡았다면 거짓말의 필요성은 제거되었을 것이다. 많은 민주주의 국가에서 정부는 안보 문제에 관한 일정한 질문들에는 논평하지 않는 것이 관행인 것처럼 말이다. 그런 관행은 물론 도덕적 문제와 정치적 문제를 발생시킬 수는 있다. 그렇지만 그것은 어떤 (거짓말 같은) '꼭 필요한' 비도덕성이 저지될 수 있는 한 방식을 드러내기는 한다. 가장 심각한 비도덕성의 경우에도 마찬가지이다. 당신이 만일 심층적인 도덕적 제약을 위반하는 것이 꼭 필요하게 되는 종류의 난잡한 상황에 있다면 하나의 중요한 교훈은 당신(과 다른 사람들)이 그런 난잡한 상황에 다시는 들어가지 않도록 하는 일일지도 모른다. 마키아벨리적인 세계관은 또한 도덕을 지나치게 방어적인 입지로 몰아넣는다. 마치 도덕이 금지나 문젯거리로서만 정치와 대면하는 양 말이다. 그러나 비록 정치에 대한 한낱 도덕주의적인 접근에 많은 난점들이 있기는 하지만, 정치적 변화의 동력(dynamic)으로서 도덕의 힘을 잊어버려려서는 안 된다. 동구 유럽에서 대부분의 경우 평화롭게 이루어진 견고한 공산주의 독재의 전복은, 그 모든 애매함에도 불구하고, 이 점을 적실하게 상기시켜주는 사례이다.[21]

셋째, 부패의 쟁점이 있다. 왈저는 정치 지도자들이 심층적인 도덕적 제약을 위반해야만 하는 선한 사람이길 원한다. 우리는 왈저가 이 위반이 어떻게 묘사되어야 하는지에 대해 애매한 입장을 취하고 있음을 살펴보았다. 그리고 나는 이 애매함의 일부는 그런 위반이 얼마나 끈질기고 집요할지의 질문과 연관되어 있다고 생각한다. 살해나 고문 같은 섬뜩한 행위를 이따금씩 하는 것은 도덕적으로 옳은 것으로 입증되고 행위자의 선한 성품이 보존될지도 모른다. 그러나 더러운 손이 그렇게 쉽게 통제될(contained) 수 있다고 생각하는 것은 순진하다. 일단 선한 대의로 고문의 길을 한번 감행해본 정치 지도자는 이 수단에 더 자주 의지할 가능성이 더 크다. 그리고 실제로 그의 최초의 행위에 의해 그런 상황을 더 많이 창출할 것이다. 그렇게 되면 그는 훈련된 고문 기술자, 고문의 지침, 그리고 고문의 희생자가 정보를 주게끔 고통을 엄청나게 겪으면서도 살아남을 수 있도록 할 의료진, 고문 실행의 사실을 공중에게 비밀로 하기 위한 연막 장치 등등을 필요로 하게 될 것이다. 그러므로 이따금씩 꼭 필요했던 더러운 손에서 파생된 도덕의 위반은, 베버가 믿은 것으로 보이는 바대로, 정치 지도자의 소명의 정규적인 부분이 될 것이다.

베버의 견해로는 폭력적인 세계에서는, 정치 지도자의 성품은 공공선을 위해 희생되어야만 한다. '그들의 고국인 도시의 위대함을 그들

---

21   Onora O'Neill, 'Politics, Morality, and the Revolutions of 1989', *Proceedings of the Aristotelian Society*, suppl. vol. 64 (1990), 281-94, in a symposium on Messy Morality and the Art of the Possible with C. A. J. Coady를 보라.

자신의 영혼의 구원보다 더 높게 여기는' 시민들에 대한 마키아벨리의 상찬을 지지하면서 베버는 다음과 같이 논평하였다. '그 자신이나 다른 사람들의 영혼의 구원을 추구하는 사람은 정치의 길을 가지 않아야 한다. 왜냐하면 정치의 임무는 이와는 대단히 다른 것으로 폭력에 의해서만 이행할 수 있기 때문이다.'[22] 폭력의 사용이 항상 영혼을 타락[부패]시키는 것이어야만 한다는 암묵적 주장을 무시하고서도, 우리는 로버트 맥나마라의 금언(dictum)과 전심전력을 다하는 대의를 위한 악에의 관여나 심층적인 도덕적 제약의 위반이 본질적으로 부패시키는 것인지라는 질문 사이의 연결고리를 여기서 볼지도 모른다. 만일 그렇다면 그것은 문제가 되는가?

부패의 문제

부패는 흥미로운 개념이다. 그리고 상대적으로 철학적인 탐구가 그다지 이루어지지 않은 개념이다. 흔히 부패에 대한 우리의 관심은 흔히 금전적 부패와 같이 좁은 것이다. 그러나 내가 여기서 관심을 두는 것은 도덕적 부패라는 더 일반적인 관념이다. 특히 '고귀한 부패'라는 표현으로 때때로 표현되는 관념이다. 부패의 더 구체적인 유형이 도출될 수 있는, 부패의 더 일반적인 정의에서부터 출발해보기로 하자.

부패는, 비도덕적 행동과 활동 및 그런 것들을 하려고 하는 변치 않는 경향성으로 특징지어지는 개인, 집단, 또는 제도의 조건이다. 여기서 비도덕적 행동과 활동은 실질적으로 그 개인, 집단, 제도의 도덕적으로 적합한 작동의 기반을 허물거나 왜곡하거나 파괴하는 것을 의미

---

22   Weber, 'Politics as Vocation', 127.

한다. 그렇다면 언론의 머리기사 표제감이 되는 공적 부패의 많은 부
분은, 공적 역할의 담지자와 그 담지자들을 상대하는 사람들이 공적
권능으로 (일반적 정의에서 규정된 방식으로) 사적인 이득을 확보하
기 위하여 그 공직에 본질적인 도덕적으로 정당성 있는 책임과 의무
로부터 이탈하는 경우에 발생하는 것으로 정의될 수 있다. 철학적으
로 더 관심이 가는 다른 형태의 공적 부패는 때때로 고귀한 부패 또는
고귀한 대의를 위한 부패라고 지칭된다. 이 부패는 표준적인 공적 부
패와는, 그 동기가 사적 이득이 아니라 공공선이라고 생각하는 어떤
것을 증진하기 위해 또는 공공악이라고 생각하는 어떤 것을 막기 위
한 욕구인 경우이다.[23]

왜 우리가 애초에 부패에 관심을 가져야 하는가에 관하여 처음부터
제기되는 수수께끼가 있다. 이것은 뇌물을 받거나 어떻게든 애인을
자격 없는 영향력 있는 직위에 임명하거나 전쟁 포로나 수감인을 고
문하거나 선거부정을 저지르는 등의 우리가 부패하였다고 칭하는 그
런 행위들의 중요성을 의문시하는 것이 아니다. 그게 아니라 그것은
이런 행동과 연관되어 있으며 이런 행동을 불러일으킨다고 이야기되
는 마음의 성향에 관심을 기울일 필요가 무엇인가라는 수수께끼이다.
확실히, 그런 행동이 어떻게 발생했건 비난하고, 그런 행동의 발생을

---

23 '고귀한 대의를 위한 부패'(noble cause corruption)는 정치 윤리에 관한 저술
에서 상당히 많이 통용되고 있다. 이 용어는 경찰이 공중을 보호하기 위해 범인을 잡
으려고 거짓 증언하거나, 거짓 증거를 심어 놓거나, 혐의자를 고문하는 등의 부패한
관행을 묘사하는 데 쓰인다. 예를 들어 Seumas Miller, 'Noble Cause Corruption in
Policing', *African Security Review*, 8/3 (1999), 12-23, and Andrew Alexandra,
'Dirty Harry and Dirty Hands', in C. A. J Coady, Seumas Miller, Steve James,
and Michael O'Keefe (eds.), *Violence and Police Culture* (Melbourne: Melbourne
University Press, 2000), 235-48.

막기 위한 조치를 취하면 족하지 않겠는가? 그러나 우리가 부패에 관심을 가질 때 우리는 불평의 대상이 되는 행동뿐만 아니라 그런 행동을 한 개인이나 기관의 그릇된 상태에 관심을 기울이는 것처럼 보인다. 개인의 경우, 비난 받는 행위를 발생시킨 마음의 성향적 상태는 특히 우리의 관심의 초점이 되는 것 같다. 그럼에도, 우리가 살펴볼 바와 같이, 마음, 성품, 또는 영혼의 부패에 관한 관심이, 그런 부패가 통상적으로 낳는 그릇된 행위가 없는 경우에는 비정합적이거나 중요하지 않다고 주장하는 사람들이 있다.

핵 억지를 둘러싼 논쟁에서 제기된 논증들 중 일부를 살펴봄으로써 이 점을 좀 더 자세히 살펴보기로 하자. 왈저는 그 논쟁에 참여한 인물 중 하나였으며, 최고 비상상황이라는 이념을, 핵 억지 전략을 조건적으로 방어하기 위해 적용했다. 이 논쟁은 대략 1960년대부터 냉전이 종식될 때까지 많은 철학자들의 마음을 사로잡았던 것이지만, 그것은 단지 역사적인 흥밋거리에 그치는 것이 아니다. 왜냐하면 억지 이론은 여전히 핵무기와 생화학 무기 모두와 연관되어 작동하고 있기 때문이다. 그토록 많은 중간 규모의 국력을 가진 국가들과 신흥 국가들이 국제 정치에서 소위 대량 살상 무기(WMD)를 획득하려고 갈망하는 것은, 부분적으로는 억지 사고의 유혹(allure of deterrence) 때문이다. 이것은 다른 사람들은 보유 국가 집단에 들어와서는 안 된다고 고집하는 대량 살상 무기 보유가 이미 확립된 국가들에 의해서 보통 무시되는 사실이다. 이스라엘, 파키스탄, 인도 그리고 중국이 핵무기를 보유하고 있는 한 가지 이유는, 그들이 그 무기들이 그들에게 준다고 상정된 힘의 억지(와 가능한 사용)에 의해 스스로를 방어하는 것이 정치적으로 그리고 도덕적으로 꼭 필요하다는 논증을 받아들였기 때문이다. 예를 들어 사담 후세인이, 결국 미국이 자신의 나라를 침공하게 만든 기간 동안 실질적인 대량 살상 무기의 능력을 갖고 있었다는 널리 퍼진 믿음을 왜 도대체 제대로 떨쳐버리지 않았는가에 관해서 어리둥절해 하는 사람들이 많이 있다. 그 이후 실제로 발생한 일을 보자면 사담의 태도는 재앙을 불러일으킨 잘못된 계산의 결과였다. 그러나 그가 그 계산을 받아들였다는 점은 실제로는 놀랍지 않다. 왜냐하면 그것은 억지 이론의 저변에 깔린 가정과 완전히 일관되기 때문이다. 악의적인 외국의 위협에 직면하여, 국가들은 적국의 침공에 대한 보험을 제공한다는 믿음으로 무시무시한 무기들의 보유를 위해 투자해왔다. 억지 사고에 따르면, 당신이 그런 대량 살상 무기로 보복할 능력이 [역자-실제로는 없어도] 있다는 믿음만 상대가 갖게 되어도 상대의 공격하려는 의욕을 그 능력의 크기만큼 꺾게 된다. 사담의 경우, 이 발상이 그가 분명히 생각했을 정도보다 덜 인상적일 수밖에 없었던 여러 가지 이유들이 있었다. 여기에는 그가 갖고 있다고 생각된 무기들이 미국을 향해 어쨌거나 사용될 수가 없었다는 사실이 포함된다. 그러나 억지 이론은 어쨌거나 내재하는 결함들을 많이 갖는다. 나는 이라크 사례를 억지 이론이 계속 중요성을 갖는다는 점을 보여주기 위해서 사용했을 따름이다.

억지에 관한 논쟁에서 사용된 하나의 논증은, 핵 억지에 구현된 조건적인 의도가 개인적이고 제도적인 부패를 포함한다는 것이었다. 억지는 적국이 특정한 행위를 한다면 무고한 수십만 명의 사람들을 학살할 것을 의도한다. 물론 그들은 그 살해의 위협이 적국이 그렇게 행동하는 것을 막으리라고 희망하며 그래서 그 의도가 결코 실행되지 않을 것을 보장하는 데 충분하다고 희망한다. 그러나 그들은 만일 억지가 실패하면 핵에 의한 (또는 다른 대량 살상 무기에 의한) 대대적인 파괴를 곧바로 실행할 준비가 된 상태에 있다. 그러므로 억지의 행위자들이 그 무기들을 민간인들을 살해하는 데 사용하게 되건 아니건 억지 행위자 각자는 (앤서니 케니[Anthony Kenny]가 한때 표현했듯 이) '흉중에 살인 의도가 있는'(murder in his heart) 사람이다.[24] 스 탠리 벤(Stanely Benn)은 부패를 명시적으로 언급하는 논증을 전개 하였다. 벤은 억지 관행은 (조건부의) 살해 의도를 취하는 사람들의 도덕적 성품을 해치며, 더 나아가 그런 관행을 지지하는 사회를 부패 시킨다고 하였다.[25]

이런 논증에 반대하여, 억지의 온건한 지지자들 또는 그와는 다른 접근으로 억지 전략을 비판하는 이들은, 몇몇 반론을 제기하였다. 하 나의 반론은, '더러운 손' 논쟁을 상기하게 하는 것으로, 부패의 악이 발생한다는 점은 인정하지만 그런 악은 억지 상황에서는 도덕적으로 나 정치적으로 꼭 필요한 것이어서, 그것은 한 형태의 '고귀한 부패' 또는 적어도 '꼭 필요한 부패'라고 한다. 두 번째 반론은, 부패의 혐 의를 두는 것은 말 앞에 마차를 놓는 격이라고 주장한다. 그 반론은 만일 억지 의도가 부패시키는 것이라면 그것은 억지가 그르기 때문이 지, 억지 의도가 부패시키는 것이기 때문에 억지가 그르지는 않다는 것이다. 여기서 그 반론의 발상은 부패라는 비판은 아무런 독립적인 효력을 갖고 있지 않으며, 그 비판은 인식할 수 있는 어떤 다른 형태 의 잘못 가하기에 대한 약칭(略稱)에 불과하다고 하는 것이다.

24 Anthony Kenny, *The Logic of Deterrence* (London: Firethorn Press, 1985), 56.
25 S. I. Benn, 'Deterrence or Appeasement? or On Trying to be Rational about Nuclear War', *Journal of Applied Philosophy*, 1 (1984), 15.

부패는 그 자체만으로 문제인가?

여러 다른 글에서, 데이비드 루이스(David Lewis)는 '선한 부패' 논
증의 두 형태를 제시하였는데, 하나는 다른 하나보다 더 단호하다. 덜
단호한 논증은 억지가 한 측면에서 (부패라는 점에서) 나쁜 성격을
갖는 점은 인정하지만 다른 면에서는 (외관상 억지되고 있는 거악을
피하려는 노력이라는 점에서) 좋은 성격을 갖는다고 한다. 루이스는
그러고 나서 우리가 선한 대의로 스스로를 부패시키는 사람들에 대하
여 '단순한, 통일된, 약식의 판단'을 내리는 것이 아무 소용이 없다고
한다. '위대한 애국자'와 '인간의 모습을 한 악마'(fiends in human
shape) 둘 다 있을 수 있다고 루이스는 말한다. 그것은 한 시점에서
그 사람의 별개의 측면들에 대한 별개의 판단들을 내리는 질문이며,
심지어 상이한 시점의 그 사람 전체에 대해 내리는 별개의 판단을 내
리는 질문이라고 한다.[26] 루이스에 따르면, 어떠한 통일된 평결도 최
후의 심판일에 내려지는 최후의 심판에서만 요구될 것이라고 한다.
그런 심판자와 심판일이 있다고 한다면 말이다. 그러나 이 견해는 최
후의 심판자뿐만 아니라 최초의 심판자도 더 전체적인 관점을 필요로
한다는 사실을 무시한다. 다른 말로 하자면, 행위자는 도덕적 존재로
서 행위 경로를 결정하면서 그렇게 행위하면 자신이 어떤 존재가 될
것인지에 비추어 스스로 생각할 필요가 있다. 행위자는 그 자신의 통
합성(integrity)의 감각을 필요로 하며 이상적으로는 도덕적 정합성
(moral coherence)을 목표로 삼아야 한다. 나는 '이상적으로는'이라

---

26   David Lewis, 'Devil's Bargains in the Real World', in Douglas MacLean
(ed.), *The Security Gamble: Deterrence Dilemmas in the Nuclear Age* (Totowa,
NJ: Rowan and Allenheld, 1984), 144-5.

고 말했다. 왜냐하면 그런 통합성은 온전히 실현 가능하지 않을지도 모르기 때문이다. 이는 사고나 행위에서 합리적 정합성이 달성 가능하다고 해도 아주 드물게만 달성 가능한 것과 마찬가지다. 그럼에도 불구하고, 그것들은 (비신경증적[非神經症的]으로) 추구되어야 하는 목표들이며, 루이스가 묘사한 대로의 존재의 두 방식 사이의 그토록 두드러진 불일치는, 도덕 행위자가 도저히 감수할 수 없는 것이다. 그의 논지를 설명하기 위해, 루이스는 '양심적인 나치'를 언급한다. 이 인물은 필리파 푸트(Philippa Foot)가 논의한 인물이다. 그런데 그 인물의 예는 (루이스의 논지와는 반대로) 전반적 판단의 필요성이 있다는 점을 보여준다.[27] 나치는 자기를 무엇보다도 선한 애국자로 보며, '인간의 모습을 한 악마'로는 전혀 보지 않는다. 그러나 설사 나치가 자신이 애국자이자 악마라는 통찰을 얻는다고 해도 그는 애국자 측면과 악마 측면의 관계를 루이스가 시사한 바대로 인과적 관계로는 도저히 다룰 수 없다. 그는 도덕적 행위자로서 자기 자신을 이치에 닿게 보기 위해서 통일된 평결을 필요로 한다. 그리고 만일 그가 그런 평결을 필요로 한다면, 우리도 그런 평결을 필요로 함이 분명하다.

그 이후에 쓰인 소논문에서, 루이스는 부패 난점을 더 간략히 처리한다. 그래서 억제자(또는 더 일반적으로 정의로운 전쟁을 하는 이)의 '마음과 영혼'에 대한 여하한 관심도 단지 '자기-관여적인'(self-regarding) 것으로 기각해버린다. 그가 표현한 바에 의하면, '전쟁에 걸린 다른 것들이 전쟁을 하는 이의 마음과 영혼의 상태보다 훨씬 더 중요하다.'[28] 이것은 그레고리 카프카(Gregory Kavka)의 억지의 역

---

27 Ibid. 145-6.
28 'Finite Counterforce', in Henry Shue (ed.), *Nuclear Deterrence and Moral Restraint* (New York: Cambridge University Press, 1989), 95를 보라.

설에 대한 논의와 공명한다. 그 논의에서 카프카는 억지가 가져다준
다고 생각되는 그토록 압도적인 선을 추구하면서 생기는 '자기 부
패' (self-corruption)의 도덕적 정당성을 찬성하여 논한다.[29] 루이스
와 카프카 둘 다, 무고한 사람을 학살하려는 조건적 의도를 형성하는
것은, 비록 그 의도를 실행하는 것이 도덕적으로 그르다 할지라도, 도
덕적으로 옳다고 생각한다. (루이스는 실제로, 적어도 한 단계에서는,
미국의 실제 억지 정책이 그런 혐의를 받는 의도를 포함하고 있지 않
으며 그래서 억지의 역설은 대체로 철학자의 사고 연습의 문제에 불
과하다고 확신하였다.[30] 나는 다른 논문에서 그가 이 점에 관하여 틀
렸다고 논하였지만, 여기서 그 문제를 논의하지는 않을 것이다.[31]) 루
이스와 카프카 둘 다, 카프카가 '그른 의도 원리' (wrongful intention
principle, WIP)라고 칭한 것을 그럴법하긴 하지만 일반적으로 타당
한 원리로 생각하는 것은 잘못이라고 본다.[32] 그른 의도 원리는 다음
과 같이 말한다. '만일 X를 하는 것이 그르다면, X를 하려고 의도하
는 것도 그르다.' (if it is wrong to do X, it is wrong to intend to do
it.) 카프카와 루이스는 그 원리를 거부한다. 왜냐하면 그들은 X를 할
의도를 형성하기를, 각각의 도덕성에 대한 별도의 판단을 형성할 수
있는 방식으로, X를 하기와 분리할 수 있다고 생각하기 때문이다.

  자기 부패를 전혀 걱정하지 않는 이 태도는 나에게는 도덕적으로나

29 Gregory Kavka, 'Some Paradoxes of Deterrence', *Journal of Philosophy*, 75/6 (1978), 295-8를 보라.
30 Lewis, 'Devil's Bargains in the Real World', 146-51.
31 C. A. J. Coady, 'Escaping from the Bomb', in Shue (ed.), *Nuclear Deterrence and Moral Restraint*, 180-3.
32 Kavka, 'Some Paradoxes of Deterrence', 289.

철학적으로나 심각한 결함이 있는 것으로 보인다. 철학적 수준에서 그것은 '의도 형성하기'(forming an intention)를 그 의도를 실행하는 것과 단지 우연적 연관성(a merely contingent connection)만을 갖는 고립된 행위로 다룬다. 반면에 실제로는, 우리는 어떤 사람이 어떤 의도를 형성함으로써, X를 발생키기는 일을 촉진하기 위한 준비를 하여 X를 할 작정이 아니라면, X를 할 진정한 의도를 가지고 있는 사람으로 다룰 수 없다. 조건적인 억지 의도(conditional deterrent intention)가, 선할 뿐만 아니라 그 의도가 실행될 필요성이 발생할 일정한 가능성을 덜하게 만든다고 믿어지는 (카프카의 표현으로는) '자율적 효과'(autonomous effects)를 갖는 것으로 상정된다는 점은 사실이다.[33] 의도가 실행될 필요성이 발생할 가능성을 덜하게 만들리라는 믿음의 참을 의문시할 여러 가지 이유들이 있지만, 여기서 그 이유들을 논의하지는 않겠다. 명백히 참인 것은, 당신의 조건적 의도가 당신이 그런 목적을 갖지 않을 때와 비교하여, 당신이 핵전쟁에 관여할 가능성을 더 높게 만든다는 점이다. [역자-X를 하기와 X를 할 의도를 형성하기를 구분하더라도] 의도와 결과 간의 이 연결고리는 그대로 남는다. 더군다나 이제 냉전 이후 세계의 핵(과 대량 살상 무기) 확산과 테러리스트가 그런 무기를 사용할 전망에 의해 억지 전략(deterrent posture)의 훨씬 덜 달가운 '자율적 효과'가 분명해지고 있다.

이 달갑지 않은 효과는 부패 쟁점과 연관되어 있다. 그 효과 중 일부는, 다른 사람들이 스스로를 고귀한 자기 부패자로 생각하리라는 점에서 나온다. 비록 이 다른 사람들이 고귀한 동기에서 행위하는 존

---

33 Kavka, 'Some Paradoxes of Deterrence', 291.

재로 스스로를 이해하긴 해도, 그들은 그 바깥 세계의 대부분의 사람들에게는 그저 부패한 존재로 보일 가능성이 높다. 핵 억지자의 부패는 핵전쟁의 방식으로 그들이 의도하는 것과 그들이 할 것 사이의 관계를 확립할 뿐만 아니라, 그들의 다른 의도, 믿음, 욕구, 그리고 실천적 사고를 세계에 손상을 가하는 방식으로 연결 짓는다. 그들이 (지금 현재 인식하는 바대로의) 선의 추구나 악의 회피를 위하여 수백만 명의 사람들을 대량 학살하고 환경에 어마어마한 파괴를 입히며 미래 세대의 문화적·정치적 유산을 산산조각 낼 준비가 되어 있다는 점은, 그들로 하여금 억지 전략을 보호할 것과 그런 전략이 포함하는 모든 것에 의거하여 생각하고 행동할 것을 요구한다. 그러므로 부패한 사고방식(corrupt mindset)은 '데카르트적 사생활'에 의해 보이지 않는 어떤 것이 아니라, 억지 입장을 취하는 구체적 사안에서조차 본질적으로 공공연한 행위를 지향하고 있는 것이다. 그리고 이 지향(orientation)은 억지 맥락을 넘어서 행동에 함의를 갖는다. 이 복잡한 사실들은 결국 그들이 상대하고 있는 사람(들)이 어떤 유형인지 알 필요가 있는 외부자들의 반응에 영향을 미칠 것이다. 부패에 관한 관심을 한 가지만 지나치게 걱정하는 영적인 문제로 치부하려는 루이스의 시도는 이 모든 것들을 무시한다. 성품에 대한 관심은, 도덕적으로 건강하거나 불건강한 행위 성향에 대한 관심이다. 그러므로 우리가 개인, 제도, 사회의 부패한 성품에 관하여 우려할 때 우리는 단지 개인의 내면하고만 관련되고 공공선과는 무관한 어떤 것에 관심을 기울이는 것이 아니다.

말 앞에 놓인 마차에 관한 앞서 언급된 다른 반론도 비슷한 혼동을 담고 있다. 말 앞에 놓인 마차 반론은 그른 것을 하려는 의도가 부패시키는 것이라면 그것은 그 행위가 그르기 때문이지, 그 의도가 부패시키는 것이기 때문에 그 행위가 그른 것이 아니라고 제프 맥머헌 (Jeff McMahan)이 주장한 것이다.[34] 그런데 어떤 의도의 그름 (wrongness)이 그것이 지향된 행위의 그름에서 도출되어야 한다는 것은 참이지만, 그렇다고 해서 그 의도를 가진 행위자의 상태를 부패한 것으로 특징짓는 데 아무 의의가 없게 되는 것은 아니다. 우리가 부패라는 관념에 대한 앞의 분석에서 주목했듯이, 잘못을 범한다는 단일한 행위에 관여하는 사람이 그 단일 행위를 함으로써 부패하는 것은 아니다. 그리고 마찬가지로, 행위자가 어떤 잘못을 범하도록 자기 상태를 설정하는 것은 설사 그들이 실제로는 그 잘못을 범하게 되지는 않아도 그릇된 것이긴 할테지만, 이 단일한 그릇된 의도를 한번 가졌다는 것만으로는 그들이 부패했음을 의미하지는 않을 수도 있다. 핵 억지의 부패는 악으로 단 한 번 빠져드는 것이 아니며, 계속해서 지탱되고, 북돋워지고, 파문을 갖는 지향성(orientation)이다. 앞서 인용된 맥머헌의 문구에서 그것은 악에의 관여(an engagement in evil)였다. 이는 부패의 다른 형태에서도 마찬가지이다. 그러나 맥머헌의 반론은, 더러운 손 핵 억지자가 어떤 뜻에서 잘못을 범한다는 관념을 아예 거부하는 것으로 읽힐 수도 있다. 그래서 더러운 손 핵 억지자는 자신의 공직의 도덕성에서 아무런 이탈도 감행하지 않았으므로 부패에 연루되지 않았다는 반론으로 읽힐 수 있다. 이러한 부인이 핵 억지가 더러운 손의 한 예라는 인정과 일관되는지 여부는 앞에서 논의된 구조적 쟁점에서 어느 쪽을 택하는지에 달려 있을 것이다.

나는 '꼭 필요한 부패' 또는 '선한 부패'의 논거가 그 지지자들이

---

34 Jeff McMahan, ˙Deterrence and Deontology˙, *Ethics*, 95/3 (Apr. 1985), 523.

생각하는 것보다는 제시하기 훨씬 더 힘들다는 점을 보여주려고 하였다. 그리고 이것은 핵 억지 논쟁을 훨씬 넘어서는 함의를 갖는다. 예를 들어, 그것은 공적 관심사인 몇 가지 쟁점만 들어보아도 고문, 시민적 자유의 중대한 정지, 그리고 난민 정책에 관한 논쟁에 유관하다. 그러나 이 지점에서 두 가지 반론이 있을지도 모르겠다. 하나는 내가 자기 부패의 악이 때때로는 자기 부패가 가질 수도 있는 선한 효과에 의해 때때로 능가되는 경우가 없다는 점을 보여주지 않았다는 것이다. 다른 하나는, 나의 논거는 성품에 대하여 무차별적인 견해에 지나치게 많이 기대고 있다는 것이다. 나의 논거는 한 영역에서 나쁜 성품이 전체 인격이나 영혼을 감염시킨다는 이야기이며, 이런 주장은 구획화(compartmentalization)라는 잘 알려진 사실과 반한다는 것이다.

여기서 나는 간략한 이야기만 할 수 있겠다. 확실히 나의 논의는 그 쟁점을 충분히 다루려면 필요한 것보다는 짧을 것이다. 첫 번째 논점에 관하여 보자면, 나는 그런 결론에 이르는 보편적인 논증을 제시하는 것이 가능하다고 생각하지 않는다. 그리고 나는 원칙적으로 더 약한 결론인, 선한 부패 특히 선한 대의를 위한 자기 부패를 찬성하는 논증 대부분은 그 논증이 달성해야 하는 과업을 훼손한다는 결론만 논했다. 실제로, 나는 부패의 선한 효과 때문에 어떤 구체적인 맥락에서 부패가 좋은 것이라는 종합적인 평결(overall verdict)이 나오는 일이 결코 없을 것이라고는 주장하고 싶지 않다. 사악한 체제에서 고문과 죽음이 임박한 박해받는 집단이 그 체제를 탈출하게 해주면서 뇌물을 받는 부패한 공직자의 존재를 종합적으로 좋은 일로 묘사하는 것은 확실히 이치에 닿는다. 그 부패의 선한 효과는 부패한 공직자가 있음으로 인해 생기는 나쁜 효과를 능가한다. (또는 능가할 수 있다.)

특히 그 공직자들이 복무하는 제도가 이미 그 체제의 악에 의해 왜곡되어 있을 때에는 말이다. 실제로, 만일 공직자가 탐욕의 동기로 피해자들이 탈출하는 것을 돕지 않는다면, 그들은 청렴함이 사악한 목적에 봉사하도록 구부려져 있는 곳에서 그들의 역할에서 청렴함을 위해 비도덕적인 박해를 증진하게 될 것이다. 설사 사악한 체제의 행위자들이 어떤 악에 대응하는 미덕 대신 그 특정 악을 가지는 것이 더 나을 때 우리가 그 미덕에 대하여 어떤 해명을 해야 하는지와 같은 까다로운 철학적 질문들이 그 주변에 도사리고 있다고 할지라도 이 판단은 안전한 것으로 보인다.

둘째의 논점에 관해서 보자면, 나는 정신적 삶의 영역들을 다른 영역에 영향을 미치지 않도록 차단하는 인간의 능력을 부인하고 싶지는 않다. 나는 부패가 두 방향으로 나아가려는 마음의 성향적 상태라는 점만 논했을 뿐이다. 하나는 공적 행위를 겨냥하고 다른 하나는 부수적인 마음 상태를 겨냥한다. 당신이 당신의 뇌물을 받고자 하는 의도를 실행할 기회가 있는지 세심히 살피고, 다른 사람들이 당신의 의도를 알 수 없도록 가장하는 방법과 적절할 때 다른 사람들까지 부패에 끌어들일 방법을 생각하고 있지 않다면 뇌물을 받는 부패를 저지를 수 없을 것이다. 이것은 당신의 성품 상태 때문에 당신이 틀림없이 가족이나 친구들로부터 뇌물을 받으리라는 것 또는 상당히 다른 종류의 잘못을 범하려는 성향을 틀림없이 발전시키리라는 것을 의미하지 않는다. 그 어떤 부패 논제도 그와 같이 강한 것은 아니며 그럴 필요도 없다. 다른 한편으로, 구획화는 흔히 그렇게 보이는 정도보다는 휘발성을 가진 불안하고 애매한 현상일 가능성이 높다. 전쟁의 참혹함을 견뎌내고 평화시에는 결코 지지하지 않았던 끔찍한 짓을 자주 저질렀던 사람은, 그들의 경험에 의해 외관상으로는 영향을 받지 않은 채로 민간인의 삶으로 돌아간다. 그러나 최근 몇 년 동안, 그 외관상의 차분함은 깊은 트라우마를 숨길 수 있음이 점점 더 명확해졌다. 외상 후 스트레스(Post-traumatic stress)는 인격의 많은 영역에 영향을 미칠 수 있으며, 외상 후 스트레스에 대한 이론적 해명이 현재 전적으로 만족스럽지는 않다 하더라도 충분히 실재적이다. 이는 부패의 영향으로부터 심리적 성향의 영역들을 차단하려는 시도가 그렇게 보이는 만큼 직접 효과를 내지는 못한다는 점을 시사한다.

마지막 반론

부패 이야기에 대한 가장 래디컬한 비판은 성품과 성품 특성의 존재 그 자체에 대한 과감한 반론에서 나온다. 만일 성품 특성(character traits)이라는 것이 없다면, 아무런 성품도 없는 것이며 미덕도 악덕도 없는 것이다. 만일 이것이 참이라면, 내가 말했듯이 부패 이야기는 적어도 그 의의의 많은 부분을 잃을 것이다. 왜냐하면 그것은 나쁘게 행동하려는 안착된 성향에 관한 이야기이기 때문이다. 나는 미덕과 악덕에 의거하여 부패에 관한 논의를 제시하지는 않았다. 그러나 그 논의는 개인, 집단, 그리고 제도의 도덕적으로 왜곡된 성품에 관한 이야기이기 때문에 이 래디컬한 비판에 취약한 것처럼 보일 것이다.

성품에 대한 '제거주의적' 비판(the 'eliminativist' critique of character)은 길 하먼(Gil Harman)이 최근 쓴 여러 편의 논문에서 강력하게 주장되었다.[35] 그는 우리가 물리 세계에 관하여 가진 확신에

---

35 'Moral Philosophy Meets Social Psychology: Virtue Ethics and the Fundamental Attribution Error', *Proceedings of the Aristotelian Society*, 99 (1999), 315-31; 'The Nonexistence of Character Traits', *Proceedings of the Aristotelian Soci-*

찬 많은 상식적 견해가 물리학에 의해 거짓임이 입증된 것과 꼭 마찬
가지로, 성품 특성에 관한 우리의 상식적 (그리고 철학적) 견해는 사
회 과학에 의해 파괴되었다고 주장한다. 특히, 여러 사회 심리학자들
의 연구 결과는 제거주의적 논제에 뒷받침을 제공한다고 주장한다.
그들의 연구는 성품 등에 대한 우리의 믿음이 '근본적 귀인 오류' (the
fundamental attribution error, FAE)[역자-가독성을 위해 '근본적
귀인(歸因) 오류'로 계속 번역하겠다.)가 되는 방식을 드러냄으로써
이런 뒷받침을 제공한다고 한다. 무엇이 근본적 귀인 오류인가?

　하먼이 제시하거나 인용하는 다양한 설명으로부터는 근본적 귀인
오류의 정확한 본질에 관하여 명확하게 이해하기가 어렵다고 나는 생
각하지만, 행위자가 행위하는 상황의 세부사항 '보다는' 성품에 귀인
을 둠으로써 그 행위자의 수행을 잘못 설명하는 오류에 해당하는 것
같다.[36] 하먼이 의미하는 종류의 근본적 귀인 오류의 본질에 대한 단
서는 그가 인용하는 심리학 연구, 특히 밀그램의 권위에 대한 복종 실
험과 달리/배슨(Darley/Batson)의 '선한 사마리아인' 실험에서 찾을
수 있다. 이 글에서는 지면상 '선한 사마리아인' 실험만 다루겠다. 이
실험은 프린스턴 신학 세미나에 참석한 학생들을 피실험자로 하여 수
행된 잘 알려진 실험이다. 이 학생들은 얼마간 떨어진 거리에 있는 건
물에서 여러 주제에 관하여 발표를 하기로 되어 있었다. 그들이 걸어
가야만 했던 길에 연기자가 고통 속에서 도움이 필요한 듯이 있었다.
심리학자들은 학생들이 멈춰 도울 때의 조건을 테스트하고 있었다.
그래서 일부 학생들은 그들이 늦었고 서둘러야 한다고 들었고 다른

---

ety, 100 (2000), 223-6 ; 'No Character or Personality', *Business Ethics Quarterly*,
13/1 (Jan. 2003), 87-94.

36　Harman, 'Moral Philosophy Meets Social Psychology', 322-4.

학생들은 그들이 시간이 딱 맞는다고 들었으며, 또 다른 학생들은 시간이 많다고 들었다. 일부 학생들은 그들이 발표할 주제로 선한 사마리아인 우화를 받았고, 다른 학생들은 상당히 다른 주제를 받았다. 이전에 학생들이 응답한 설문지에 따르면, 학생들은 다양한 도덕관과 종교관을 가졌다.

다음은 유명한 그 실험의 결과다. 도우려고 멈춰 선 비율이 가장 높은 집단은 그들이 서두를 필요가 없다고 믿은 사람들이었다(63퍼센트). 다음은 적당하게 서둘러야 할 상황이라고 들은 이들이었다(45퍼센트). 그리고 크게 서둘러야 한다고 들은 사람들 중에는 오직 10퍼센트만이 멈춰 도와주었다. 그들의 발표 주제는 그들의 행동에 아무런 영향도 미치지 않았으며 그들의 도덕관과 종교관도 아무 영향을 미치지 않았다. 그 결과는 재밌기도 하지만 조금 낙담케 하는 것이기도 하다. 그러나 그 실험 결과가 성품 특성에 관하여 보여주는 것은 무엇인가?

하먼은 이 실험 결과가 도와주지 않은 사람들의, '냉담함'과 같은 나쁜 성품에 관한 관념에 기대어 그들의 놀랍도록 '나쁜 행동'을 설명하는 것은 틀렸다는 점을 보여준다고 생각한다. 마찬가지로, 도와주는 사람과 도와주지 않는 사람 간의 차이에 대한 설명을 서두름 요인과 같은 상황 요인 '이 아니라'(rather than) 성향적 성품 특성에서 찾는 것은 틀렸다는 점을 보여준다고 생각한다.

행위자가 처해 있는 상황이 어떻게 반응할 것인가에 강력한 기여를 한다는 점에는 의문의 여지가 없다. 우리는 그 점을 입증하기 위해 심리학자들도 거의 필요치 않다. 비록 심리학자들의 작업이 특정한 상황 요인들이 얼마나 영향을 많이 줄 수 있는지에 관하여 놀라운 사실들을 드러낼 수는 있지만 말이다. 그러나 하먼의 논의와 근본적 귀인 오류가 주장하는 널리 성향적 요소와 상황적 요소 사이의 그토록 뚜렷한 대조에까지 도달하기 위해서는, 행위자의 상황이 행위자의 반응에 강력한 기여를 한다는 명제에서 어마어마한 걸음을 더 내딛어야 한다. 행위자의 성향 대신에 상황의 측면에 주의를 촉구하는 것은 터무니없다. 왜냐하면 우리는 상황 요인들이 왜 작동하는가를 설명하기 위해 행위자의 성향을 거론할 필요가 있기 때문이다. 시간 엄수, 일에서의 성공, 복종을 향한 성향은 이 실험 결과가 이치에 닿기 위해 필요한 성향 중 일부다. 실제로, 서둘러야 한다는 이야기를 듣지 않은 학생들 중 37퍼센트가 멈춰 피해자를 돕지 않았다는 보통 무시되지만 놀라운 사실을 해명하는 데 냉담함, 이기적임, 무감함, 또는 불운한 사람들에 대한 경멸처럼 많이 비방되는 성품이 필요할지도 모른다.

더 일반적으로, 우리가 상황 요소 '가 아니라' 행위자의 폭넓은 성향에서 행동의 설명을 찾는 것이 틀렸다는 식의 근본적 귀인 오류의 해석은 명백히 자멸적이다. 근본적 귀인 오류 그 자체는 상식의 실패에 대해 바로 그런 설명을 제시하고 있기 때문이다.[37] 하먼은 이 일반적 문제에 관하여 알고 있었으며, 그에 대해 나름의 대응을 했다. 그는 '사람들의 성품 특성에서 서로 상당히 다르다는 점을 부인한다고 해서 사람들이 여하한 성향을 갖고 있지 않다고 말하는 것은 아니다'고 말한다.[38] 근본적 귀인 오류에 의해 기반이 약화되는 것은 성품 특

---

37 이 결함은 오웬 플래너건과 데이비드 코디 둘 다 별도의 논의에서 지적했던 바다. David Coady, 'Conspiracy Theories and Official Stories', in David Coady (ed.), *Conspiracy Theories: The Philosophical Debate* (Aldershot: Ashgate,2006), 124-5, 그리고 Owen Flanagan, *Varieties of Moral Personality: Ethics and Psychological Realism* (Cambridge, Mass.: Harvard University Press, 1991), 305를 보라.
38 Harman, 'Moral Philosophy Meets Social Psychology', 327.

성뿐이다. 그러므로 사람들은 특정한 방식으로 행위하려는 습관적 경향인 넓은 성향적 인격 특성(broad dispositional personality traits)을 공유할 수 있다. 여기에는 근본적 귀인 오류와 (자신의 가설을 지지하는 증거만 보고 모순되는 증거는 무시하는 경향인) 확증 편향에 포함된 것과 같은 인격 특성이 포함된다. 그러나 사람들이 이러한 인격 특성을 가질 수 있다면 왜 성품 특성은 갖지 못하는가? 아마도 여기서 논제는, 그 실험이 사람들이 성품 특성을 갖지 못한다는 단적인 사실을 보여준다는 것인지도 모르겠다. 그러나 선한 사마리아인 실험은 그런 종류의 어떠한 사실도 보여주지 않으며 보여주는 경향도 없다. 그 실험은 성품 특성의 귀인은 때때로 그러는 것보다는 더 조심스럽게 진행되어야 한다고 시사할 수는 있겠다. 한 심리학자의 논평이 이 논지에 맞는 것 같다. (하먼이 인용한) 쿤다(Kunda)는 다음과 같이 말했다:

> 도서관 직원이 노파의 잡화를 길 건너로 운반해준다. 접수원이 줄을 서 있는 노인 앞으로 끼어든다. 배관공은 자기 아내의 지갑에 원래 주기로 한 돈보다 50달러를 슬며시 더 넣어둔다. 이 인물들의 성품을 추론하라는 어떤 요구도 받지 않았다 해도, 당신은 도서관 직원은 기꺼이 사람들을 돕는 성격이며, 접수원은 무례하고, 배관공은 관대하다고 추론했을 것이다. 아마도 우리는 행동이 상황에 의해 형성되는 정도를 깨닫지 못하기 때문에 행동으로부터 그런 성격상의 특성을 즉흥적으로 추론하는 경향이 있는지도 모른다.[39]

---

39   Harman, 'No Character or Personality', 89.

어떤 상황이 온전히 묘사되지 않거나 그 상황을 완벽히 이해하지 못하면, 우리가 성품에 대하여 잘못된 판단을 내리는 것도 무리가 아니다. 그러나 그 사실은 우리가 더 온전한 정보를 알게 되었을 때도 계속 잘못된 판단을 고집할 것이라는 점을 보여주지는 않는다. 물론 또한 정보가 활용 가능할 때 사태를 올바르게 파악하는 우리의 능력이 없다고 볼 이유도 되지 않는다. 배관공이 변조 어음을 사용하기 위해 자신의 아내를 이용하고 있는 것이라면 우리는 이 행위를 기초로 그가 '관대하다고' 할 경향성을 갖지 않을 것이다. (우리가 '최초의 판단의 부당성을 입증하는 다대한 증거에 직면해서도' 사람들의 성품에 관한 최초의 귀인을 고수하고자 하는 강한 경향성을 갖고 있다는 하먼의 주장과는 반대로 말이다.)[40] 그리고 다른 간략히 묘사된 사건들에 대한 유사한 수정도 확실히 동등하게 빠른 조정을 불러일으킬 것이다. 그러므로 이 사안들은 성품 귀인에서 부주의하다는 점조차도 보여주지 않는다.

더 일반적으로, 조야하다거나 미묘하지 않다거나 맥락에 무감하다는 것은 성품 담론의 본질적인 부분은 전혀 아니다. 사람들이 성품에서 벗어나 행위할 수 없다거나 그들의 성품을 고치거나 버릴 수 없다는 것이 성품 귀인의 일부도 아니다. 부패에 대한 이야기가 성품 담론의 일부인 만큼, 같은 논지가 적용된다.

결론을 내리면서, 내가 서두에서 인용한 이그나티에프의 논문으로 돌아가보도록 하자. 그의 논문이 그 한 예인 더러운 손 논쟁과 흔히 연관되는 흥미로운 현상이 있다. 그것은 현재의 현실에 관한 고매한 순진함(a high-minded naivety)과 미래에 더러운 전술을 채택하는

---

40   Ibid. 90.

일의 필수성에 대한 음침한 옹호의 결합이다. 이그나티에프는 그의 논문의 많은 부분을, 암살을 꺼림칙하게 여기는 미국의 공식입장이 대체로 수사적인 것에 불과하다는 점을 조금도 깨닫지 못한 채 암살에 관하여 미국이 도덕적으로 법적으로 침묵하던 관행을 버려야 할 때가 왔다고 논하는 데 쓴다. 미국 당국들은 암살이나 암살에 가까운 수단을 지지하는 데 주저한 적이 거의 없다. 이는 라뭄바(Lamumba) [역자-콩고 민주 공화국 초대 수상]나 아옌데(Allende)의 몰락이 극적으로 보여주는 바이다. 그리고 카스트로의 생존은 그 당국들의 도덕적 자제가 아니라 무능에 대한 증거이다. 그리고 이것들은 오직 세간의 이목을 끈 사건들일 뿐이다. 남아메리카처럼 그 지역 미국 당국이 지원하고 승인한 훨씬 더 많은 수의 암살 사건이 있다. 특정 대상을 목표로 삼은 암살(targeted assassination)을 광범위하게 활용하는 이스라엘 정책을 미국이 공식적으로 불승인한다는 것은 사실이긴 하다. 그러나 조금도 과장하지 않고 말하자면, 미국은 이스라엘에게 암살 전술을 멈추라고 진지한 압력을 전혀 가하지 않는다. 그리고 암살과는 꽤나 별도로, 미국 당국들은 적어도 지난 50년 동안, 당대의 미국 정부나 그 요원들이 싫어한, 보통 민주적으로 선출된 다른 나라 정부를 불안정하게 하거나 전복시키기 위해 수많은 불법적이고 비도덕적인 비밀 작전을 수행해왔다. 외국 정부의 전복, 국내와 국외에서 행한 어마어마한 기만, 테러리즘 대응 정책으로 사악한 독재 정부를 지탱해주기 등등 이 모든 것들이 표준적인 작전에 속하지, 최고 비상상황이라서 드물게 의지했던 작전이 아니다. 고문에 관하여 보자면, 이그나티에프는 깊은 자기 성찰 끝에 고문에 반대하기로 결정하였지만, 미국 기관들이 수십 년 동안 고문에 연루되어 왔다는 점은 전혀 알지 못하고 있다. 조지아주 포트 베닝에 있는 악명 높은 스쿨 오브 아메리카(SOA, 현재는 안보 합동작전을 위한 서반구 기구[Western Hemi-sphere Institute for Security Co-operation]로 칭해지고 있다.)는 중앙아메리카와 남아메리카에서 고문 작업을 할 고문 기술자들을 양성해냈다. 그리고 군 고위 지도부와 정부 고위 공직자 수준의 고문에 대한 개입은 이라크에서 최근 드러나게 된 일로 인해 명백해졌다. 국방부는 1996년에 SOA가 '중립지대로 만들기'(neutralizing)(다시 말해, 살해)뿐만 아니라 고문과 관련해서도 훈련 교본을 갖고 있다는 점을 인정할 수밖에 없었다. 이 교본들은 양성소 훈련 과정에서만 사용될 뿐만 아니라 스페인어로 인쇄되어 라틴 아메리카에서 적합한 장소에 배포되었다.[41] 자신들의 정부가 이미 그들의 겨드랑이까지 더럽게 적시고 있는데 바로 그 동일한 정부를 향해 도덕적 결벽성을 좀 버리라고 촉구하는 고매한 지식인들에게는 어떤 역설적인 점이 있다. 만일 우리의 통치자들이, 기독교인의 미덕의 모범을 보인 사람처럼 그려진 에라스무스의 기독교도 왕자처럼 행동한다면, 높은 도덕적 규준에 대하여 더 완화된 태도를 촉구하는 것에 얼마간 의의가 있을지도 모르겠다. 그러나 정부의 실제 관행이 그들이 밖으로 말하는 수사와는 달리 너무도 철저하게 추잡하고 '악에 관여해' 왔다면, 더러운 손의 방어와 옹호는 불가피하게 나쁜 신앙의 위험을 초래할 것이다.

---

41   Dana Priest, 'U.S. Instructed Latins On Executions, Torture: Manuals Used 1982-91, Pentagon Reveals', *Washington Post* (21 Sept. 1996), 그리고 Steven Lee Myers, 'Old U.S. Army Manuals for Latin Officers Urged Rights Abuses', *New York Times* (22 Sept. 1996). 또한 Alfred W. McCoy, *A Question of Torture: C. I. A. Interrogation from the Cold War to the War on Terror* (New York: Henry Holt & Company, 2006)를 보라.

5

정치와 거짓말

어떻게 속이는지 아는 것이 군주의 앎이다.

Cardinal Richelieu, Mirame

우리의 문화에서 그리고 아주 기이한 문화를 제외하면 어느 문화에서나 부정직은 항상 중대한 인간 악덕으로 여겨져 왔다. 더군다나, 거짓말이라는 부정직의 특정한 형태는 일반적으로 멸시되어왔다. 그리고 습관적인 거짓말쟁이는 경멸받았다. 그래서 정치에서 거짓말한다는 고발은 위력적인 도구다. 토니 블레어와 조지 부시는 이 사실을 비용을 치르면서 깨닫게 되었다. 이라크와 관련된 거짓말을 자주 한다고 묘사되었던 그들의 기만적 행동의 폭로가, 그들이 선거에서 떨어지게 된 원인의 일부인 것 같다. 거짓말에 대한 흔한 적대감에는, 내가 간략히 살펴볼 완전히 좋은 이유가 있다. 그러나 우리는 이 인식이 무엇이 거짓말을 구성하는가에 관한 어떤 주저함과 일관된다는 점이, 그리고 거짓말이 실제로 정당화되는 여러 가지 상황이 있을 수 있다는 점에 스며드는 의심을 갖는 수준을 넘어서 면밀히 주목해야 한다. 또한 얼버무리기, 의도적으로 오도하기, 그리고 회피하기가 거짓말만큼이나 도덕적으로 의문스러우며 때로는 더 효과적인 기만의 형태라는 중요한 사실도 있다. 정치의 맥락에서는 피통치자를 통치자가 기만하는 오랜 전통이 있다. 그리고 민주주의 정치인들에 대한 오늘날의 냉소주의는 정치인들은 으레 거짓된 행동을 한다고 당연히 여겨질 정도가 되었으며 그래서 비록 정당화되는 경우는 드물지만 실제로 예상될 수 있는 것보다는 덜 피해를 입히는 정치적 결과를 가지는 것이 보통이다. 그러므로 오스트레일리아의 전 수상 존 하워드는 '배 밖으로 아이들을 내던진' 사건 그리고 오스트레일리아의 이라크 전쟁 참전에 대한 정당화에 관하여 수상이 거짓말했다고 또는 그런 거짓말에 동조했다고 사람들이 믿고 있다는 점을 여론 조사가 지속적으로 뒷받침하는데도 다수의 대중이 자신을 지지하고 있다고 주장했다.[1] 하워드는 그 뒤에 치러진 2007년 선거에서 패배했으며 그가 사실들을 아무렇게나 대한다는 평판이 그의 참담한 패배에 기여했을 가능성이 있긴 하지만 (그는 정권을 잃었을 뿐만 아니라 자신의 의원직도 잃었다.) 다른 요인들, 이를테면 재앙적인 결과를 가져온 산업 관계 입법이 더 중요했던 것으로 보인다.

정치적인 거짓말에 대한 태도의 복잡성은 우리의 지적 전통 태초부터 발견된다. 플라톤은 자신의 천재성을 정치적으로 편의적인 거짓말을 옹호하는 데 썼다. 서구 최초의 정치 이론서인 『국가·정체』(*The Republic*)에서 플라톤은 통치자가 자신이 통치하는 시민들에게 거짓말하는 것이 이득이 될 경우에는 거짓말해야 한다는 이념을 옹호했다. 그리고 이 결론은 통치자들이 만일 가능하다면, 구성원의 기원에

---

1   Michael Gordon, 'PM Lied Over Children: Poll', *The Age*, Melbourne (8 Sept. 2004).

관하여 '고귀한 거짓말'로 기만당해야 한다는 플라톤의 주장으로부터 자연스럽게 따라 나오는 것이었다.[2] 사회의 상이한 계급들이 각각 신에 의해 다르게 만들어졌다고 (통치자들은 금으로 만들어진 반면에 농민과 기술자는 철과 동으로 만들어졌다고) 믿도록 해서 자신들의 역할을 더 기꺼이 받아들이도록 해야 한다는 주장 말이다.

그 이후의 철학 전통은 플라톤의 대담한 후견주의와 거짓말의 전면적 거부 사이를 왔다 갔다 했다. 성 아우구스티누스와 임마누엘 칸트는 그 어떤 상황에서의 거짓말도 비난했다. 아우구스티누스는 몇몇 거짓말은 다른 거짓말들보다 훨씬 더 심각하다고 생각하기는 했지만 말이다. 이와 대조적으로, 19세기 도덕철학자 헨리 시즈위크는 공중이 도덕의 본성 그 자체에 대하여 기만당해야 할지도 모른다고 생각했다. 시즈위크는 특정 유형의 공리주의는 우리가 어떻게 살아야 하는가에 관한 진정한 진리라고 생각했지만, 또한 만일 세계가 대체적으로 공리의 원리를 알고 그 원리에 따라 행위한다면 그 결과는 재앙적일 것이라고도 생각했다. 만일 모든 사람이 ([역자-액면상 공리주의적이지 않은] 확립된 도덕 규칙 및 원리에 따라 행위하지 않고) 최대 다수의 최대 행복에 기여하는 일을 하라는 공리주의 원리만 배타적으로 지키려고 한다면 불가피한 계산 착오, 오해 그리고 신뢰의 파괴가 광범위한 비참과 제도적 붕괴에 이를 것이라고 그는 생각했다. 그러므로 공리주의 그 자체는 대부분의 사람들이 공리주의에 따라 행위하지 않을 것을 요구한다고 그는 보았다. 오직 극소수의 엘리트만이 일반 대중의 행위를 최대 다수의 최대 행복을 추구한다는 기반 위에서 틀 지우는 임무가 맡겨질 수 있으며 그 엘리트들이 따르는 원리

2　Plato, *The Republic*, 459c and 414d (any edn.).

는 일상적인 의무와 도덕으로 잘 지내는 일반 대중은 모르도록 비밀
로 해야 한다는 것이다. 만일 그런 비밀성의 대가가 엘리트가 대중에
게 거짓말을 해야 한다는 것이라면, 아마도 그렇게 해야 할 것이다.[3]
시즈위크는 또한 진리가 아이나 병자에게 해롭다면 그들에게 거짓말
하는 것은 완전히 허용된다고도 생각했다.[4] 흥미롭게도, 우리는 아이,
약자 같은 범주에 속하는 이들에게 하는 거짓말이 허용된다는 점에
관하여 시즈위크나 그의 동시대 사람들보다는 훨씬 확신이 덜하다.
그리고 이는 부분적으로는 우리가, 매우 큰 병이 들거나 아주 어릴 때
조차도 자율성의 가치 및 이와 연관된 자기 삶의 방향을 지도할 충분
한 정보를 가질 권리에 깊은 감명을 받기 때문이다.

　거짓말하는 것이 항상 그르다고 생각한 사람들 중 일부도, 삶의 복
잡성 때문에 거짓말로는 여겨지지 않는, 오도할 의도로 말하는 정당성
있는 방식이 있을 수도 있으며 때때로 도덕적으로 방어 가능하다는
점을 인정할 수밖에 없었다. 중세 후기의 결의법 전통은, 파스칼에 의
해 그토록 신랄하게 그리고 때때로는 불공정하게 공격을 받은 전통으
로, 얼버무리기(equivocation)와 심중유보(心中留保; mental reserva-
tion)[역자−진실 진술의 의무와 비밀 유지의 의무를 동시에 지켜야
할 경우 취할 수 있는 윤리적 태도]의 표제하에서 그런 문제를 논의하
는 데 많은 재간을 발휘하였다. 그리고 그 중 일부는 확실히 뒤틀린
것이었다. 이 이론가들은 특히 고해의 맥락에서 도덕 규칙의 해석에
관심을 두고 있었다. 그리고 무엇이 옳은지 결정하기 어려운 이례적
이거나 시험하는 여건을 주의 깊게 살폈다. 그들의 초점 중 일부는 오

3　Henry Sidgwick, *The Methods of Ethics*, 7th edn. (London: Macmillan,
1963), 489−90.
4　Ibid. 316.

늘날에는 보통 '도덕적 딜레마'(moral dilemmas)라고 칭해지는 것
에 있었다. 그들이 일상적으로 유혹을 받는 유한한 존재에 대한 보살
핌에 관심을 가졌기 때문에, 결의론자들은 도덕 규칙과 원리가 일상
의 삶의 너절한 특이성에 맞춰 조정되어야 하는 방식에 대한 관심을
발전시켰다. 그러나 이에 대해서는 나중에 다시 살펴보겠다.

거짓말을 정의하기

이제 거짓말의 정의를 내리는 문제(matters definitional)를 살펴볼
시간이다. 거짓말하기는 부정직의 한 종류다. 정직은 진실성(veraci-
ty) 이상의 것을 포함하지만 분명히 진실성은 포함한다. 정직한 사람
은 대체로 신의를 지킨다. 그의 말은 그의 보증이며 그는 거짓말하지
않는다. 그러나 거짓말이란 무엇인가? 왜 거짓말이 도덕적으로 문제
가 되는가? 거짓말 금지는 얼마나 엄격한가?

   비록 이론가들이 거짓말하기[역자-lying은 거짓말 하다 lie의 동명
사 형태이므로 '거짓말하기'가 더 정확한 번역이겠지만 우리말 거짓
말은 거짓말하기를 포함하는 의미로도 사용되므로 거짓말하기로도
번역했지만 혼동이 없을 때에는 일상 용례에 따라 간단하게 거짓말로
도 번역하였다.]를 어떻게 정의할지에 관하여 견해가 크게 나뉘었지
만, 거짓말하기가 화자가 거짓으로 믿는 것을 청자에게 참이라고 여
기도록 할 의도로 진술하는 것이라는 점은 적어도 합의되는 중심 핵
이다. 이것을 기술적 정의라고 칭하자. 일부 이론가들에게는 이것은
거짓말의 특성에 대한 충분한 서술이 아니다. 왜냐하면 그들은 우리
가 청중이 진실을 알 아무런 권리가 없는 여건에서 그렇게 말하는 것
은 거짓말이 아니라고 생각하기 때문이다. 진실을 알 권리(a right to

the truth)의 문제를 가장 극적으로 제기하며 또한 절대주의자에게 가장 분명하고 두드러지는 도전을 제기하는 종류의 사안을 성 아우구스티누스가 제시한 바 있다. 그는 논고 '거짓말에 관하여' (On Lying)에서 '정의롭고 죄 없는 사람' (또는 심지어 유죄인 사람)을 배신하여 사형을 받게 하는 일을 피하기 위해 거짓말하는 것이 허용될 수 있는가라는 질문을 던졌다.[5] 그는 자신의 자연스러운 경향성에는 반하지만, 허용될 수 없다고 확고하게 답했다. 그러나 다른 사람들은 자신의 집 지하 저장고에 유대인 난민이 있음에도 불구하고 나치 폭력배에게는 자신의 집에 유대인이 없다고 말하는 여성은 나치가 이 진실을 알 아무런 권리가 없기 때문에 거짓말하는 것조차 아니라고 말할 것이다. 그렇게 보는 이론가들은 청중은 진실을 알 권리가 있어야만 한다는 단서를 기술적 정의에 부가할 것이다.

이렇게 정의하는 전략은 난점을 피하기 위해서만 고안된 것은 아니다. 그 전략은 부정직이 부정의의 한 형태이며 거짓말에서 그른 점은 그것이 진리를 알 타인의 권리(rights of others to truths)를 침해한다는 점이라는 사고에 기반하고 있다. 이것이 프로테스탄트 철학자, 신학자, 그리고 법학자였던 휴고 그로티우스(Hugo Grotius)가 취했던 노선이다. 그로티우스는 국제법 분야의 창시자였다. 여기서 그로티우스는 다음과 같은 접근을 옹호한다: '더 나아가, 침해된 권리가 다른 사람이 아니라 대화하는 사람에게 속할 것이 요건이다. 이는 계약의 경우에도 부정의는 계약 당사자의 권리 침해에서만 나올 수 있는 것과 마찬가지다.'[6] 그리고 그는 뒤이어, 거짓말의 그름은 의도된

---

5   Augustine, 'Lying', in *Treatises on Various Subjects*, ed. Roy J. Deferarri (Washington, DC: Catholic University of America Press, 1965), 83.

6   Hugo Grotius, *On the Law of War and Peace* (Oxford: Clarendon Press;

청중에게 가해진 부정의에 있다고 주장한다.

  이런 종류의 정의(definition)의 한 가지 이점은, 그 정의가 거짓말이 항상 그르다고 주장할 수 있게 해준다는 점이다. 왜냐하면 그 정의는 거짓말의 범주에서 선한 '허위'(untruths)로 보이는 것 중 가장 다루기 곤란한 사안들을 배제하기 때문이다. 그 정의는 또한 그로티우스를 비롯한 이들이 도출한 결론인, 청중은 진실을 알 권리를 포기할 수 있다는 결론 그리고 청중 그 권리를 포기한 경우에 청중은 의사소통을 의도하지 않은 엿듣는 사람이 되어 그런 청중에게는 허위를 말하더라도 거짓말이 되지 않는다는 결론도 낳는다.

  당신의 사무실 전화가 경쟁 기업이나 비밀경찰에 의해 도청되고 있을 가능성이 높다는 사실을 알고서 당신은 가족에게 당신이 그 전화로 이야기하는 사업상의 어떠한 정보도 거짓일 것이라고 사전에 설명한다. 그리고 나서 당신은 전화로 가족에게 존재하지도 않는 어떤 거래에 관해 이야기한다. 그 경우 그 전화를 도청하고 있던 경쟁 기업은 기만당한 것은 맞지만 거짓말을 들은 것은 아니다. 또한 가족이 거짓말을 들은 것이 아님은 분명하다. 왜냐하면 그런 정보에 대한 그들의 권리를 (적어도 그 전화로 당신에게서 들을) 포기했기 때문이다. 게다가 당신이 도청자에게 말하고 있던 것도 아니다. 물론 당신이 도청자를 기만하려고 의도했다고는 말할 수 있겠다. 그러나 이것이 묘사된 사안의 경우 참인지 확신하지 못하겠다. 아마도 당신은 만일 은밀히 엿듣는 청자가 있다면 그들은 기만될 것이라는 조건적 의도(a conditional intention)를 가졌으며 그래서 당신의 수행은 조건적 거짓말을 구현하는 것인지도 모른다. 어느 경우건, 그들이 이 여건에서

London: Humphrey Milford, 1925), bk. 3, ch. 1, §11.2, p.614.

는 진실을 알 권리를 갖지 않기 때문에 설사 당신이 실제로 그들을 기만하려고 의도한다 할지라도 (그로티우스적 정의에서는) 거짓말이 아닐 것이다.

이 접근은 또한 나치 폭력배에게 자신의 집에는 유대인이 없다고 말하는 여성이 거짓말하는 것이 아니라고 의미한다. 내가 생각하기에 그와 같은 뜻을 가진 거짓말하기 개념을 가지고서 작업하는 것이 가능하긴 하지만 그것은 우리의 실제 언어 관행과 일관되지 못한 것으로 여겨진다. 왜냐하면 그 여성이 나치에게 거짓말하지 않았다고 주장하는 것은 반직관적인 것 같기 때문이다. 그리하여 나는 거짓말하기에 대한 더 기술적인 정의를 가지고 작업하는 쪽을 선호한다. 이러한 기술적 정의는 권리에 대한 아무런 언급을 하지 않는다. 그래서 예외의 문제를 다루어야만 한다. 청자의 진실을 알 권리 쟁점 또는 그런 권리의 결여 쟁점은, 그럴 경우 거짓말하기의 그름과 거짓말하기가 어느 경우에 아마도 허용되는가를 결정하는 중심적인 도덕적 쟁점으로 등장할 것이다.

화자가 무엇을 믿는지는 지극히 중요하다. 그리고 공적 삶을 살아가는 몇몇 사람들의 경우에는 그들이 어느 특정 시점에 믿는 것이 무엇인지 아는 데 곤란을 겪는 것처럼 보인다는 점이 우리의 문제인 것 같다. 기만할 의도는 정의(定義)의 중차대한 요소다. 왜냐하면 우리는 허위를 포함하는 많은 농담이나 문학적 가장이 거짓말이라고 또는 누군가의 청력을 검사하면서 거짓 진술을 발화하는 것[역자-청력 검사를 위해 '사람은 불멸이다'와 같은 문장을 소리내어 말하여 피검사자가 들리는지 확인하는 경우와 같은 것]이 거짓말이라고 말하고 싶지는 않기 때문이다. 물론 일부 농담들은, 비록 잠시이기는 하지만, 기만할 의도로 한다. 그리고 많은 기독교 전통, 특히 성 아우구스티누스의 영향을 받은 기독교 전통에서는, 그런 농담들을 거짓말로 분류하고 눈살을 찌푸리긴 했지만 거짓말의 많은 다른 범주들보다는 덜 죄를 짓는 것으로 다루었다. 그러나 모든 기만이 곧 거짓말하기인 것도 아니다. 기만은 거짓말하기보다 더 폭넓은 범주이며 거짓말하기가 정당화되지 않는 경우에도 때때로 정당화될 수도 있다. 나는 각각의 사람들 모두가 참된 믿음을 가지도록 보장할 의무를 질 수 없다. 그러므로 어떤 사람이 오류에 빠졌을 때 내가 교정해주기를 기대할 수도 있다는 점이 명백할 때도 나는 진실에 관하여 침묵할 자격이 있을 수 있다. 더군다나 당신이 진실을 말해도 그들은 틀린 추론을 하리라는 점을 당신이 알고 있는 채로 그 진실을 사람들에게 말함으로써 누구가를 기만하는 것이 가능하다. 당신은 어떤 청중이 당신의 말을 신뢰하지 않는다는 사실을 이용하여 진실을 말함으로써 그들이 거짓 결론을 내리도록 할 수도 있을지 모른다.

거짓말하기로는 별로 여겨지지는 않지만, 이를테면 직접적인 거짓말하기의 음영(陰影)[역자-거짓말 개념의 그림자, 즉 개념의 가장자리에 속하는 부분을 말한다.]에 속하는 그릇된 기만이 있다고 논급하는 것이 또한 중요하다. 이러한 그릇된 기만에는 예를 들어 화자가 믿기는 하지만 불충분한 증거 위에서 또는 심지어 강력한 반대 증거에도 불구하고 믿는 것에 대한 확신에 찬 주장이 포함된다. 그런 주장은 화자가 아마도 자신의 직무 때문에 충분히 강력한 증거가 없고 그 점을 알고 있는 경우에 그런 확신에 찬 발언을 삼가야 할 책무를 지고 있을 때 부도덕(vicious)하다. 그런 주장은 완전히 거짓말(outright lies)은 아니다. 왜냐하면 화자는 자신이 말하고 있는 것을 믿기 때문이다. 그러나 그 주장은 그 믿음을 뒷받침하는 근거의 강도(strength of the support)에 관하여 청중을 기만하며 보통 그렇게 기만할 의도로 이야기된다. 토니 블레어와 콜린 파월이 이라크의 대량 살상 무기에 관하여 한 확신에 찬 주장이 이 범주에 들어가는 것으로 보인다. (논의의 목적을 위해서 나는 그들에게 그들의 발언이 표현한 믿음을 진실로 믿고 있었다는 점에 관해서는 무죄 추정의 혜택을 주고 있다.) 화자가 청중으로 하여금 그것을 믿게 할 의도로 p를 주장하지만 그러면서 자신은 그것을 믿어야 할지 아닐지 확신하지 못하는 사안들도 있다. 청중이 p라고 믿는다면 달성될 선에 의해 추동되어, 정치가는 자신이 오직 p를 '반만 믿는' 경우에조차 그것을 사실로 주장할 수도 있다. 부시 대통령이 연두 교서에서 영국 정부가 사담 후세인이 최근에 상당한 양의 우라늄을 아프리카에서 찾았다는 사실을 '알게 되었다'고 주장한 것은, 이 범주나 바로 전의 범주[역자—충분한 증거 없이 사실로 주장하는 것]에 속할 수 있다. (만일 그가 그냥 거짓말하고 있었던 것이 아니라면 말이다.) 왜냐하면 이 소문들은 연두 교서가 있기 훨씬 전에 CIA에 의해 신뢰할 수 없는 것으로 판명되었기 때문이다. 부시와 그의 지지자들은, 영국 당국이 그런 공적 주장을 한 것은 사실이므로 대통령은 진실되게 말했다고 주장함으로써 이 연설을 정당화하려고 하였다. 영국 당국이 그런 주장을 하기는 했다. 그러나 CIA는 이미 백악관에, 그 주장이 거짓일 가능성이 높다는 점을 분명하게 보고했기 때문에, 부시 대통령이 영국 당국의 그 주장을 활용하여 그의 논거를 강화한 것은 완전히 거짓말은 아닐지라도 기만적이었다. (실제로, 그것이 거짓말이었는지 여부는 '알게 되었다'의 사용이 그렇게 획득된 정보의 진실성을 함축하는가에 달려 있다.) 나는 이런 종류의 기만의 도덕적 중요성을 뒤에서 다시 살펴볼 것이다.

정당한 거짓말과 오도하기

정의 내리는 문제와는 별도로 도덕의 쟁점이 있다. 거짓말하기는 그르다. 왜냐하면 부정직은 악덕이기 때문이다. 의사소통은 신뢰의 요소 위에 구축되며 우리 삶에 본질적인 다른 많은 것들도 마찬가지다. 거짓말쟁이는 보통 사리를 추구하면서 이 신뢰를 부당하게 이용하며 배신한다. 그리고 거짓말쟁이의 활동은 언어의 공통 가치의 기반을 무너뜨리며 어느 정도는 공동의 상호 작용의 편의를 훼손한다. 몽테뉴와 같이 매우 회의적인 사람조차도 칸트처럼 격렬한 어조로 거짓말하기를 비난했다. '거짓말하기는 저주받은 악덕이다. 우리를 함께 묶어주고 인간으로 만드는 것은 우리의 말뿐이다. 만일 우리가 거짓말하기의 참상과 무게를 깨닫는다면 우리는 거짓말하기가 다른 범죄들보다 비난과 처벌을 마땅히 더 받아야 한다는 점을 알게 될 것이다. (…) 일단 혀가 거짓말하는 습관을 익히게 되면 그 습관을 버리는 것이 얼마나 불가능해지는지 놀라울 정도다.'[7] 몽테뉴가 가리키는 타락(debasement)은 비록 실제로 일어나는 일이기는 하지만 과장되어서는 안 될 것이다. 의사소통은 어느 정도 거짓말하기가 있다고 해도 전적으로 붕괴되지는 않는다. 왜냐하면 우리는 기만과 거짓말하기의 흔한 영역들에서 주고받는 말들을 어느 정도 불신하면서 듣는 법을 배우기 때문이다. 그러므로 우리는 중고차 판매원이나 부동산 중개인의 매물에 대한 찬사를 조금 냉소적인 태도로 들으며, 대부분의 선거 공약을 완전히 믿는 경우는 드물다. 그럼에도 불구하고 거짓말한다는

---

7   Montaigne, *On Liars*, in *The Complete Essays of Michael de Montaigne*, ed. M. A. Screech (London: Allen Lane, 1991), 35.

평판은 나쁜 평판이며 대부분의 사람들은 거짓말했다는 혐의를 재빨리 부인한다.

그러나 거짓말하기는 항상 도덕적으로 그른가? 우리가 본 바와 같이, 우리의 전통에서 가장 위대한 사상가들 중 몇몇은 항상 그르다고 생각했다. 성 아우구스티누스와 임마누엘 칸트는 이 문제에서 가장 타협하지 않는 엄격주의자다. 칸트는 거짓말하지 않을 의무는 '모든 여건에서 성립하는 무조건적인 의무'[8]라고 선언하였다. 거짓말하기는 모든 법의 원천을 더럽히며(vitiates) 자신의 인간 존엄을 파괴하고 자기 자신을 한낱 사물보다 못한 것으로 만듦으로써 거짓말쟁이를 추하게 만든다.

그럼에도 그렇게 엄격한 입장은 여러 유형의 여건에서는 받아들이기 힘들다. 실제로 아우구스티누스 이전의 많은 기독교인들은 거짓말하기가 (비록 드물기는 하지만) 때때로 정당화된다고 가르치면서, 성경에서 나온 거짓말하기와 숨기기의 예를 가리켰다. 위대한 기독교도 인문주의자인 에라스무스는 아우구스티누스의 엄격주의가 실제에서는 불가능하며 근본적으로 비현실적이라고 생각했다. 엄격주의 입장에게 도전을 제기하는 여건은 사소한 극단과 재앙적 극단을 모두 포함한다. 몇몇 거짓말들은 해악을 가하거나 혜택을 주는 맥락에서 너무나 동떨어져 있어서 도덕적으로 중요치 않은 것 같다. 상당히 수고를 들인 어떤 종류의 행위에 대해 상대방이 야단스럽게 감사해서 당황한 사람은 "별거 아니었어."라고 진실되지 않게 말함으로써 감사의 말이 계속 쏟아져 나오는 것을 막으려고 할 수도 있다. 또는 우리는

---

8 Immanuel Kant, 'On A Supposed Right to Lie from Altruistic Motives', in *Critique of Pratical Reason and Other Writings in Moral Philosophy*, ed. Lewis White Beck (Chicago: University of Chicago Press, 1949), 349.

성가신 지인에게 "이렇게 만나다니 참 반갑네."라고 말하며 반기지만 실제로는 그렇게 우연히 마주친 것에 불쾌감만 느낄 수도 있다. 다른 맥락에서는 거짓말은 청중에게 유쾌한 놀라움을 주기 위해 요구될 수 도 있다. 이는 당신이 직장 동료에게 깜짝 생일 이벤트를 준비했는데 이 동료가 예기치 않게 30분 일찍 (그래서 깜짝 이벤트 30분 전에) 퇴 근한다고 했을 때처럼 말이다. 그래서 당신은 그녀에게 방금 생긴 긴 급한 사무를 처리하기 위해 그녀가 회사에 머무를 필요가 있다고 거 짓으로 말한다. 이 발언들 중 일부는, "이렇게 만나다니 참 반갑네." 같이 관련된 관습이나 관행이 아주 강해서 말한 내용을 정말로 참이 라고 진술하는 효력은 없도록 하거나 기만하려는 어떤 의도도 없다고 보게끔 해서 애초에 거짓말이 아닐지도 모른다.

　관행에 관한 이 논점은 흥미롭다. 왜냐하면 사람들이 화자의 정직 성과 무관한 이유들로 화자가 진실을 말할 것을 기대하지 않는 경우, 화자가 거짓을 말하는 것은 거짓말의 효력(force of a lie)을 갖지 않 을지도 모르며 심지어 선을 낳거나 악을 막을지도 모른다. 예를 들어 현대 정치의 맥락에서 재무부는 (환율이 요동치는 드문 경우에) 통화 가 평가절하될 가능성에 관하여 어떤 직접적인 질문을 받을 수 있다. 이를테면 재무부 장관이 이미 다음 주에 가치 절하를 발표하기로 결 정했는데 그 전에 말이 새나가면 경제가 불필요한 타격을 입을 것이 라고 가정해보자. 그녀가 무엇을 결정했건 간에, 그녀가 '아니요'라 고 말할 것이 기대된다. 그래서 기만의 요소는 거의 대부분 사라진다. 뉴먼 추기경(Cardinal Newman)은 흥미로운 사례를 제시한 바 있다. 이 사례를 그는 버크(Burke)에게서 얻은 것이라고 한다. 그 사례는 발언을 하면서 그것이 진지한 부인을 담고 있는 것으로 여겨져서는 안 된다는 점을 명백하게 한 사람의 사례다. 화자는 마음대로 드러내서는 안 되는 정보에 관해 질문을 받았고, 그래서 다음과 같이 말한다. '내가 그것을 했건 안 했건, 나는 당신에게 그것을 하지 않았다고 말할 것입니다. 그러나 일단 말해두죠. "저는 그것을 하지 않았습니다."' [9]

다른 극단에는, 진정한 재앙으로부터 죄 없는 사람이나 집단을 구하기 위하여 거짓말하기가, 거짓말하기 그 자체의 금지의 근거가 되는 동일한 미덕의 요구에 의해 정당화될 수도 있다. 이것은 특히 (나치 사례처럼) 악의적으로 재앙을 가하려는 성향이 있는 사람에게 거짓말을 할 경우처럼 설득력 있다. 만일 우리가 그로티우스처럼, 권리와 부정의에 의거해서 생각한다면, 우리는 나치 폭력배에게 심지어 그의 죽음을 야기할 정도까지 폭력을 가함으로써 도망자 유대인의 생명을 방위할 도덕적 자격이 있을 수도 있다. 그러나 만일 그렇게 폭력을 가하는 것이 허용된다면, 그에게 거짓말하는 것은 왜 금지되는가? 실제로 이것은 더 일반적인 수수께끼의 한 예다: 아우구스티누스와 칸트 같은 도덕론자들은, 정의로운 전쟁에서나 정당성 있는 처형에서처럼 정당한 이유로(in a just cause) 부정의한 가해자를 죽이는 것이 때때로 허용된다고 보면서, 정당한 이유로 거짓말하는 것은 허용되지 않는다고 본다.

이 논점은 (아우구스티누스가 확실히 허용했듯이) 만일 정의로운 전쟁이 있을 수 있다면, 정의로운 전쟁의 성공적인 수행은 일부 맥락에서는 거짓말하기를 포함한, 적에 대한 많은 기만을 요구하는 것처럼 보인다는 성찰을 촉발시킨다. 물론 적에게 거짓말하는 것에는 위

---

9   나는 이 재미있는 일화를 뉴먼이 쓴 글에서 봤다고 기억하지만 정확히 어느 문헌이었는지 찾을 수 없다. 나는 그 일화의 출처로 뉴먼(또는 버크!)을 잘못 지목했다고 기분 나빠했을 것으로 생각하지 않는다.

험이 있다. 왜냐하면 효용이라는 고려 사항이 어느 정도는 적국 간의 신뢰가 전쟁에서 꼭 필요하다는 점을 명확하게 보여주기 때문이다. 그러므로 정의로운 전쟁 이론가들과 국제법 법률가들은 적에 대한 기만에 어떤 한계를 두는 데 다대한 정력을 바쳤다. 여기에는 배신의 범주에 속하는 것의 금지가 포함되었다. 그러나 배신도 거짓말을 포함하여 다른 정당성 있는 기만을 배경으로 하고 금지되는 것이다. 우리는 또한 전쟁과 국제 외교의 많은 부분이, 간첩 행위에 의해 촉진된다는 점을 생각해볼 수도 있다. 그리고 이 간첩 행위의 실행은 상당한 정도의 거짓말하기 없이는 거의 가능하지 않다. 비록 나는 꼭 필요하거나 정당화되는 것보다 훨씬 많은 간첩 행위가 지금 실행되고 있다고 의심하지만 말이다.

신중함과 비밀성의 요구는 또한 거짓말하기가 정당화되는 것으로 보이는 여건들을 창출할 수도 있다. 앞서 언급된 결의론자들은 고해실의 비밀성에서 제기되는 문제들에 관해 크게 고민했다. 그리고 결의론자들의 이야기 중 많은 부분이 오늘날 현대 전문직의 비밀성의 직업윤리 규칙과 유관하다. 이것은 고해자가 이단 행위를 고백하였는가라는 질문을 고해 성사를 들은 신부가 받을 수 있는 심문의 맥락에서 중요한 일이었다. 결의론자들 일부는 고해 신부가 그런 질문에 '저는 모릅니다'라고 답하고 그렇게 답함으로써 그가 공적으로 인정될 수 있는 방식으로는 모른다고 의미하는 것이 허용된다고 주장하였다. 이 '심중유보'(心中留保)로 불리는 것은, 청중이 될 가능성이 있는 사람이라면 누구에게나 고해 신부가 얻은 지식이 드러나지 않을 것이라는 점이 일반적으로 알려져 있기 때문에 허용되었다. 여기서 심중유보 이야기는 예의 바른 문구의 경우 앞서 논의된 관습에의 신뢰와 매우 유사하다. 다른 한편으로 [역자-고해 성사의 내용에 관한 답변의 경우에는] 그런 관습의 취지가 무엇인지 이해하기 어렵다. 사람들이 새로 온 사람이 반갑지 않은데도 만나서 반갑다고 말할 수 있게 해주는 관습을 허용하는 일은 불필요한 사회적 불쾌함을 피하고 사회적 만남에서 최소한의 예의(minimal politeness)의 규범을 유지한다는 취지가 있다. 그러나 성직자가 거짓말을 해도 된다는 관습이 기여하는 취지 중에서 청자와 화자 양쪽 모두 이미 알고 있는 것, 즉 '나는 고해 성사에서 들은 것을 드러낼 수 없다'는 것을 공개적으로 인정함으로써 똑같이 기여하지 못할 부분은 전혀 없다. 만일 (인사 관습을 준수하려고 의도할 수 있는 것처럼) 화자가 자신의 발언이 화자가 어떻게든 의도하는 것이 비표준적인 뜻으로 이해될 것이라는 점을 알기 때문에 거짓말을 해도 될 뿐이라면, 왜 발언이 관습적으로 의미하는 진실을 곧바로 진술하지 않는가?

결의론자들은 또한 얼버무리기가 일정한 맥락에서는 허용된다고 보았다. 그리고 여기서 그들의 입장은 얼마간 최초의 그럴법함을 갖는다. 비록 그 입장은 이따금씩 극단적으로 터무니없는 내용으로 이해되긴 했지만 말이다. 얼버무리기는 예를 들어 비밀을 드러내는 것을 피하기 위해 질문의 애매함을 활용하는 일을 포함한다. 그래서 어떤 사람이 죄 없는 도망자를 추적하는 사람에게, 도망자가 뱅크(bank)[역자-영어에서 'bank'는 은행을 의미하기도 하고, 둑을 의미하기도 한다.]에 갔다고 말함으로써, 그들이 근처에 있는 금융 기관으로 헛되이 종종걸음을 치도록 할 수 있다. 이 장치는 버나드 윌리엄스가 지적한 문제에 직면한다. 즉 그것은 거짓말하는 부담을 어쨌거나 피할 수 없을지도 모른다는 점이다.[10] 여기서 쟁점은 진술하거나

---

10 Bernard Williams, *Truth and Truthfulness: An Essay in Genealogy* (Prince-

말하는 것의 동일성 조건에 달려 있다. 얼버무리는 발언은 두 의미를
가지며 그래서 화자는 둘 중 하나를 진술하고 있는 것일 수 있다. 만
일 화자의 의사소통 의도에 의해 그 중 어느 것을 결정한다면, 화자가
청자로 하여금 도망자가 근처의 금융 기관으로 갔다고 믿게끔 의도한
다는 결론을 피하기란 어렵다.[11] 그러나 그럴 경우 화자는, 화자의 말
과 구현된 외적으로 드러난 의도 때문에 청자가 이 거짓된 믿음을 갖
도록 의도하는 진술을 발언함으로써 분명히 거짓말을 한 것이다. 그
발언을 참으로 만들면서도 화자가 청자가 취하도록 한 의미가 아닌
어떤 다른 해석이 있는지 여부는 무관하다.

    어떤 경우든, 많은 사람들은 그런 재간(ingenuity)의 사용은 (주류
결의론자들이 그렇게 생각했듯이 특수한 여건에만 엄격히 제한된다
고 하더라도) 도덕적으로 역겨운 것은 아닐지라도 의문스러운 것이라
고 생각하며 차라리 예외적인 사안에서는 대담하게 거짓말을 하는 것
이 낫다고 생각한다. 그렇게 생각하는 사람들이 옳을지도 모른다. 확
실히 직접적인 거짓말은 보통 도망자를 더 잘 보호해줄 수 있다. 비록
결의론적 선택지는 행위자의 진실되게 말하는 습관을 더 효과적으로

---

ton: Princeton University Press, 2002), 103. 윌리엄스는, 얼버무린 화자가 아무런
주장을 하지 않았으며 단지 주장하는 척만 했을 뿐이라는 다소 그럴법하지 않은 해석
도 검토한다. 그는 이 해석은 청자가 참으로 믿게끔 화자가 제시한 명제가 있을 필요
가 전혀 없다는 달갑지 않은 결과를 가져온다는 점을 지적한다. 그 해석에 의하면 얼
버무린 화자가 어떤 것을 참이라고 어떻게든 주장함으로써가 아니라 아무것도 주장하
지 않음으로써 거짓말하기를 피하는 것이기 때문에 그런 달갑지 않은 결과가 생긴다.

11   H. P. 그라이스(Grice)의 분석에 의하면 사태는 더 복잡하다. 그러나 그 논지는
본질적으로 같은 것으로 남는다. H. P. Grice, 'Utterer' s Meaning and Intentions',
Philosophical Review, 78 (Apr. 1969), 147-77를 보라. 그리고 이 문제에 대한 그라
이스의 최종적 견해로는 *Studies in the Way of Words* (Cambridge, Mass.: Harvard
University Press, 1989)를 보라.

보존하려는 의도로 제시되긴 했지만 말이다. 솔직하지 않게 우회하기의 기술(the skills of deviousness)이라고 비판가들이 보는 것의 숙달이 직접적인 거짓된 행동(direct mendacity)의 습관을 갖게 될 위험에 빠지지 않기 위해 치르기에는 지나치게 큰 비용인지 여부는 잠재적으로는 다툼의 대상이 되지만 특히 하나의 행위로 인해 초래되는 위험이 현실적으로 아주 작은 경우에는 실천적으로는 의미 없는 논지(moot point)이다. 더군다나, 청자를 조작적인 방식으로 다루는 성향 중 어느 쪽이건 적어도 그것을 정당화할 아주 좋은 이유를 필요로 한다.

사실 비판가들을 우려하게 만드는 솔직하지 않게 우회하기는 현대 정치에서 구체적인 문제를 시사한다. 정의(definition)에 관한 앞 절의 말미에서 언급된, 부시 대통령이 연두 교서에서 영국 정부가 아프리카에서 우라늄을 얻으려는 이라크의 노력을 '알게 되었다'고 주장한 것을 포함한 사례들은, 거짓말하기의 그름에 대한 전통적인 강조가 다른 형태의 기만은 도덕적으로 중요치 않거나 적어도 덜한 중요성을 갖고 있는 것처럼 보이게 만들 수 있기 때문에 중요하다. 일부 드문 여건에서 거짓말하지 않고 오도하는 일이 정당하다는 결의론자들의 주장은, 설사 받아들여진다고 해도, 그런 오도하기가 일반적으로 가볍게 다루어질 수도 있다는 점을 쉽게 시사할 수 있다. 그러나 오도하는 진술, 회피, 중요한 정보의 누락, 거짓 인상을 교정하지 않는 것, 또는 선별적인 진실 말하기는 완전한 거짓말보다 더 나쁘지는 않다 하더라도 일부 맥락에서는 그만큼 나쁠 수 있다. 이는 특히 정치에서 (충분히 흔하게) 발생하는 경우인, 공중이 완전한 정보 공개, 솔직한 정보, 있는 그대로의 진실에 대한 권리를 갖고 있는 경우에 그렇다. '투명한' 정부가 구호로서 유행하게 된 것은, 너무나 많은 정치적 의사소통이 직접적인 거짓말은 포함하지 않는 경우에도 오도하고 진실을 잘 알려주지 않고 중심 쟁점과 별로 관계 없는 것을 말한다는 실태에 시민들이 반응한 결과이다. 확실히 재량, 기밀 보안, 그리고 이따금씩의 비밀 유지에 대한 다른 정당성 있는 근거들은 확실히 총체적 투명성을 실현하기에는 말도 안 되는 것으로 만든다는 점은 분명하다. 그러나 '투명한 정부'라는 슬로건의 매력은 정치가들이 모든 이유와 도덕적 심각성을 넘어서까지 진실을 지나치게 자주 마사지하고, 돌리고 탈색하고, 조작한다는 널리 퍼진 감각에 놓여 있다.

그럼에도 불구하고, 우리가 살펴봤듯이, 모든 여건에서 거짓말하기를 일체 거부하는 입장은 옹호하기 힘들다. 이 점은 아우구스티누스, 아퀴나스 그리고 칸트와 같은 지성사의 거인들이 그런 절대적 금지를 옹호했다는 점을 미스터리로 만든다. 그러나 물론 그렇게 큰 미스터리는 아니다. 왜냐하면 위대한 정신의 결론은 때때로 상식을 거스르며, 그들의 견해는 때때로 그들만큼이나 걸출한 후학들이 한낱 실책으로 거부하는 것을 담고 있기 때문이다. 위대한 사상가들에게 자비의 원리를 적용하는 일이 위대한 사상가들이 그런 실책을 저지른다는 점을 감안하지 못하도록 한다면, 받아들일 수 없는 것이다. 그럼에도 엄격주의 입장을 더 이치에 닿도록 또는 심지어 그것이 참이 되도록 만드는 해석이 있는지 여부를 살펴볼 가치는 있다. 크리스틴 코스가드(Christine Korsgaard)는 이런 취지에서 칸트를 구출하고자 시도했다. 그러면서도 자신의 해명이 칸트의 여러 문언에 대한 주해나 확장이라고 주장하지는 않았다. 우리는 그녀의 구출 시도가, 거짓말하기에 대한 엄격한 입장을 받아들일 만큼 이치에 닿게 만들 수 있는 이야기를 제공하는지 그리고 그 이야기가 칸트의 실제 말에 부합하는지

아닌지 살펴봐야 한다.[12]

코스가드는 있는 그대로의 현실 세계에서 거짓말하기의 일체 금지
는 거부한다. 그러나 존 롤즈의 '이상 이론'(ideal theory)과 '비이상
이론'(non-ideal theory)의 범주를 끌어와서, 그런 금지가 이상 이론
의 한 부분으로는 이치에 닿는다고 논한다. 이것에 해당하는 발상은,
이성의 지시에 대한 완전 준수가 이루어지는 이상적으로 합리적인 행
위자들의 세계에서는, 거짓말하기에 대한 완전한 금지가 의무적이라
고 하는 것이다. 그러나 비합리적이고 악한 행동이 흔한 세계에서는,
거짓말하기는 도덕적으로 허용될 수도 있으며, 심지어 잘못을 가하는
행위(wrongdoing)에 대처하기 위해 요구될 수도 있다. 비록 이상 이
론의 구조가 실제 세계에서 도덕적 이상의 역할과 다소 다르지만, 우
리가 앞에서 한 이상에 대한 논의가 여기서 얼마간 마찬가지로 적용
된다. 3장에서 살펴본 바와 같이 나는 도덕적 사유에서 이상의 유의
미한 역할에 동조하는 편이다. 그러나 이상/비이상 이론화는, 여러 면
에서 내가 더 이상 동조할 수 없는 도덕적 사유(또는 도덕적 사유의
어떤 형태)의 철학적 방법론을 제공한다. 특히 완전하거나 거의 완전
한 준수(perfect or even near-perfect compliance)가 이루어지는 세
계에 적합하다고 주장된 이상화로부터 현실의 너절한 세계를 위한 어
떤 결론을 끌어낼 수 있는지가 불명확하다. 그 구분에 대한 롤즈의 실
제 활용에 관하여 살펴봐야 할 많은 복잡성이 있다. 특히 롤즈는 그
구분을 기본 구조의 정의(the justice of basic structures)라는 쟁점에
명백히 한정시켰다. 그래서 코스가드가 이상/비이상 구분을 거짓말하

---

12 Christine M. Korsgaard, 'The Right to Lie: Kant on Dealing with Evil',
Philosophy and Public Affairs, 15/4 (1986), 325-49.

기 문제에 적용하는 것은 어떤 경우에도 롤즈가 그 구분을 사용한 취지를 넘어서는 것일지도 모른다. 그러나 나의 주된 우려는, 그 구분을 비이상 이론 및 여건에 맞도록 만드는 일에 포함된 문제들뿐만 아니라 이런 활용에 포함되는 종류의 이상 이론 우선시에 관한 것이다.[13] 그럼에도 불구하고 우리가 코스가드의 발상으로부터 얼마간 힌트를 얻는다면 그리고 진실됨(truthfulness)을 모든 여건에 적용되는 정언적 책무가 아니라 이상으로 생각한다면, 우리는 거짓말하기에 대한 일체 금지(total prohibition on lying)가 그런 이상의 미덕을 제시함으로써, 특히 다른 도덕적 이상과의 충돌을 포함하는 경우를 비롯하여 주어진 여건이 그런 행위를 정당화하지 않는다면, 거짓말하기나 정말로 다른 형태의 언어적 기만까지도 엄격하게 피해야 한다고 말하는 것으로 이해할 수 있을지도 모르겠다.

이 접근은 위대한 철학자들 중 일부가 거짓말하기에 대해 보이는 고집스러운 반대를 뒷받침하는 적극적인 무엇인가를 보여줄지도 모른다. 그리고 그 접근은 대부분의 경우에는 거짓말 그 자체가 심각한 잘못으로 남는다는 사실을 강조하는 데 도움이 된다.[14] 진실됨이라는 이상은 적어도 현실 세계에서 거짓말의 일체 금지를 요하지 않으면서

---

13   이상 이론과 비이상 이론 대조의 롤즈적 활용에 있는 몇몇 문제들에 관한 논의로는 Liam Murphy, 'Institutions and the Demands of Justice', *Philosophy and Public Affairs*, 27/4 (1999), 251-91을 보라. 또한 그의 책, *Moral Demand in Non-Ideal Theory* (New York: Oxford University Press, 2000)도 보라.

14   물론 아우구스티누스, 칸트, 아퀴나스의 엄격주의에는 다른 요소들도 있다. 예를 들어 칸트와 아퀴나스는 때때로 발언이나 의사소통의 목적론에는 거짓말하기의 일체 금지를 뒷받침하는 어떤 특별한 것이 있다는 발상에 집착하는 것처럼 보인다. 이런 종류의 사고에 대해서는 Bernard Williams, *Truth and Truthfulness*, 특히 105-7를 보라.

도 아우구스티누스적/칸트적 거부의 엄격함의 취지 중 일부를 물려받을 수 있을지 모른다. 그래서 만일 우리가 거짓말하기에 대한 금지에 예외를 허용한다면, 우리는 그 예외가 넓어지지 않도록 경계해야만 하며, 우리가 진실됨이라는 이상에 손상을 입히고 진실됨의 습관을 침식하지 않으려면 기만을 이따금씩 하는 관행을 확립하고 거짓말하기가 가치의 관점에서 꼭 필요한 것인지에 관하여 스스로를 기만하게 되는 것을 특히 경계해야 한다. 선한 이유로 거짓말할 것인지 문제되는 상황에 직면하는 경우 시셀라 보크(Sissela Bok)가 제안했듯이 당신을 피해자의 입장에 놓아 보고는 그 거짓말을 (또는 간접적인 기만을) 전체 여건을 알 경우에 받아들일지 여부를 묻는 것이 유용한 심사가 된다.[15] 물론 이 심사는 나치 추적자 같은 이가 거짓말을 듣는 이일 때에는 통하지 않을 것이다. 그 심사는 거짓말하기에 대한 정당화가 기만당하는 이들의 선(good)을 거론하는 그런 사안에 적용될 의도로 제안된 것이다. 이를테면 불치병에 걸린 환자에게 병세에 관하여 거짓말을 해야 할 경우나, 다른 사람들의 더 일반적이고 진정한 선을 거론하는 경우 말이다. 이와 유사한 검토는, 그 사건 이후에, 당신이 거짓말 금지의 예외를 두게 한 추론을 당신이 (예를 들어 텔레비전 인터뷰에서) 공적으로 옹호할 수 있는지 여부를 상상해보는 것이다. 이 심사는 공적 삶을 위해 꼭 필요하다고 이야기되는 기만과 특히 유관하다.

---

15   Sissela Bok, *Lying: Moral Choice in Public and Private Life* (New York: Vintage Books, 1989), 90-4. 앞에서 언급한 깜짝 파티의 사례는 아마도 이 심사를 통과할 것이다.

거짓말, 더러운 손, 그리고 민주주의

우리가 앞 장에서 보았듯이, 몇몇은 마키아벨리를 따라, 정치는 다른 삶의 영역과 너무도 달라서, 통상적인 미덕이 적용되지 않는다고 주장한다. 이것은 (정치가가 아닌 사람들에게는 우려스럽겠지만) 정치가들에게 위안이 되는 교설로 보일 수는 있지만, 실제로는 정치가들도 정당화할 말이 궁할 때를 제외하고는 그 교설을 공공연하게 지지하는 경우는 드물다. 이것은 우리를 더러운 손과 최고 비상상황에 대한 논의로 다시 돌아가게 한다. 그리고 거짓말하기 사안이 무고한 사람의 살해나 고문과 다른 면을 주목할 가치가 있다. 이때까지 검토한 허용되는 거짓말하기 중 대부분에, 아마도 모두에, 더러운 손의 독특한 특성은 적용되지 않는다. 더러운 손의 그 독특한 특성이란 우리가 '꼭 필요하다고'(necessary) 여기는 일이 여전히 도덕적인 잘못으로 남는다는 특성이다. 인정컨대, 이 특성 때문에 곤혹스러워할 이유가 있었다. 그러나 몇몇 사례, 이를테면 아우슈비츠 수용소 의사 올가 렌젤의 사례처럼 '꼭 필요한 행위'를 하는 행위자가 도덕적 곤경과 회한을 경험하는 경우에는 그런 특성이 그럴법한 것으로 보일 수 있다. 그러나 많은 농담의 사소한 거짓말하기, 진심으로 반기지는 않는 예의 바른 표현, 또는 깜짝 생일 파티의 성공을 보장하기 위한 거짓말의 경우에, 그 기만하기가 여전히 도덕적인 잘못으로 남는다고 주장하는 것은 분명히 터무니없다. 도망자를 박해로부터 구하기 위해 나치 폭력배에게 거짓말하는 사람이 (허용되는 방식이라고 해도) 여하한 잘못이라도 저질렀다고 주장하는 것은 한층 더 이상할 것이며 아마도 도덕적으로 둔한 소치일 것이다. 이것이 아우구스티누스와 칸트가 그 전형을 보여주는 거짓말하기에 대한 엄격주의 견해가 여전히 그토록 그럴법하지 않은 것으로 남아 있는 이유다. 거짓말하기가 보통 그르다는 사실을 어떤 잔여의 잘못의 위치에 할당하는 것도, 또는 W. D. 로스(Ross)의 용어로 표현하자면 '잠정적' 의무를 위반한 잘못의 위치에 할당하는 것도 통하지 않을 것이다. 거짓말하기가 흔히, 보통, 통상적으로 또는 '잠정적으로' 그르다는 사실은 그것이 이 구체적인 사안에서 (이를테면 나치 폭력배에게 거짓말하는 사안에서) 그 행위나 그 행위자의 성품에 여하한 도덕적 오점이 있다는 것도 그리고 진정한 후회의 여하한 여지가 있다는 것도 의미하지 않는다.

그러나 일부 사안들은 더러운 손의 그 독특한 특성에 더 가까울 수도 있다. 적뿐만 아니라 사랑하는 사람과 친한 친구들에게도 자신이 하는 활동의 성격에 관하여 (흔히 거짓말로) 기만하는 사람은, 더러운 손 기술에 더 잘 부합할지 모른다. 물론 이것은 본 글의 탐구의 범위를 넘어서는 간첩 활동의 상이한 형태들의 도덕적 지위에 관한 질문을 제기한다. 이 사례를 살펴봄으로써 내가 '더러운 속임수' 그리고 '정보 기관 활동'이라는 표제하에 속하는 공중의 시야나 검토로부터 대부분 감춰진 의문스러운 활동들 전부가 꼭 필요하다는 주장을 분명하게 지지하는 입장을 내가 취한 것은 결코 아님을 짚어두는 것만으로 충분하겠다.

많은 정치적인 거짓말하기 및 다른 죄책 있는 기만의 경우에, 민주적 정치가 정치가들에게 지나치게 환한 공개성의 빛을 쏘며, 표를 얻는 능력에 정치가가 너무나 큰 우선성을 부여하기 때문에 곤란에서 벗어나거나 이득이 되는 직위에 가거나 권력을 얻고 유지하기 위해 거짓말하거나 오도하려는 아주 강한 유혹을 받게 된다는 것은 사실이다. 실제로, 현대 민주주의에서 권력의 추구는 유관자를 어리둥절하게 하기, 기만하기, 속이기의 과정과 너무도 단단히 묶여 있어서, 뻔

뻔한 거짓말을 포함한 다양한 형태의 부정직이 표준이 되어버렸다. 평판이 더 좋지 못한 광고 기법과 공적 관계가 '스핀'이라는 현상을 만들어내는 데 영향력이 있었다. 스핀에 의해 진실은 공중에게서 효과적으로 감춰지고 위안을 주는 모조 현실에 신뢰가 주어진다. 아마도 이것의 가장 지독한 사례는 이탈리아의 실비오 베를루스코니(Silvio Berlusconi)의 놀라운 경력일 것이다. 베를루스코니의 잘못된 정보 활용과 그가 소유한 대중 매체들이 널리 퍼뜨리는 '큰 거짓말'[역자-큰 거짓말일수록 잘 믿긴다는 점을 이용한 선전·선동 기법의 하나.]은 다른 나라의 민주 정치에서도 작동하는 경향성의 극단적 판본에 불과하다.[16] 정치적 기만에 대해 변명하기보다는, 거짓말하라는 압력이 더 적을 뿐만 아니라 탈색되지 않은 진실을 더 잘 보호하고 더 잘 접근되도록 하는 민주 정치의 제도 변화를 추구한다면 더 나을 것이다.

물론 어떤 개혁이 이루어지건 간에, 유혹은 넘쳐날 것이다. 그러나 유혹은 정당화나 변명 사유가 아니다. 아주 많은 민주주의 정치에서 우려되는 한 측면은, 정치가들이 그들 자신의 계획이나 야망을 심각할 정도의 거짓말이나 기만을 정당화하는 사유로 보는 방식이다. 마치 이 정치가나 저 정치가, 정책, 또는 정당이 살아남는 것이 어마어마한 재앙의 회피라도 되는 양 말이다. 그리고 이것은 정치가들에게만 한정되지 않는다. 왜냐하면 정치가가 만들어낸 스핀의 성공은 흔히 순응적인 대중 매체에 의존하며, 이 대중 매체는 다양한 이유로 모조 현실을 받아들이고 자주 강화한다. 여기서 매체의 역할은 확실히

---

16   베를루스코니의 정치 경력에 관한 대단히 흥미로운 해명으로는 Alexander Stille, *The Sack of Rome: How a Beautiful European Country with a Fabled History and a Storied Culture Was Taken Over by a Man Named Silvio Berlusconi* (New York: Penguin, 2006)를 보라.

복잡하다. 이는 부분적으로는 '매체'라는 용어가, '블로거'는 물론이
요, BBC로부터 추문 전문 잡지 그리고 폭스 뉴스에 이르기까지 너무
나 폭넓은 범위의 상이한 표현수단(outlets)을 포괄하기 때문이다. 일
부 매체는 다른 매체보다 더 순응적이며 조작 가능하다. 그리고 때로
는 덜 순응적인 매체는 단순한 실수, 회피, 오류, 그리고 혼동의 의미
를 과장하여 문제를 가중시킬 수 있다. 매체와 정치가 사이의 과도하
게 적대적인 관계는 정치가들이 진실됨, 허약함, 불충, 또는 어리석음
으로 한결같이 취급될 것이기 때문에 일종의 골칫거리로 여길 수 있
는 조건을 창출할 수 있다. 이 문제가 이렇게 실재적임에도 불구하고,
많은 매체가 집권 세력이나 자신들이 선호하는 야당에 순응하려는 경
향성과 스핀을 쉽게 허용하는 성질은 한층 더 큰 문제다. 무엇보다도,
시민들이 정책, 그리고 그들의 실제 또는 잠재적 지도자들의 능력 및
정직(또는 그것의 결여), 그리고 정책과 결정의 이유에 관하여 진정
한 정보를 제공받을 것을 요구하는 것이 민주주의의 도덕적 기본이
다. 여러 가지 제도가 스핀과 매체 왜곡이 만드는 문제를 극복하기 위
하여 제안되었지만, 너무도 많은 의사소통의 우물에 독이 뿌려져 있
어 개혁을 실행하는 과제는 매우 어렵다. 스핀에 쉽게 자주 기대는 일
은 정치 지도자들에 대한 공중의 신뢰를 침식하였으며, 우리의 정치
가들이 널리 경멸 받고 많은 유권자들이 민주적 과정에 그토록 냉소
적인 주된 이유 중 하나다. 타협하고 협상하는 능력은 정치적 삶에 필
수불가결하지만, 성품을 포함해 모든 것이 협상 대상이 될 때 정치의
기예는 한낱 술책에 지나지 않게 되며, 정치에 대해 경멸을 보이는 것
이 적절한 반응이 된다. 이것은 허크 핀(Huck Finn)이 노예 짐에게
정치에 관해 넌더리 내며 하는 말에 압축되어 있는 슬픈 경멸이다.
'왕들은 대개 무뢰배다.'(All kings is mostly rapscallions.)

역자 후기

이 책은 도덕의 이상과 현실을 다룬다. 다시 말해 우리가 지금 발 딛고 있는 곳이 이상에 미치지 못하는 현실이자 추상적 도덕 원리들을 논의할 때 상정하는 여건보다 훨씬 복잡한 현실이라는 점이 우리가 해야 하는 바에 어떤 함의를 갖는지 살펴본다.

공리주의와 같은 순수 목적론에서는 이상과 현실의 차이는 별다른 의의를 갖지 못한다. 이를테면 행위자 외의 다른 모든 사람들도 다 같이 도덕을 잘 준수하는지 그렇지 못한지는, 사실적으로 고려할 자료일 뿐이며 아무런 특별한 의의가 없다. 목적론에서 언제나 중요한 것은 다른 사람들은 어떻게 행동하건 상관없이 지금 행위자가 전반적 목적 달성에 가장 크게 기여할 수 있는 수단이 무엇인지다. 그 수단을 실행하는 일은 항상 옳기 때문이다. 목적론에서 '무고한 사람을 살해하여서는 안 된다', '죄가 없는 사람에게 유죄 선고를 내려서는 안 된다', '거짓말해서는 안 된다'와 같은 도덕의 명령은 실은 보통의 여건에서 목적을 더 잘 달성하기 위한 도구에 불과하다. 따라서 보통의 여건이 아니라면, 예를 들어 장래에 발발할 수 있는 무시무시한 테러를 막기 위해서라면 지금 요주의 인물을 무고한 주위 사람들과 함께 폭격으로 암살하는 것, 국가의 안보 태세에 흠집을 내는 내부 폭로자에게 거짓 혐의를 씌워 유죄 선고를 내리는 것, 이미 반대되는 유력한 증거를 보고 받았음에도 불구하고 특정 국가가 대량 살상 무기를 보유하고 있는 것이 사실이라고 확실하게 단정하는 것 등은 모두 허용될 뿐만 아니라 의무적이기도 하다는 결론은 목적론 자체에 내재한 요소가 실현된 것에 불과하다.

반면에 의무론에서는 사정이 다르다. 의무론에서는 설사 좋은 사태를 달성하기 위한 수단이라 할지라도 제약이 있다고 본다. 그리고 사람들의 상식 도덕은 의무론에서 말하는 준칙을 목적 달성 최대화와 관계없이 지켜야 한다는 부분을 크게 강조하고 있다. 그러나 정교하고 체계적인 의무론의 배경 없이 몇몇 두드러진 준칙을 일상적인 수준에서 지키는 것에 만족하다 보면, 직면한 사안의 훨씬 더 두드러진 고려 요소 때문에 준칙을 지키는 것이 바람직한 일인지 커다란 혼동과 회의에 휩싸이게 된다. 즉 우리가 너절한 현실의 모습을 고려하게 되면 사람들의 도덕에 관한 사고는 더 이상 깔끔하고 단정한 모습 그대로 있을 수 없다. 그리고 현실을 마주하여 일어난 사고의 변화는 두 가지 잘못된 길을 따라 전개될 수 있다.

한 가지 길은 다음과 같다. 우선 의무론에서 파악하는 도덕의 준칙 중 상당수가 모두 도덕을 잘 준수하는 상황을 전제로 파악한 것이 아닌가 하는 의문이 생겨난다. 만일 실제로 상당수의 도덕의 준칙이, 모두가 도덕을 잘 준수하는 경우에만 지켜야 할 지침이라면, 많은 사람들이 도덕을 잘 준수하지 않는 현실에서는 어떻게 해야 할 것인가라는 문제가 별도로 제기된다. 여기에 도덕주의라는 현상이 문제를 더 복잡하게 만든다. 만일 도덕을 도덕주의와 혼동하게 되면 도덕의 준

수 자체가 어리석고 잔인한 일이라고 볼만한 경우가 흔할 것이며, 따라서 어떤 사안과 영역에서는 도덕을 전적으로 무시하는 것이 옳다고 여겨질 수 있다. 이런 연유로 의무론의 제약은 이상론에 불과하며 행위자가 처한 현실의 독특한 어려움이 그런 제약을 무시할 좋은 근거가 된다는 생각, 그리고 오히려 도덕을 한사코 고집하는 것이 전반적인 관점에서는 잘못된 일이라는 생각을 하게 된다.

현실에서 도덕의 준칙을 때로는 뒤로 물러나게 해야 한다는 생각이 특히 호소력을 발휘하는 영역은 국제·국내 정치, 전쟁, 안보의 영역이다. 이런 특유한 영역을 다루는 일이 임무인 정치가의 독특한 역할을 강조하면, 의무론적 제약은 이상주의적인 것이며, 현실에서는 현실에 맞는 다른 지침이 오히려 적용되어야 한다는 생각을 낳는다. 특히 도덕주의와 도덕을 혼동한 상태에서 이상에 대한 헌신이 오히려 재앙적인 결과를 가져온 역사를 살펴보고 나면 이런 생각이 강화된다.

그러나 이러한 사고는 정치가들이 자신들의 비도덕적 행위를 정당화하기 쉬운 재료가 된다. 그리고 이런 부당한 정당화 방식은 다른 영역으로도 뻗어나가기 쉽다. 정치가의 역할이 때때로 도덕을 무시해야만 하는 독특한 임무를 수행하는 것이라면, 그와 같은 임무를 잘 수행해낼 정치가를 공직에 선출하고 공직을 유지할 수 있도록 하는 임무를 맡은 시민들 역시 그 임무를 위해 현실주의적인 수단을 취하는 것이 오히려 도덕적으로 옳다는 식으로 생각할 수 있기 때문이다. 그래서 이러한 현실주의적 수단을 취하는 것이 바로 민주주의 사회의 시민들의 역할이라고 자연스럽게 생각하게 된다.

도덕에 관한 사고가 잘못 전개될 수 있는 다른 하나의 길은 도덕과 이상에 대한 폭압적 고집이다. 복잡하고 예외적인 현실의 고려 사항들 때문에 어떤 초점이 된 금지나 지침이 어겨지는 것 자체를 참을 수 없는 도덕의 훼손이라고 본다. 나아가 이상의 유형을 구분하지 않고 모든 이상을 도덕의 궁극적 명령이라고 여기고 그 이상을 실현시키는 것을 최우선적인 일로 본다. 이는 도덕의 왜곡인 도덕주의와 이상에 의한 독재를 낳는다. 이들은 자신이 주장하는 것만은 확실하게 옳기 때문에 복잡한 현실에서 도덕의 이름을 내걸고 저질러진 수많은 악들을 다 피할 수 있다고 주장하면서 제대로 다루지 않으려고 한다.

이 두 갈래의 길은 어느 한 쪽의 승리 없이 역설적으로 서로가 서로를 강화하면서, 즉 반대쪽의 위험과 단점이 자신의 옳음과 장점을 확증한다고 보면서 시기와 국면에 따라 한 편이 두드러지는 현상을 초래한다. 코디는 이 두 갈래의 길 모두 복잡하고 너절한 현실에 마주하여 도덕에 관하여 취할 타당한 태도와 사유가 아님을 세심한 논의를 통해 밝히고 있다.

저자는 도덕주의와 도덕을 구분하여 도덕에 대한 현실주의의 비판 중 적실한 것과 그렇지 않은 것을 가려내면서 이 작업의 포문을 연다. 현실주의는 통일되고 응집력 있는 사상은 아니지만 대체로 대외 문제에서 이상과 도덕이 전면적으로 적용되는 데 반대한다. 오히려 국익과 국제 질서의 안정이 중심 가치가 되어야 하고, 이를 위해서는 권력의 현실에 대한 세심한 관찰과 주의가 필요하다고 본다는 특성들을 갖고 있는 사조이다. 저자는 현실주의의 경고가 적실한 부분은 도덕 그 자체의 적용이 아니라 도덕을 왜곡되게 파악하고 적용하는 것, 즉 도덕주의에 대한 비판이라고 본다.

도덕주의는 도덕 판단을 내리고 도덕을 실천하는 데 (또는 그렇게 하고 있다고 생각하는데) 개입되는 악덕이다. 도덕주의의 악덕은 여섯 가지 유형으로 분류할 수 있으며, 각각의 유형 내에서도 현실주의의 비판은 적실한 것과 부당한 것이 있다.

첫째 유형인 범위의 도덕주의는 도덕적 쟁점이 아닌 것들을 도덕적 쟁점으로 바라봄으로써 세계를 과잉 도덕화하는 태도와 행위다. 이런 도덕주의를 취하면 도덕적으로 권고할 만한 것은 모조리 도덕적으로 책무적인 것이 되며, 효율과 예의에 관한 것도 모조리 정의와 권리의 쟁점으로 변환된다.

둘째 유형인 균형을 잃은 초점의 도덕주의는, 동등하거나 혹은 보다 더 중요한 도덕적 관심사항에 비해 어떤 특정한 도덕적 관심사항에만 비중을 지나치게 부여하는 도덕의 왜곡이다. 외국 지도자들과 세심한 협상을 수행하고 타당한 사회정책을 수립하고 실행해야 하는 정치가의 능력을 판단할 때 성적 사생활의 깨끗함에 배타적이고 과잉된 관심을 보이는 것이 이런 도덕주의의 한 예다. 또한 특정 나라의 국민의 고통을 외부 군사적 개입을 통해서 시급히 구제하는 데에만 강박적으로 초점을 맞추면서, 성공의 전망, 최후의 수단, 비례성이라는 군사적 개입의 요건에 포함된 무거운 도덕적 고려 사항들을 무시하는 전투적 인도주의도 다른 예다.

셋째 유형인 부과 또는 간섭의 도덕주의는 자신들의 주제에 관해서는 타당한 도덕 판단일 수도 있는 것을 다른 사람들에게 부적합하게 부과하려고 고집하는 것이다. 이러한 의미의 부과는 그저 도덕적 조언을 하는 데 그치지 않고 자신이 옳다고 생각하는 대로 다른 사람들의 정신과 삶을 주조하려고 하는 강제와 강압을 포함하며, 이는 궁극적으로 다른 사람들의 자율성에 대한 비존중에 해당한다.

넷째 유형인 추상의 도덕주의는 도덕을 추상적인 수준에서 단순화하여 그것으로 복잡한 현실을 재단하는 것이다. 선과 악의 단순한 이분법으로 국제 질서의 현실을 재단하고, 악을 격퇴해야 한다는 지침을 설교하는 식으로 대외 정책을 펼치는 것이 그 한 예다. 저자는 이라크에 대하여 부시가 보인 태도가 이 유형의 도덕주의에 빠진 것이었다고 지적한다.

다섯째 유형인 절대주의적 도덕주의는, 한 여건에서 성립하는 도덕적 금지를 모든 여건에서 절대적으로 고집하고자 하는 경직된 태도다. 이는 도덕을 여러 고려 사항에 기초한 합당한 원리의 망이 아니라 조각조각 기워 붙인 절대적으로 고수해야 하는 규칙의 전집으로 이해하기 때문에 생겨난다. 그리고 이런 태도는 정치와 대외 정책에서 꼭 필요한 타협과 대응을 불가능하게 만들기 쉽다.

마지막 유형인 힘 망상의 도덕주의는 도덕적 발화와 도덕적 입장의 힘에 대한 왜곡된 믿음이다. 즉, 도덕에 대한 호소만으로 사태가 원하는 대로 변경되리라고 과잉 확신하여 현실의 여건과 변화에 세심한 주의를 기울이지 않는 태도다.

이러한 도덕주의의 유형 구분은 한낱 개념적인 작업에 불과한 것이 아니라, 앞서 말한 대립하는 것처럼 보이나 역설적으로 서로 강화하는 두 가지의 잘못된 사고 방식이 어떻게 잘못되었는지 일깨워준다. 현실주의의 비판은 도덕주의에 의한 도덕의 왜곡이 더 많은 고통과 참상, 어리석은 결과와 더 중대한 도덕의 위반을 초래한다는 점을 경고해 준다는 점에서는 적실하다. 그러나 현실주의가 도덕과 타산을 대립시키는 것은 범주의 오류를 범한 것이다. 왜냐하면 자기 이익에 대한 적합한 관심은 합당한 도덕의 정당한 부분이기 때문이다. 그리고 도덕의 정당한 한 부분은 다른 도덕적 고려 사항과 상충할 수도 있으며 궁극적으로 어떤 것을 해야 하는가는 그 모두를 전반적으로 고려하는 타당한 도덕적 추론에 의해 결정될 수밖에 없다. 또한 일반적인 도덕이 적용될 영역은 사적 영역에 불과하며 정치와 대외 정책의 분야는 전혀 다른 책임의 영역이라고 보는 견해도, 정치가의 역할 도덕 역시 적합하게 세심하게 구성된 도덕 이론에 그 원천을 두고 있다는 점을 망각하는 것이다.

그렇다면 도덕과는 절연된 자율적인 정치의 영역이 있다고 보는 것은 당위의 기초를 오해하고 있는 것이다. 도덕주의를 경계하라는 것은 유익한 교훈이다. 특히 국제 관계에서 초래할 참상을 생각할 때 대단히 중대한 교훈이다. 그러나 도덕주의의 대안은 자국 이기주의가 아니라, 적합하고 세심하게 규정되고 주의를 기울이는 국제적 도덕이다.

코디는 이상에 대해서도 같은 방식의 검토를 수행한다. 이상은 현실에서 어떤 수를 써서라도 가까이 가야 할 것으로 칭송되거나, 아니면 실현 불가능한 것을 추구하게 함으로써 현실 세계의 사람들을 압제 속에 신음하게 하는 원흉으로 기각되거나 하였다.

코디는 이상이 단일한 구조를 가진 하나의 유형만 있는 것이 아니라는 점을 세밀한 논의를 통해 밝힌다. 예를 들어 이상의 본질적 특성으로 이야기된 실현 불가능성은 모든 이상에 해당하는 것도 아니고, 같은 이상일지라도 모든 사람들에게 성립하는 것은 아니다. 충실한 결혼 생활이라는 이상을 어떤 사람들은 실현시키고 있다. 아동 노동을 금지하는 것은 어떤 사회에서는 문명의 당연한 최소 조건이지만, 어떤 사회에서는 도저히 실현되리라 기대할 수 없는 일일 수도 있다. 또한 실현 불가능한 이상이라고 하여도 지금 이곳 현실의 행위에 멀리 떨어진 의미만 갖는 것도 아니다. 예를 들어 학자는 자신의 책에 오로지 참인 문장들만을 담는 것을 현실적으로 결코 기대할 수는 없으나, 그 이상을 염두에 두고 책을 쓴다. 실현 불가능한 이상이 의도의 대상이 아니라 시도의 대상이라면 비합리적이지 않다.

이상은 중요한 역할을 한다. 이상은 어떤 일을 어떤 자세로 무엇을 염두에 두고 해야 하는지 알려준다. 게다가 경우에 따라 행위의 지침으로서 직접적이고 구체적인 규칙보다 오히려 기능적으로 효과적이기도 하다. 무엇보다도 이상은 현 상태를 숙명적으로 고정된 것으로 보는 시각을 버리고 현실에서 가능한 것을 결정하는 여건을 바꿀 수 있다는 점을 깨닫도록 시야를 넓혀주기도 한다.

코디는 이에 더해 이상과 의무를 구분하여 이상은 선택적이고 의무는 엄격한 것이라고 보는 논제도 일률적으로 타당한 것이 아님을 밝힌다. 평화, 평등, 정의와 같은 이상은 선택적인 것이 아니다. 또한 종교적 이상, 신체적 단련의 이상, 전우애의 이상, 평생 동안 충실한 낭만적 관계의 이상은 설사 그 이상의 적용을 받는 주체가 되는 것이 선택적이라 할지라도 같은 정도와 같은 방식으로 주체에 상대적이거나 선택적인 것이 아니다. 그래서 인간의 윤리적 삶에서 이상을 전적으로 제거하고자 하는 시도는, 실제로는 들어맞지 않는 기준을 가지고서 이상과 그 외의 도덕 범주를 무리하게 나누는 잘못을 범하게 된다.

물론 이상은 위험하며, 이 점을 저자도 인정하고 있다. 정책을 실행하는 데 있어 심리적·사회적·교육적 장벽과 어려움은 무시하고, 오로지 초점을 맞춘 이상만을 내세우면서 특정 정책에 반대하는 사람을 몰아붙이는 경우와 성급하게 정책을 실행하여 무수한 부작용을 낳는 경우는 상당히 많다. 이런 위험 때문에 '인간성이라는 뒤틀린 목재에서는 어떠한 곧은 것도 만들어진 적이 없다'는 칸트의 격언을 지렛대로 삼아 모든 이상을 제거하고자 하는 주장을 전개하는 것은 이해할 만한 일이다. 그러나 저자가 수행한 이상에 대한 세부적인 분석은 이상의 위험성을 이유로 도덕의 영역에서 이상을 전면적으로 추방하거나 아니면 어떤 이상의 추구와 실현을 도덕의 유일한 목적으로 보거나 하는 두 가지 선택지만 있는 것이 아님을 드러낸다. 이 격언을 우리 인간은 오류를 범하기 쉽고, 부정(不貞)하며 때때로 비뚤어지고 악랄하게 될 수 있는 존재라는 사실을 상기시키는 경고로 해석하여야지, 인간성이 본래적으로 부패하였고 망상에 차 있다는 어떤 극적인 주장으로 보아. 이상의 역할을 인간의 삶에서 전적으로 획일적으로 배제하여서는 안 된다고 저자는 말한다. 도덕주의에 빠지지 않는 세심하고 타당한 도덕의 실현이 중요하듯이, 이상의 독재와 폭압 그리고 협소한 초점에 빠지지 않는 그 역할과 구조에 맞도록 이상을 이해하고 따르는 일이 중요한 것이다.

같은 자세와 맥락으로 저자는 '더러운 손' 문제를 다룬다. 마이클 왈저가 열어젖힌 그 논의의 기본적 주제는 정치가들은 일반적으로는 도덕에 따라 행위 해야 하지만 특정 여건에서는 정치가들이 바로 그 도덕의 가장 심층적인 제약을 위반해야 할 임무가 있다는 것이다. 예를 들어 수만 명의 생명을 위협하는 폭탄을 설치한 테러 혐의자의 자식을 고문하거나, 전쟁에서 적의 사기를 떨어뜨리기 위해 도시의 민간인들을 의도적으로 폭격하는 일이 공동체의 존속이 문제되는 최고 비상상황에서 정치가들이 저질러야 할 도덕적 잘못이라는 것이다.

이 입장은 얼핏 보기에는 현실주의와 유사한 입장으로 보이지만 도덕의 주장을 더 수용하면서도(즉 제약을 위반하여 도덕적 잘못을 범했다고 하면서도) 그런 주장에 더 많이 도전한다는 점에서(도덕적 잘못을 범해야 한다고 하는 점에서) 역설적이다. 이 역설을 어떻게든 해소하면서 왈저의 입장을 이해하는 여러 가지 방식이 있다.

첫째는 가장 중요한 가치를 보호해야 한다는 공리주의적인 관점에서 모든 사정을 고려했을 때, 보통의 여건에 적용되는 도덕의 준칙을 어기는 것이 비상상황에서 도덕이 명하는 바라고 간단히 이해하는 것이다. 그러나 이런 이해는 더러운 손 문제가 별도의 문제가 되어야 하는 배경 자체—애초에 의무론적 제약이 있어서 그 제약을 어기는 것은 큰 도덕적 잘못이라는 논의의 배경 자체—를 없애는 것이어서 타당하지 않은 것 같다.

둘째는 문턱 의무론 또는 형량에 의한 예외주의를 주장하는 것으로 이해하는 것이다. 그 이론은 보통의 여건에서는 무고한 사람을 고문하거나 공격하지 않을 책무가 압도적이지만 어마어마하게 중대한 피해가 닥칠 수 있을 때에는 그 책무는 뒤로 물러나고 그 피해를 막아야 한다는 이론이다.[1] 그러나 왈저에 의하면 잠정적 책무를 물러나게 하면서 실행한 일이 어쨌든 잘못을 범한 일로 남는다. 반면에 형량에 의한 예외주의자는 양심적으로 형량을 했다면 행위자에게 귀속될 수 있는 아무런 잘못도 없다고 한다. 왈저는 양심적인 통치자가 해야만 하는 일을 끔찍해 하는 더 민감한 도덕적 감수성을 보여주고 의무론적 제약을 위반한 행위가 그저 옳은 일을 한 일로 끝나지 않고 도덕적 잔여로 남기를 바란다. 따라서 '더러운 손' 논의의 고유성을 보존하면서 역설을 해소하는 방법은 없는 것 같으며 더러운 손 논제는 어떤 정합적인 토대에 입각한 이론적인 것이 아니라 심층적인 직관을 조합한 것이라는 생각이 들게 한다. 따라서 그러한 직관의 조합만으로 심각한 도덕적 잘못을 범해야 한다는 결론을 떠받칠 수 있는가라는 질문을 던지게 만든다.[2]

---

1   문턱 의무론은 상당한 직관적 호소력을 갖고 있지만 심각한 이론적 문제를 안고 있다. 이에 관해서는 Larry Alexander, "Deontology at the Threshold", *San Diego Law Review*, Vol. 37, 2000, 893-912와 Anthony Ellis, "Deontology, Incommensurability and the Arbitrary", *Philosophy and Phenomenological Research*, Vol. 52, No. 4, 1992, 855-75를 참조.
2   저자는 그렇다면 비상상황의 문제를 어떻게 해결해야 하는가라는 문제에 대해 명확한 해답을 제시하고 있지는 않지만, 단순한 금지 지침의 집합체가 아니라 이중효과

이에 더해 '더러운 손' 논제는 여러 가지 문제가 있다. 첫째로 그 논제는 정치 공동체의 중심적 가치의 지속적 보존을 도덕적 금지를 위반해도 되는 압도적 근거로 보게 되므로 정치 공동체를 물신 숭배하는 비합리적인 입장을 전제한다. 이 입장을 일관되게 적용하자면 팔레스타인 난민 같은 모든 비국가 집단에게도 자신들 공동체의 삶이 체계적으로 파괴되고 있기 때문에 최고 비상상황 원칙에 의해 다른 나라의 무고한 시민들에게 테러를 할 수 있다는 결론이 나와야 하는데, 왈저 자신도 이 결론을 받아들이지 않는다. 둘째는 남용의 위험이다. 최고 비상상황이 성립되기 위해 갖추어야 하는 사실적 전제는 급박한 시기에는 쉽게 단정되며, 무엇이 최고 비상상황에 속하는가의 기준은 상황에 들어맞도록 쉽게 끼워 맞추어서 새로 설정되는 식으로 느슨하게 확장되기 쉽다. 셋째는 손을 더럽힐 필요를 낳는 여건 자체를 일어나지 않게 하는 역할에 주의를 기울이지 않고 정적인 관점에서 그저 여건은 주어진 것으로만 보고 계속 손을 더럽히게 되는 문제다. 넷째는 필요한 경우가 발생하면 손을 언제나 더럽힐 준비가 되어 있음으로 인해 생기는 부패의 문제다. 이를테면 선한 대의에서 고문을 한번 시도해본 정치 지도자는 더 자주 이 수단에 의지할 가능성이 더 크며, 훈련된 고문 기술자, 고문 지침, 엄청난 고통 속에서도 목숨을 잃지 않게 할 의료진, 이 모든 일을 비밀로 하기 위한 기관을 필요로 하게 될 것이며, 이런 조직들이 일단 설립되고 나면 고문은 정치의 정규적인 부분이 된다. 설사 부패의 선한 효과가 부패의 악한 효과를 능가할 경우가 있다고 하더라도 이를 정치 도덕의 한 부분으로 받아

원칙과 비슷한, 여건에 더 민감하고 정교한 원칙들을 포함한 의미의 보편적 의무론이 타당하리라고 암시하고 있다.

들일 수는 없다는 것이다. 저자는 이 중 부패의 문제를 상당히 자세히 다루는데, 성품의 부패는 진지한 문제가 아니라는 주장을 하나하나 논박한다.

저자는 마지막으로 민주 정치에서 대의를 위해서 이따금씩 거짓말을 해야 하며 이것은 정치의 당연한 부분 중 하나라는 주장에 대해서도 비판적으로 검토한다. 특히 이 주장은 거짓말을 절대적으로 금지한 아우구스티누스, 아퀴나스 그리고 칸트의 입장이 설득력이 매우 없다는 점에 기댄다. 농담을 위한 사소한 거짓말, 진심으로 반기지는 않는데도 반갑다고 하는 예의 바른 인사, 깜짝 생일 파티의 성공을 보장하기 위한 거짓말, 더 나아가 집에 유대인을 숨기고 있는가라고 묻는 나치에게 하는 거짓말마저 도덕적으로 금지된다고 보는 것은 타당하지 않다. 그러나 이런 예에 기대어 민주 정치에서도 거짓말이 꼭 필요하다는 결론이 도출될 수는 없다. 왜냐하면 거짓말이 필요하거나 허용되는 것으로 보이는 경우에는 거짓말을 들은 사람에게 도덕적 잘못이 저질러진 것은 아니기 때문이다. 앞의 세 경우(농담, 예의 바른 인사, 깜짝 파티를 위한 거짓말)는 거짓말을 들은 사람도 그런 상황에서 거짓말을 허용하는 관행을 다 알고 승인하기 때문에 받아들일 수 있다. 그리고 정당 방위처럼 다른 사람의 생명을 구하기 위한 유일한 수단이 공격자의 목숨을 앗는 방위 행위라면 그 방위 행위는 허용되듯이, 나치의 예와 같이 도덕적으로 심각한 잘못을 저지르고 있는 사람에게는 진실을 들을 권리가 없으므로 거짓말을 하더라도 도덕적 잘못을 범한 것이 아니다. 그리고 정치에서 국민에게 거짓말이 꼭 필요하다고 쉽게 생각되는 경우도, 실제로는 대안적 관행을 확립함으로써 거짓말할 필요성을 없앨 수 있는 경우가 대부분이다. 예를 들어 고정 환율 제도 하에서 자국 통화를 곧 평가절하할 것인지의 질문에 대해

서 거짓말로 답하는 대신 아예 답하지 않는 관행을 얼마든지 확립할
수 있다. 그럼에도 거짓말하기를 대의를 위해 정치의 정규적인 부분
으로 받아들이는 태도가 심각하게 서로 대립하는 정당 정치와 결합하
게 되면, 결국 구체적인 경우에 거짓말했다는 비난을 뻔뻔스럽게 부
인하면서도 그것이 별 문제가 아니라는 정치 문화를 만들어내게 된
다. 그러나 저자는 민주주의의 도덕적 기반은 시민들이 정책, 정책의
근거, 지도자들의 능력과 정직성에 관하여 진실된 정보를 받을 권리
를 보장해야 인정될 수 있다는 점을 지적한다. 따라서 이 지점에서도
저자는 거짓말하기에 대한 금지를 가장 설득력 없는 경직된 이상으로
두고 현실에서는 거짓말은 불가피하다는 이유로 거짓말을 뒷문으로
나마 민주정치의 정규적인 부분으로 들이는 논법을 파훼하고 있는 것
이다.

이상과 현실에 대한 세심한 검토 없이는 지금 여기 너절한 현실에
서 도덕과 이상이 어떤 위치와 역할을 갖고 있는지, 모든 것을 고려할
때 결국 무엇을 해야 하고 무엇을 해서는 안 되는가의 문제를 해결할
수 없다. 코디의 이 책은 현실주의와 이상주의, 도덕적 준칙의 성격에
관한 지성사의 논의를 모두 종합하고 자신의 주장도 가감 없이 제시
하고 있다는 점에서, 이 문제에 체계적으로 접근하기 위한 지도를 제
공해준다.

참고문헌

Acheson, Dean, 'Morality, Moralism and Diplomacy', *Yale Review*, 47/4 (June 1958).

Alexandra, Andrew, 'Dirty Harry and Dirty Hands', in C. A. J. Coady, Seumas Miller, Steve James, and Michael O' Keefe (eds.), *Violence and Police Culture* (Melbourne: Melbourne University Press, 2000).

Aquinas, St. Thomas, *Summa Theologiae*, Blackfriars edition, gen. ed. Thomas Gilby O. P., vol. xxiii, ed. and trans. W. D. Hughes O. P., (1964).

Aron, Raymond, *Peace and War: A Theory of International Relations*, trans. Richard Howard and Annette Baker Fox (Garden City, NY: Doubleday, 1966).

Beitz, Charles, *Political Theory and International Relations* (Princeton: Princeton University Press,1979).

Benn, S. I., 'Deterrence or Appeasement? or On Trying to be Rational about Nuclear War', *Journal of Applied Philosophy*, 1 (1984).

Bennett, Rab, *Under the Shadow of the Swastika: The Moral Dilemmas of Resistance and Collaboration in Hitler's Germany* (London: MacMillan, 1999).

Berlin, Isaiah, 'The Pursuit of the Ideal', in *The Proper Study of Mankind* (London: Chatto & Windus, 1997).

Blackburn, Simon, 'Relativism', in Hugh Lafollette (ed.), *The Blackwell Guide to Ethical Theory* (Malden, Mass.: Blackwell, 2001).

Bok, Sissela, *Lying: Moral Choice in Public and Private Life* (New York: Vintage Books, 1989).

Bone, Pamela, 'They Don't Know One Little Thing', in Cushman (ed.), *A Matter of Principle*, (July 2005).

Carr, Edward Hallett, *The Twenty Year Crisis, 1919–1939: An Introduction to the Study of International Relations* (London: MacMillan, 1962).

Chesterton, G. K., *The Superstition of Divorce* (London: Chatto and Windus, 1920).

Clodfelter, Michael, *Warfare and Armed Conflicts: A Statistical Reference to Casualty and Other Figures, 1500–1999* (Jefferson, NC: McFarland, 2002).

Coady, C. A. J., 'Escaping from the Bomb', in Henry Shue (ed.), *Nuclear Deterrence and Moral Restraint* (New York: Cambridge University Press, 1989).

_____, 'Messy Morality and the Art of the Possible', *Proceedings of the Aristotelian Society*, suppl. 64 (1990).

_____, *The Ethics of Armed Humanitarian Intervention*, Peaceworks 45 (Washington DC: United States Institute of Peace, 2002).

_____, 'The Moral Reality in Realism', *Journal of Applied Philosophy*, 22/2 (2005).

_____, 'War for Humanity: A Critique', in Deen K. Chatterjee and Don Scheid (eds.), *Ethics and Foreign Intervention* (Cambridge: Cambridge University Press, 2002).

_____, (ed.), *What's Wrong with Moralism?* (Oxford: Blackwell, 2006).

Coady, David, 'Conspiracy Theories and Official Stories', in David Coady (ed.), *Conspiracy Theories: The Philosophical Debate* (Aldershot: Ashgate, 2006).

Cohen, G. A., 'Facts and Principles', *Philosophy and Public Affairs*, 31/3 (2003).

Cohen, Mitchell, 'In the Murk of It: Iraq Reconsidered', in Cushman (ed.), *A Matter of Principle*, July 2005.

Crocker, David A., 'Retribution and Reconciliation', *Philosophy and Public Policy Quarterly*, 20 (Winter/Spring 2000); repr. in Verna V. Gehring and William A. Galston (eds.), *Philosophical Dimensions of Public Policy*, Policy Studies Review Annual, 13 (New Brunswick, NJ and London: Transaction, 2002).

Cushman, Thomas, (ed.), *A Matter of Principle: Humanitarian Arguments for War in Iraq* (Berkeley and Los Angeles: University of California Press, 2005).

Davis, Mark, 'Tough Days Ahead for Troops: As Campaign Moves from Desert, Deadly Urban Warfare Expected', *Atlanta Journal-Constitution* (24 Mar. 2003).

de Montaigne, Michael, *On Liars*, in *The Complete Essays of Michael de*

Montaigne, ed. M. A. Screech (London: Allen Lane, 1991).

Dickens, Charles, *The Life and Adventures of Martin Chuzzlewit* (London: Oxford University Press, 1951).

Driver, Julia, 'Hyperactive Ethics', *Philosophical Quarterly*, 44/174 (1994).

Elich, Gregory, 'Targeting North Korea', *Z Magazine* (31 December 2002).

Elster, Jon, *Ulysses and the Sirens: Studies in Rationality and Irrationality* (Cambridge and New York: Cambridge University Press, 1979).

Emmett, Dorothy, *The Role of the Unrealisable: A Study in Regulative Ideals* (New York: St Martin's Press, 1994).

Finnis, John, *Moral Absolutes: Tradition, Revision and Truth* (Washington DC: Catholic University of America Press, 1991).

Flanagan, Owen, *Varieties of Moral Personality: Ethics and Psychological Realism* (Cambridge, Mass.: Harvard University Press, 1991).

Fuller, Lon L., *The Morality of Law* (New Haven: Yale University Press, 1977).

Gearty, Conor, *Can Human Rights Survive?* (Cambridge: Cambridge University Press, 2006).

Grice, H. P., 'Utterer's Meaning and Intentions', *Philosophical Review*, 78 (Apr. 1969).

Grotius, Hugo, *On the Law of War and Peace* (Oxford: Clarendon Press; London: Humphrey Milford, 1925).

Heyd, David, *Toleration: An Elusive Virtue* (Princeton: Princeton University Press, 1996).

Hobbes, Thomas, *Leviathan*, (London: Penguin Books, 1968).

Hoffmann, Stanley, *World Disorders: Troubled Peace in the Post-Cold War*

Era (Lanham: Rowman & Littlefield, 1998).

Holmes, Robert, *On War and Morality* (Princeton: Princeton University Press, 1989).

Ignatieff, Michael, 'It's Time to Fight Dirty', *The Age*, Melbourne (29 May 2004).

James, William, 'What Makes a Life Significant', in *Talks to Teachers on Psychology: and to Students on Some of Life's Ideals* (Cambridge, Mass.: Harvard University Press, 1983).

Kamm, Frances, 'The Doctrine of Triple Effect and Why a Rational Agent Need Not Intend the Means to His End', *Proceedings of the Aristotelian Society*, suppl. vol. 74 (2000).

Kant, Immanuel, *Critique of Pure Reason*, trans. and ed. Paul Guyer and Allen W. Wood (Cambridge: Cambridge University Press, 1997).

_____, 'On a Suppose Right to Lie from Altruistic Motives', in *Critique of Pratical Reason and Other Writings in Moral Philosophy*, ed. Lewis White Beck (Chicago: University of Chicago Press, 1949).

Kavka, Gregory, 'Some Paradoxes of Deterrence', *Journal of Philosophy*, 75/6 (1978).

Kekes, John, 'On the Supposed Obligation to Relieve Famine', *Philosophy*, 77 (2002).

Kennan, George F., 'Morality and Foreign Policy', originally in *Foreign Affairs*, 64/2 (Winter 1985/6).

Kenny, Anthony, *The Logic of Deterrence* (London: Firethorn Press, 1985).

Korsgaard, Christine M., 'The Right to Lie: Kant on Dealing with Evil', *Philosophy and Public Affairs*, 15/4 (1986).

Lewis, David, 'Devil's Bargains in the Real World', in Douglas MacLean (ed.), *The Security Gamble: Deterrence Dilemmas in the Nuclear Age* (Totowa, NJ: Rowan and Allenheld, 1984).

Locke, John, *Letters On Toleration* (Byculla: Education Society's Press, 1867).

Marr, David and Wilkinson, Marian, *Dark Victory: How a Government Lied Its Way to Political Triumph* (Crows Nest, NSW: Allen and Unwin, 2004).

McCoy, Alfred W., *A Question of Torture: C. I. A. Interrogation from the Cold War to the War on Terror* (New York: Henry Holt & Company, 2006).

McMahan, Jeff, 'Deterrence and Deontology', *Ethics*, 95/3 (Apr. 1985).

Miller, David, *On Nationality* (Oxford: Oxford University Press, 1995).

Miller, Seumas, 'Noble Cause Corruption in Policing', *African Security Review*, 8/3 (1999).

Moellendorf, Darrel, *Cosmopolitan Justice* (Oxford: Westview Press, 2002).

Morgenthau, Hans J., *Politics Among Nations: The Struggle for Power and Peace*, 7th edn. (Boston: McGraw-Hill Higher Education, 2006).

Murphy, Liam, 'Institutions and the Demands of Justice', *Philosophy and Public Affairs*, 27/4 (1999).

_____, *Moral Demand in Non-Ideal Theory* (New York: Oxford University Press, 2000).

Nagle, Thomas, 'War and Massacre' in *Mortal Questions* (Cambridge: Cambridge University Press, 1979).

Neilson, Kai, 'There Is No Dilemma of Dirty Hands', *South African Journal of Philosophy*, 15/1 (1996).

Newman, John Henry, *The Idea of a University: Defined and Illustrated*, ed. I. T. Ker (Oxford: Clarendon Press, 1976).

Nussbaum, Martha, *Frontiers of Justice: Disability, Nationality, Species Membership* (Cambridge, Mass.: Belknap Press, 2005).

O'Neill, Onora, 'Politics, Morality, and the Revolutions of 1989', *Proceedings of the Aristotelian Society*, suppl. vol. 64 (1990).

Oppenheim, Felix, *The Place of Morality in Foreign Policy* (Lexington, Mass.: Lexington Books, 1991).

Pogge, Thomas, *World Poverty and Human Rights* (Cambridge: Polity Press, 2002).

Rawls, John, *Political Liberalism* (New York: Columbia University Press, 1993).

Rescher, Nicholas, *Ethical Idealism: An Inquiry into the Nature and Function of Ideals* (Berkeley and Los Angeles: University of California Press, 1987).

_____, *The Law of Peoples* (Cambridge, Mass.: Harvard University Press, 1999).

Rosenthal, Joel H., *Righteous Realists: Political Realism, Responsible Power, and American Culture in the Nuclear Age* (Baton Rouge and London: Louisiana State University Press, 1991).

Scanlon, T. M., *What We Owe to Each Other* (Cambridge, Mass.: Harvard University Press, 1998).

Schlesinger, Arthur, 'The Necessary Amorality of Foreign Affairs', *Harper's Magazine* (Aug. 1971).

Schmitt, Carl, *The Concept of the Political*, trans. George Schwab (New Brunswick NJ: Rutgers University Press, 1976).

Shue, Henry, *Basic Rights: Subsistence, Affluence and US Foreign Policy*, 2nd edn. (Princeton: Princeton University Press, 1996).

Sidgwick, Henry, *The Methods of Ethics*, 7th edn. (London: Macmillan, 1963).

Singer, Peter, *One World: The Ethics of Globalization* (New Haven: Yale University Press, 2002).

_____, *The President of Good and Evil: The Ethics of George W. Bush* (Melbourne: Text Publishing, 2004).

Smith, Adam, *The Theory of Moral Sentiments*, ed. D. D. Raphael and A. L. Macfie (Oxford: Clarendon Press, 1976).

Smith, Michael Joseph, *Realist Thought from Weber to Kissinger* (Baton Rouge: Louisianan State University Press, 1986).

St. Augustine, *Treatise on Various Subjects*, ed. Roy J. Deferarri (Washington, DC: Catholic University of America Press, 1965).

Stille, Alexander, *The Sack of Rome: How a Beautiful European Country with a Fabled History and a Storied Culture Was Taken Over by a Man Named Silvio Berlusconi* (New York: Penguin, 2006).

Stocker, Michael, *Cruelty and Deception: The Controversy over Dirty Hands in Politics* (Peterborough, Ontario: Broadview Press; Australia: Pluto Press, 2000).

_____, *Plural and Conflicting Values* (Oxford: Oxford University Press, 1990).

Taylor, Craig, 'Moralism and Morally Accountable Beings', in Coady (ed.),

What's Wrong with Moralism?, (2005).

Thompson, Kenneth W., *Moralism and Morality in Politics and Diplomacy: The Credibility of Institutions, Policies and Leadership* (Lanham: University Press of America, 1985).

Turnbull, Colin M., *The Mountain People* (New York: Simon and Schuster, 1972).

Ulrich, Marybeth P. and Cook, Martin L., 'US Civil Military Relations since 9/11: Issues in Ethics and Policy Development', *Journal of Military Ethics*, 5/3 (2006).

Veatch, Henry, 'A Critique of Benedict', in Julius R. Weinberg and Keith Yandell (eds.), *Problems in Philosophical Inquiry* (New York: Holt, Rinehard and Winston Inc. 1971).

Voltaire, 'Dramatic Art', in *Philosophical Dictionary* (1764).

Walzer, Michael, *Arguing About War* (New Haven and London: Yale University Press, 2004).

_____, *Just and Unjust Wars: A Moral Argument with Historical Illustrations*, 3rd edn. (New York: Basic Books, 2000).

_____, *On Toleration* (New Haven: Yale University Press, 1997).

_____, 'Political Action: The Problem of Dirty Hands', *Philosophy and Public Affairs*, 2/2 (1973).

Weber, Max, 'Politics as Vocation', in From *Max Weber: Essays in Sociology*, ed. H. H. Gerth and C. Wright Mills (London: Routledge and Kegan Paul, 1977).

Williams, Bernard, 'Politics and Moral Character', in Stuart Hampshire (ed.), *Public and Private Morality* (Cambridge: Cambridge University

Press, 1978).

＿＿＿, *Truth and Truthfulness: An Essay in Genealogy* (Princeton: Princeton University Press, 2002).

Wittgenstein, Ludwig, *Philosophical Investigations*, trans. G. E. M. Anscombe (Oxford: Basil Blackwell, 1963).

찾아보기